Direitos autorais © 2020 Tuany Baron; Fábio Augusto de Souza; Erick Alan de Lima Todos os direitos reservados. Nenhuma parte deste livro pode ser reproduzida ou armazenada em um sistema de recuperação, ou transmitida de qualquer forma ou por qualquer meio, eletrônico, mecânico, fotocópia, gravação ou outro, sem a permissão expressa por escrito dos organizadores.

Design da capa por: Ana Paula Vicentin Ferrarini

Imagens de capa: montagens a partir de fotos cedidas pelos autores

Dados Internacionais de Catalogação na Publicação (CIP)

(Ficha catalográfica elaborada pela Bibliotecária Vanessa Gabriele de Araújo – CRB14/1498)

D598

Direitos humanos no ocaso do estado social: da derrocada à resistência / Coordenação: Tuany Baron; Organizadores: Fábio Augusto de Souza; Erick Alan de Lima. – Curitiba: Amazon KDP, 2020.

Livro eletrônico: ISBN 978-65-00-02624-5

Livro físico: ISBN 979-85-87-18697-2

1. Direito constitucional. 2. Direitos humanos. 3. Direito do trabalho. I. Vargas, Tuany Baron de. II. Souza, Fábio Augusto de. III. Lima, Erick Alan de. IV. Título.

CDD 341.27

APRESENTAÇÃO

O objetivo da presente obra é problematizar o estado da arte dos Direitos Humanos no seu desdobramento sociojurídico, denominado pela Cultura Jurídica Direitos Fundamentais Sociais.

Nunca foi tão necessário discutir os referidos direitos e seus aspectos deônticos, ontológicos, políticos e discursivos, já que, novamente, o Brasil está sofrendo um arrefecimento no curso do processo democrático e uma possibilidade real de transformação do espaço institucional em hierárquica burocrática autoritária.

Neste sentido, as referidas instituições, resistindo ao autoritarismo, experimentam momentos de instabilidade na esfera gerencial e política ante a corrosão nas estruturas democráticas.

Desta forma, é preciso, mais do que nunca, afirmar direitos fundamentais ligados à saúde, à educação, aos trabalhadores, previdência, cultura e proteção aos vulnerabilizados regional e socialmente.

Os direitos, em última análise, estão atrelados à esperança do povo brasileiro no desenvolvimento social, num Estado que induza a economia indicando a diminuição da pobreza e buscando a concretização do princípio da dignidade da pessoa humana.

A coletânea apresenta-se em momento fundamental da luta e da resistência dos povos no Brasil. É uma resposta coletiva do nosso grupo de pesquisa para o desenvolvimento (socio)regional.

Boa leitura!!!

Paulo Ricardo Opuszka
Professor da Universidade Federal do Paraná

PREFÁCIO

Discutir Direitos Humanos na perspectiva dos direitos fundamentais sociais, é no presente momento uma questão imprescindível.

O atual estágio de desenvolvimento civilizatório sofreu um grande revés de ordem mundial. Os ventos do fascismo estão soprando... é preciso estar atento e forte.

A presente coletânea intitulada "Direitos humanos no ocaso do estado social: da derrocada à resistência" vem a calhar como uma iniciativa concreta de comprometer-se com a libertação, no melhor paradigma narrado por Enrique Dussel.

Cumpre-se comentar suscintamente os capítulos.

Na primeira parte da coletânea, Fábio Venturini, Paulo Ricardo Opuszka e Tuany Baron colocam suas análises no ponto conjuntural, identificando os principais desafios sociojurídicos no momento do ocaso do Estado Social.

Os textos de Erick Alan de Lima e Fábio Augusto Souza estabelecem o ponto de partida do ponto de vista dos reconhecimentos ainda necessários, nas perspectivas das teorias do reconhecimento, e da questão de gênero.

Sendo o Estado indutor da economia através do trabalho, Thais Bressiani Vieira De Rocco e Gabriela Cardoso Portella fazem suas análises a partir das considerações do Direito do Trabalho e Almir Antonio Fabricio de Carvalho do ponto de vista dos sindicatos.

À previdência é destinada a devida atenção com o capítulo de Marco Aurélio Serau Junior.

Ainda, os desafios das questões ambientais são abordados por Waleska Mendes Cardoso e Dayane Campos de Souza, enquanto Julia Hissai Yaegashi aborda a temática do Direito das Famílias a partir de uma perspectiva social, antes de jurídica.

Convém lembrar, a luz de Gramsci, que o estudo e a pesquisa exigem dor e sacrifício.

Entretanto, uma obra de fôlego, em tempos sombrios, exige disposição, coragem e luta.

Sheila Stolz da Silveira
Professora da Universidade Federal do Rio Grande

SUMÁRIO

Capítulo 1. Estágio de desenvolvimento das conquistas (direitos) sociais em busca da consciência coletiva e cultura jurídica – *Paulo Ricardo Opuszka*

Capítulo 2. Do antipetismo ao bolsonarismo: um processo de destruição da Nova República – *Fábio Venturini*

Capítulo 3. A necropolítica de tempos bacurais: resistência e reinvenção do cotidiano na luta diária pela vida – *Tuany Baron*

Capítulo 4. Sociedade civil do brasil, uni-vos, em defesa das pessoas trans, contra o expurgo binarista pretendido pelo governo Bolsonaro! – *Fábio Augusto de Souza*

Capítulo 5. A terceirização sob a ótica da teoria do reconhecimento de Axel Honneth e a função antropológica do direito de Alain Supiot – *Erick Alan de Lima*

Capítulo 6. A produção da cana de açúcar e as condições de trabalho após Reforma Trabalhista: da inefetividade material e o trabalho intermitente - *Thais Bressiani Vieira De Rocco*

Capítulo 7. Lei n. 13.467 de 2017 e o trabalho informal no Brasil: das promessas não cumpridas - *Gabriela Cardoso Portella*

Capítulo 8. O descaso com a previdência no ocaso do estado social: a des-previdência social - *Marco Aurélio Serau Junior*

Capítulo 9. Direito Coletivo do Trabalho e lawfare: o Estado polícia e a política pública para o direito sindical brasileiro - *Almir Antonio Fabricio de Carvalho*

Capítulo 10. Novos obstáculos aos Direitos dos Animais: a tutela retrocede, a brutalidade avança - *Waleska Mendes Cardoso*

Capítulo 11. Liberação de agrotóxicos no Brasil: Uma constante violação aos direitos humanos diante da omissão na gestão de riscos – *Dayane Campos Souza*

Capítulo 12. Gestação por substituição: reflexões acerca do direito fundamental ao livre planejamento familiar – *Julia Hissai Yaegashi*

ESTÁGIO DE DESENVOLVIMENTO DAS CONQUISTAS (DIREITOS) SOCIAIS EM BUSCA DA CONSCIÊNCIA COLETIVA E CULTURA JURÍDICA

Paulo Ricardo Opuszka

Professor de Direito e Processo do Trabalho da Universidade Federal do Paraná, Graduação e Pós-graduação. Doutor e Mestre em Direito pela Universidade Federal do Paraná. Líder do Grupo de Pesquisa Trabalho, Economia e Políticas Públicas – TRAEPP (PPGD/UFPR).

A finalidade do presente artigo será analisar ao mesmo tempo, a construção do Estado Social Brasileiro, em perspectiva com uma espécie de análise sobre a atual crise econômica e política no Brasil.

O título do artigo destaca o que se pode designar estágio desenvolvimento no sentido de refletir o *estado da arte* do Estado Social Brasileiro e sua derrocada a partir de falta de comprometimento dos próprios cidadãos com o seu alcance e a responsabilidade na necessária participação popular para sua manutenção vez que muitas vezes, estarem os direitos inscritos no texto legal não é garantia de respeito ou cumprimento de sua proteção, resguardo e prerrogativas.

A utilização da alegoria do *ovo de serpente*, analisando como a classe que mais foi beneficiada com o aumento das conquistas sociais, além de não compreender seu papel, pode ser a protagonista de sua própria derrocada.

A expressão *consciência coletiva* não se remete a qualquer signo psicanalítico, em especial *Junguiano*; remete-se a consciência ou entendimento que a sociedade civil possui do desenvolvimento ou estágio de desenvolvimento da Cultura Jurídica Nacional, ou ainda, quais são os direitos realmente conquistados que pode ser exercitados pelos cidadãos. Somente conhecendo-os, briga-se para sua manutenção e luta-se para que as esferas de Poder os conserve e os respeite.

Por fim, enquanto *cultura jurídica* destacar-se-á aquilo que a doutrina jurídica e os artigos científicos têm denominado civilização. No entendimento dos autores do presente artigo, a palavra Cultura Jurídica é mais precisa porque se *liberta* da herança francesa que a expressão civilização carrega.

A metodologia utilizada será, ao mesmo tempo, uma *descrição* nos termos dos artigos mais tradicionais ao mesmo tempo em que se dedica a um *ensaio*, necessário para reflexão dos problemas contemporâneos, já que ainda não estamos tão distantes da atual realidade para fazermos uma análise mais objetiva, com elementos que a Ciência poderia nominar instrumentos analíticos (será que eles existem? E se existem, são eficazes?).

Pode-se afirmar que, na atual conjuntura, cansados, todos estão de ouvir falar (ou escrever) sobre a crise. Crise Econômica, crise política, crise social, crise ética. A crise parece instalada e, tal e qual uma doença crônica, somente uma solução alopática não será suficiente para sua superação.

A análise trará um breve resgate do entendimento do Estado Liberal (sec. XVIII) à crise do Estado Social (final da década de 1970), destacando-se a introdução dos direitos sociais no âmbito brasileiro com ênfase nos períodos de industrialização do país (1930 a 1964); da ditadura militar à abertura democrática (1964 a 1985); e do período de redemocratização do país que foi acompanhado pela implementação das medidas neoliberais na década de 1990. Ainda, far-se-á uma análise do atual período de crise política e econômica vivenciada pelo Estado brasileiro que flagrantemente colocam seu Estado Democrático sob ameaça. Convém destacar que a perspectiva desta análise está sendo bastante criticada na contemporaneidade, especialmente pelos estudos apresentados recentemente por Jessé Souza, da Universidade de Brasília, atual Presidente do IPEA.

Não se sabe ao certo a origem da crise. Nem ao menos como e quando ela foi provocada. Em recente publicação o Prof. Boris Fausto afirma que "existem momentos na História que precipitam e cristalizam tendências e soluções gestadas lentamente nas épocas anteriores". Parece correta a afirmação do historiador na medida em que a análise da crise atual não passa tão somente da análise da conjuntura atual, mas talvez daquela imediata ou mediatamente anterior. Aquela em que seus sinais já estavam apontados, entretanto, não observáveis "a olho nu", mas com a necessidade de um aperfeiçoado microscópio que só a política e a cultura são capazes de fornecer.

Conforme afirmação anterior, dentre suas perspectivas, destacam-se as faces econômica, política, social e ética da crise.

A primeira perspectiva – a econômica – embora seja a mais evidente tendo em vista que afeta a todos no seu poder de compra e, macroeconomicamente, no denominado desenvolvimento socioeconômico ou atualmente conhecido como sustentável – tem elementos que esconde a sua verdadeira origem e o segredo para desvelá-la, muitas vezes está em "enxergar" ou descortinar esses elementos.

Por exemplo: sob a perspectiva internacional, de um lado, na zona do euro, a crise se instala pela perda do poder de mando ou comando dos países que agora não determinam sua política monetária vez que dependem do "núcleo duro europeu" (Alemanha, França e Inglaterra) para influenciar no euro, ou seja, pela condução a reboque dos países considerados P I G S (Portugal, Irlanda, Grécia e Espanha). Segundo José Luis Fiori, um país sem moeda perde poder político.

De outro lado, os mais conservadores afirmam que foi justamente o não desenvolvimento da Indústria daqueles países menos desenvolvidos que gerou a sua dependência, vez que suas economias baseavam-se na industrialização dos primeiros.

Ainda, o discurso hegemônico argumenta que as políticas sociais encareceram os Estados Europeus e o custo das referidas políticas não poderia ser suportado pelas empresas, de forma que os ajustes a partir do Consenso de Washington retomariam o caminho do crescimento e desenvolvimento econômico com ajuste de contas, corte de gastos, controle de inflação e enxugamento da máquina pública.

Foi à derrocada do Estado de Bem Estar; entretanto, a crise não foi superada. Ao contrário, agravou-se.

Nos Estados Unidos a crise de 2008 se deu muito mais por conta da ânsia pelo enriquecimento rápido dos administradores de capitais e de empresas, no controle das ações mais do que em sua propriedade, do que necessariamente por culpa do mercado (esse novo sujeito histórico e obsessivo compulsivo do séc. XXI). As medidas de governança corporativa se deram para conter os gananciosos, que eram homens e não empresas e Estados.

No Brasil, o discurso *uníssono* tem sido repetido sistematicamente nas redes sociais e mídia hegemônica: o Partido dos Trabalhadores – PT (que carrega o sinônimo de *Governo* como se os partidos que compõe a base aliada não fosse governo também) levou o país à quebradeira geral, em especial, a partir das políticas sociais que envolvem grandes gastos públicos. E neste contexto vem o recorte político ideológico: os gastos se avolumam pela corrupção generalizada (que a partir do discurso único, nascem ou aumentam no atual Governo).

Mas se a crise se deu no Estado Social, onde necessariamente a referida experiência ou prática tem início? É controvertida a demarcação desta nova organização das forças produtivas e relações de produção, numa espécie de rearranjo da Ordem Capitalista. No artigo faremos a seguir uma leitura da compreensão dos autores.

UMA LEITURA SOB O ESTADO SOCIAL NO BRASIL

O Século XVIII foi fortemente marcado pelas características dos ensinamentos dos liberais, com o desencadeamento de um estado liberal burguês que propunha a liberdade e a igualdade dos indivíduos cujo principal objetivo do Estado era a proteção da propriedade.

> O pensamento liberal, na sua origem teórica e politica, esteve voltado para colocar limites ao Estado absolutista e para expandir e consolidar o poder econômico da burguesia. O liberalismo clássico tem, assim, seu conteúdo limitado ao Estado de Direito (a partir da determinação de direitos considerados individuais e naturais). O liberalismo sempre defendeu um regime político que garantisse a limitação do poder político pela liberdade e pelos direitos individuais (considerados como naturais). Dentre esses, o direito de propriedade sempre foi o central. (DURIGUETTO, 2011)

O contratualismo moderno fundamentou-se na liberdade individual e na igualdade formal, ou seja, uma igualdade em que há desigualdades sociais. Para os liberais essa equiparação é pensada tão somente no plano formal e não numa igualdade material (DURIGUETTO, 2011).

Hesse ao tratar da igualdade material disserta que:

> A igualdade jurídica material não coOnsiste em um tratamento igual sem distinção de todos em todas as relações. Senão, só aquilo que é igual deve ser tratado igualmente. O princípio da igualdade proíbe uma relação desigual de todos iguais; casos iguais devem encontrar regra igual. (HESSE, 1998)

Uma das pretensões é dizer que os iguais devem ser tratados de forma igual na medida em que os desiguais devem ser tratados com diferença, a fim de que se atinja a igualdade para todos. Numa sociedade com tamanhas desigualdades como hoje é essa a igualdade que deve ser buscada. A igualdade não pode estar limitada ao direito formal, faz-se necessário ter uma base material, sem a qual o cidadão não poderá participar igualmente da "vontade geral" designada por Rousseau.

Contudo, nesse período não foi esse o entendimento que predominou, mas sim os ideias da teoria liberal cujo objetivo foi a ausência de intervenção estatal, os indivíduos agindo livremente e competindo entre si é que levaria ao desenvolvimento social. Portanto, não competia ao Estado propiciar elementos para o desenvolvimento da sociedade, não caberia uma política redistributiva, mas sim os próprios indivíduos é quem deveriam correr atrás de seus interesses.

Junqueira (2009) *apud* Bobbio afirma que a vitória do liberalismo permitiu, no século XVIII, o surgimento dos direitos civis, as liberdades e os direitos fundamentais do indivíduo. Locke ao tratar do cidadão já afirmava que todos são portadores dos direitos civis, mas nem todos eram considerados cidadãos com direitos políticos. Cidadão era tão somente o individuo livre que tem possibilidade de obter propriedade, elementos que foram a base para o desenvolvimento do conceito de cidadania e, posteriormente, para a democracia moderna (COSTA, 2006).

A ampliação do conceito de cidadania está intrinsicamente relacionado à conquista dos direitos sociais. Nesse sentido Marshall *apud* Kertenetzky (2012) ao afirmar que os direitos sociais são "um direito absoluto a certo padrão de civilização que é condicional apenas à contrapartida de obrigações gerais de cidadania" cujo conteúdo vai "desde o direito a um módico bem estar e segurança econômica até o direito de compartilhar da herança social e de viver a vida de um ser civilizado de acordo com os padrões prevalecentes na sociedade".

> [...] a cidadania passa a ser percebida também por uma logica de inclusão, como uma forma de integração plena do individuo na sociedade. Este teria garantido não apenas seus direitos civis, de origem liberal (status legal da cidadania), ou seus direitos políticos, originados dos modelos democráticos ao longo do século XIX. Seriam necessários ainda os direitos sociais, para que o homem pudesse ser considerado "um cavalheiro", dotado de capacidade de escolha e parte da herança social". (JUNQUEIRA, 2009)

Logo, nesse contexto o conceito de cidadania não está mais relacionado tão somente a garantia dos direitos civis e políticos, mas também aos direitos sociais, ou seja, com o surgimento do Estado de Bem Estar Social altera-se o papel do Estado. No final do século XIX e XX o capitalismo vai passar por uma série de modificações, e nesse contexto será necessário dar vez aos interesses coletivos de forma a limitar a força da burguesia. Nesse sentido cumpre destacar a importância da luta dos trabalhadores para conquista dos direitos sociais nesse período, consoante afirma Duriguetto (2011):

A segunda metade do século XIX e o século XX se caracterizam pela continua expansão de direitos políticos e sociais. As classes trabalhadoras e subalternas sempre estiveram na vanguarda da luta pela conquista e ampliação desses direitos. Foram as lutas dos trabalhadores pela extensão do sufrágio universal, pela fixação legal da jornada de trabalho, pela criação dos sindicatos e pela formação de partidos políticos de massa [...] que criaram as formas políticas democráticas que hoje coexistem (numa tensão 10 entre integração e contradição) com as formas constitucionais liberais oriundas das revoluções burguesas.

O tão somente Estado de Direito colocava inúmeros indivíduos em estado insegurança, em especial aqueles que não possuíam propriedade, vez que a principal função dessa forma de Estado é assegurar a proteção à propriedade. Assim, no curso do século XX, como forma de amenizar a insegurança que se alastrava, diversas leis sociais, especialmente voltadas ao Direito do Trabalho e Seguridade Social, passaram a ser previstas. Castel aponta que ocorreu o lançamento de um:

> [...] um plano completo de seguridade social visando assegurar a todos os cidadãos meios de vida em todos os casos e que eles são incapazes de provê-los por seu trabalho. Com gestão que pertence aos representantes dos interessados e do Estado. (CASTEL, 2005)

A partir no ano de 1929, em razão da crise econômica causada pela Crise da Bolsa de Valores norte-americana, de forma a evitar que os impactos sociais e econômicos da crise se alastrassem, propou-se a atuação participativa do Estado.

Para melhor compreensão dessas alterações, no que se refere ao Brasil, vamos utilizar a divisão temporal apresentada por Couto (2014), qual seja: i) 1930 a 1964 (período marcado por governos que enfatizaram o processo de industrialização do país; ii) 1964 a 1985 (período demarcado pela fase da ditadura militar e, também, de abertura democrática); e, iii) 1985 até os dias de hoje (marcado pelo período de redemocratização do país e avanço na implementação das medidas neoliberais).

Conforme exposto, o ano de 1929 foi marcado pela grande crise do capitalismo mundial, no qual despencaram as bolsas de valores no mundo inteiro e que, consequentemente, acarretaram no Brasil a queda das exportações do café. Como problemas socioeconômicos, nesse período, apresentavam-se: queda do Produto Nacional Bruto, agravamento das condições de vida das pessoas, redução da atividade econômica e desemprego (COUTO, 2014).

Nesse mesmo sentido Campos (2000) ao afirmar que:

> A crise de 1929 funcionou como um catalisador das contradições existentes entre a burguesia brasileira, isto é, entre a decadência da economia e o incipiente desenvolvimento da indústria capitalista. Esta crise abre a possibilidade da realização da chamada revolução de 30, quando o movimento sindical adquire também um novo personagem - o movimento reformista. O Estado "corporativista" cria condições de uma legislação social revista e ampliada, com jornada de 8 horas, contrato coletivo de trabalho e outros dispositivos. Mas, também, cria o atrelamento dos Sindicatos ao Estado.

Esse cenário possibilitou a Revolução de 1930, tendo Getúlio Vargas como governante. A política adotada pelo Governo Vargas focou em organizar a relação capital e trabalho, no intuito de ocorrer uma transição da luta de classes para um processo de conciliação entre as partes. O instrumento criado para alcance desse objetivo foi a instituição de um sistema corporativista alcançam por meio da legislação aplicável aos sindicatos.

Assim, em 19 de março de 1931, por meio do Decreto nº 19.770, criou-se o Ministério do Trabalho Indústria e Comércio (MTIC), entidade que reconhecia os sindicatos, mas os tutelava. Com a criação do MTIC vinculando os sindicatos diretamente ao Estado, os órgãos que deveriam representar os interesses da classe trabalhadora passaram a atender os anseios do Estado e não mais dos trabalhadores. Esse fato gerou flagrante limitação à ação direta das reivindicações dos obreiros.

> [...] nesse período, começara, a ser gestadas as condições para mudança substantiva no sistema econômico brasileiro, que vai ser deslocado do eixo agroexportador para o urbano industrial e, assim, exigir um posicionamento frente às demandas postas pela nova ordem produtiva e

pelos trabalhadores. A regulamentação das relações entre capital e trabalho foi a tônica do período, o que parece apontar uma estratégia legalista na tentativa de interferir autoritariamente, via legislação, para evitar o conflito sociaL. (COUTO, 2014)

O governo Vargas adotou uma legislação com fundamento nas ideias de um Estado Social autoritário, com medidas de cunho assistencialista e regulatório. Logo, esse período foi marcado por um sistema de proteção social conservador, corporativista no que tange à concessão de benefícios. A inclusão nesse sistema de proteção encontrava-se atrelado ao fato de o trabalhador ter um vínculo formal reconhecido. Portanto, tendo em vista que nesse período no Brasil a grande maioria dos trabalhadores eram rurais, os quais não estavam incluídos do trabalho formal, tem-se que uma grande parte da população ficou fora desse sistema de proteção (DRAIBE, 1993)

A garantia dos direitos previdenciários foram previstos na Constituição de 1934, a qual tratou dos direitos políticos com base no ideário liberal, uma vez que previa a igualdade tão somente perante a lei, mantendo a grande maioria da população afastada do gozo dos direitos políticos e sociais.

Em 1937, a Constituição de 1934, sob o argumento de defender o país, foi declarada inválida, com a dissolução do Congresso pelo governo, e uma nova Constituição foi outorgada. Episódio conhecido como "Golpe de Estado". A nova constituição manteve a maioria dos direitos previstos na Constituição de 1934, a diferença que é no novo texto constitucional criou mecanismos de suspensões desses direitos, caso restringissem os projetos do governo (COUTO, 2014).

> Criar para o país as bases capitalistas para um modelo urbano-industrial foi a tarefa empreendido pelo Estado Novo. O nacionalismo de Vargas tinha como ponto central a promoção do progresso econômico com fortalecimento das bases nacionais, e a ação do Estado seria interventiva na criação de uma infraestrutura necessária para o crescimento econômico. [...] Com o golpe de 1937 o estado passou a se autoidentificar com a nação. A mudança no

> sistema eleitoral para eleições indiretas, a colocação na ilegalidade dos partidos políticos, a pena de morte prevista na Constituição, a proibição de greves, o controle de sindicatos e o nacionalismo econômico foram aspectos que caracterizaram a ditadura Vargas. (COSTA, 2006)

Portanto, tem-se que o chamado Estado Novo fundamentou-se pela criação de um projeto social de cunho autoritário, voltado especificamente aos direitos sociais vistos como necessários para o processo de industrialização do Brasil.

Em relação aos sindicatos cumpre destacar que nesse período ocorreu uma completa desmobilização, tendo em vista que os cargos de direção foram ocupados por dirigentes totalmente submissos às orientações do MTIC, sem ocorrência de greves e a participação dos trabalhadores reduzida de forma acentuada (MATTOS, 2012). Toda a atividade sindical esteve atrelada intrinsecamente ao Ministério do Trabalho, o qual regulava do nascimento à extinção de todas as entidades sindicais. Nesse período somente os sindicatos oficiais, e sob restrições, tinham reconhecida a participação, bem como houve a proibição das greves, repressão ao anarco-sindicalismo e à entrada na organização dos trabalhadores. Os comunistas são excluídos da política partidária (KERSTENETZKY, 2012).

Em 1940, os estatutos dos sindicatos são novamente reformulados e passam pela intervenção do Ministério do Trabalho. Ainda, nesse ano, ocorre a criação do imposto sindical, do salário mínimo e da Justiça do Trabalho. No ano de 1943, foi criada a Consolidação das Leis do Trabalho (CLT), a qual reuniu a legislação da área desde 1930. Também criou a CTPS (Carteira de Trabalho e Previdência Social), instituiu a jornada de horas, as férias remuneradas, o salário-maternidade e, ainda, a área de segurança e medicina do trabalho.

Não há dúvidas de que durante o Governo Vargas ocorreu um grande incremento na legislação social, sem que a classe trabalhadora reivindicasse por tais direitos. Contudo, o objetivo principal dessas concessões era "apagar da memória coletiva dos trabalhadores a tradição de luta sindical da República

Velha" (MATTOS, 2012).

Durante o período da Segunda Guerra Mundial, os Estados Unidos e o Brasil ampliaram suas relações, com realizações de acordo. A remessa de lucros para o exterior e os limites constitucionais para o capital externo investir no Brasil diminuíram. Em razão disso, o volume de capital norte-americano para o Brasil aumentou e o acúmulo de reservas cambiais possibilitou que o governo adotasse uma política expansionista (COSTA, 2006).

Com o término da guerra, os Estados Unidos não mais cumpriram com as metas de importações de produtos brasileiros e negaram apoio financeiro e comercial ao Brasil. O governo norte-americano passou a entender que a ditadura de Vargas era perigosa à democracia, mas na verdade, a preocupação era de que o desenvolvimento industrial do Brasil afetasse o comércio dos Estados Unidos (COSTA, 2006).

Assim, diante desse cenário, com excessivo centralismo adotado pelo Estado e o uso de repressão que os movimentos sociais estavam sujeitos no Brasil, o governo de Vargas começou a ser questionado após a Segunda Guerra Mundial. Várias foram as manifestações que pediam a retomada da democracia e do governo constitucional (COUTO, 2014).

Em razão desse cenário, e com o apoio de políticas externas, em outubro de 1945, o Governo Vargas foi deposto por uma junta militar. Durante os anos de 1945 e 1946, o Brasil passou por um processo de redemocratização. Contudo, algumas heranças do Estado Novo se mantiveram, dentre elas a estrutura sindical.

Quem assume após Getúlio Vargas ser deposto é Eurico Gaspar Dutra (1945-50) que teve em seu governo a promulgação da Constituição de 1946 de cunho liberal e que tentou restituir a movimentação da sociedade civil, bem como os direitos essenciais. A inovação de referida constituição foi a abolição dos instrumentos que cerceavam as liberdades dos cidadãos, garantindo a liberdade de associação sindical e do direito de greve. A inovação dessa Constituição foi a utilização da propriedade privada vinculada a questão da função social.

Em relação ao direito de greve cumpre destacar que embora houvesse a previsão no texto constitucional referidos movimentos foram fortemente perseguidos pelo governo. No que tange aos direitos políticos a Constituição de 1946 permitiu o voto a todos maiores de 18 anos, mas manteve a proibição aos analfabetos e aos que não sabiam se expressar na língua nacional.

Ainda, no Governo de Eurico Gaspar Dutra, no ano de 1948 foi implementado o Plano Salte, o qual teve como objetivo tratar da saúde, alimentação, transporte e energia. Esse foi o primeiro plano de governo voltado à questão social.

Em 1951, Getulio Vargas retoma ao poder, por meio da eleição direta, seu plano de governo novamente tentava controlar os trabalhadores por meio das políticas trabalhistas. No entanto, no ano de 1954, Vargas suicidou-se o que contribuiu para as manifestações públicas que foram utilizadas por Juscelino Kubitscheck, o qual assumiu o poder em 1955.

Em seu governo Juscelino Kubitscheck instituiu o Plano de Metas que pretendia desenvolver o Brasil de forma muito rápida. Em referido plano não é encontrada preocupação em relação aos direitos sociais, uma vez que a única meta social que aparecia era em relação à formação profissional, o que auxiliaria no processo de industrialização do país. No aspecto previdenciário cumpre destacar a unificação da Previdência, bem como a previsão da centralização administrativa que só foi implementada em 1966, quando foi criado o Instituto Nacional de Previdência Social (INPS).

Contudo, o desenvolvimento desse período teve um alto custo aos trabalhadores, uma vez que o aumento da inflação corroborou para a queda do poder aquisitivo dos salários. Diante desse cenário os movimentos sindicais passaram a pressionar o governo em busca de melhores condições de vida.

Diante das manifestações Juscelino transmitiu o poder a Jânio Quadros, eleito em 1960. No entanto, em razão da renúncia de Jânio, seu governo durou tão somente sete meses. E, nesse cenário, instalou-se uma crise institucional, tendo em vista o veto dado pelos militares ao vice-presidente, João Goulart, o qual detinha vinculação com os sindicatos e era simpatizante por projetos socialistas. Como forma de retirar poderes de João Goulart expediu-se a Emenda Constitucional nº 4 que instituiu o parlamentarismo (COUTO, 2014).

No período compreendido entre 18 a 26 de outubro de 1961, realizou-se uma greve no âmbito nacional, a chamada "greve da dignidade", a qual resultou em criação do 13º salário (Lei nº 4.090) e reajuste de 60% (CONTRAF, 2012). Esse período foi de ascensão aos movimentos sociais e no qual eclodiram muitas greves. João Goulart propunha reformas sociais para garantir melhores condições de vida à população.

Diante do até aqui exposto, tem-se que, durante o período de 1930 ao que antecede a ditadura militar (1964), o Brasil em relação aos: i) direitos civis, esteve fundamentado pela igualdade formal, ou seja, a igualdade de todos perante a lei, uma vez que ao longo da história brasileira desse período não se vislumbra a implementação desses direitos; ii) direitos sociais, pode-se falar que foram especificamente restritos à área trabalhista e, ainda, garantidos tão somente aos trabalhadores urbanos formais. No que tange à área da educação restringiu-se tão soezmente à garantia da educação básica e profissionalizante, ou seja, voltada ao projeto de industrialização do país.

Com o apoio do movimento anticomunista da classe média brasileira, ocorreu o Golpe Militar de 1964, o qual levou os brasileiros a terem especialmente seus direitos civis e políticos flagrantemente violados. Em 1º de abril de 1964, João Goulart é deposto pelos militares, que assumem o poder no intuito de acabar com o governo populista, bem como com o comunismo.

Com a instauração da ditadura militar o governo utilizando-se do instrumento previsto na CLT, por meio do Ministério do Trabalho, interveio em 433 (quatrocentas e trinta e três) entidades sindicais, a repressão aos sindicatos demonstrava bem o caráter da ditadura (MATTOS, 2012).

> Os militares assumiram o poder, no Brasil, a partir do golpe de 1964, com a proposta de acabar com o governo populista, erradicar o fantasma do comunismo e transformar o Brasil em uma grande potência internacional, tendo como perfil, suas ações de cunho burocrático e tecnicista. [...] O Brasil, como demonstram os dados históricos trabalhados desde o tempo da Colônia, era um país refratário à participação popular, e o período que antecedeu a ditadura militar foi marcado, intensivamente, por manifestações populares que buscavam sustentação para as reformas necessárias à melhoria da qualidade de vida da população. Essas manifestações foram os ingredientes que contribuíram para que o golpe fosse realizado com o apoio das classes médias, das forças conservadoras e dos interesses do capital estrangeiro no país (COUTO, 2014).

O Brasil nesse período, especialmente nos anos 1970, viveu a violação ao exercício dos direitos civis e políticos, enquanto de outro, vivia o chamado "Milagre Econômico", com a economia apresentando altos índices de crescimento, aumento do consumo de bens duráveis, construção de estradas, hidrelétricas e consolidação do parque industrial. (COUTO, 2014)

O plano econômico nesse período, sob a coordenação de Delfim Neto, tinha como objetivo o crescimento da economia para que depois os resultados fossem colhidos. Contudo, esse período foi marcado pelo arrocho salarial, péssimas condições de vida na cidade, alta mortalidade infantil, analfabetismo, crescimento da dívida externa, alta concentração de renda, etc. Habert *apud* Couto (2014) informa que, em 1980, 1% da população concentrava quase igual aos 50% da população mais pobre.

Habert ao tratar acerca da sustentação do "milagre econômico" afirma que houve:

> [...] três pilares básicos: o aprofundamento da exploração da classe trabalhadora submetida ao arrocho salarial, às mais duras condições de trabalho e à repressão política; a ação do estado, garantindo a expansão capitalista e a consolidação do grande capital nacional e internacional; e a entrada maciça de capitais estrangeiros na forma de investimento e de empréstimos. (COUTO, 2014)

No que tange às medidas sociais, no período ditatorial, tem-se que houve um crescimento com característica institucional tecnocrático para atender as demandas da população. Criou-se o Fundo de Garantia por Tempo de Serviço (FGTS), o Instituto Nacional de Previdência Social (que passou a reunir todas as caixas de Pensões e IAP's, retirando dessa forma a gestão dos trabalhadores), extensão dos benefícios previdenciários aos trabalhadores rurais, não havendo exigência de contribuição do empregado ou patronal, bem como aos autônomos e domésticos.

Em relação à política social previdenciária o mesmo ocorreu, tendo em vista: em 1974, a criação do Ministério da Previdência e da Assistência Social; em 1979, a instituição do Sistema Nacional de Previdência e Assistência Social (SINPAS) que passou a integrar o INPS, o INAMPS (recém-criado para atendimento à assistência médica, retirando-a do INPS). Esse procedimento de reunir em única estruturainstituições que ofereciam benefícios à população, de acordo com Couto (2014, p. 41), teve a intenção de "controlar a oferta dos benefícios e, automaticamente, controlar a população". Portanto, a compreensão dos "direitos era de concessão a quem os governos entendiam ser merecedores".

Tendo em vista o aumento do público dos "não merecedores", em conjunto com a conjuntura econômica mundial, esse modelo de gestão governamental passou a ser questionado e vários movimentos da sociedade civil se reorganizaram pleiteando a instauração da democracia. Foi o chamando período de "abertura política", que de forma atenuada teve início no governo Geisel (1974). (COUTO, 2014)

De acordo com Vieira esse período foi marcado pelo retorno das manifestações da sociedade civil:

> O Brasil do fim da década de setenta e início da década de oitenta é o país que recupera a esperança nas lutas populares, na organização ou reorganização das suas entidades representativas, tais como a UNE, OAB, CNBB, ANDES,

CONCLAT. É o período da remoção do AI-5, da anistia política aos exilados, do retorno, mesmo que limitado, ao pluripartidarismo, além da conjuntura eleitoral, por parte da oposição, da administração de Estados importantes da União [...] (VIEIRA, 2005).

O final da década de 1970 foi marcado por um novo modelo de sindicato, o qual marcou de forma enfática os próximos 20 (vinte) anos do sindicalismo brasileiro. Era o chamado "novo sindicalismo", o qual propunha romper com a estrutura sindical vigente que estava atrelada ao Estado, uma vez que a referida estrutura dificultava a mobilização da classe trabalhadora.

A partir de 1978, a classe trabalhadora se destaca e esse período é marcado pelas lutas dos obreiros, os quais unidos lutavam contra o governo e os patrões. Conforme Alves "[...] era uma "explosão do sindicalismo", ou ainda, de um novo sindicalismo, que surgia e se desenvolvia a partir de um mundo do trabalho estruturado, resultado da expansão capitalista dos anos 60 e 70" (ALVES, 2011).

Os anos 80, no Brasil, mediante um fervoroso processo de participação da sociedade civil, com importantes conquistas no âmbito dos direitos políticos e sociais, possibilitou a promulgação da Constituição Federal de 1988, a chamada "Constituição Cidadã", a qual em seu preâmbulo fixa a destinação do Estado Democrático de Direito que dentre as demais garantias asseguradas está o gozo dos Direitos Sociais e Individuais.

No entanto, paradoxalmente, nesse período, o Brasil passava a atender as politicas ditadas pelo sistema neoliberal. De acordo com Couto "[...] o paradoxo está exatamente localizado na relação entre os avanços políticos sociais e as definições das diretrizes macroeconômicas que concebem as políticas sociais como consequência do funcionamento adequado da economia" (COUTO, 2014).

Nesse período de censura com implantação da abertura, em que o Brasil apresentava o aumento da dívida pública, crise fiscal (diferença entre o volume gasto em área social e o volume arrecadado), ressurgimento dos movimentos populares,

João Figueiredo assume a presidência, para o mandado de 1980 a 1985.

No ano de 1982 ocorreu no Brasil um grande movimento da sociedade civil que postulava a implantação das eleições diretas, foi o chamado movimento das "Diretas Já". Em razão desse movimento, o governo militar, mediante a realização de eleição indireta, elegeu o candidato civil Tancredo Neves. No entanto, o presidente não chegou a assumir seu posto, tendo em vista que faleceu e, assim, quem assumiu foi seu vice José Sarney (COUTO, 2014).

O ano de 1983 é marcado pelo arrocho salarial aliado ao empobrecimento da população que aumentava. Diante desse cenário, os militares se defrontavam com a luta da sociedade civil que pedia mudanças. A década de 80 deu início a uma nova relação entre o Estado e a sociedade, tendo em vista que ocorreu a transição entre a ditadura militar e a construção da democracia. Especialmente com a realização da primeira eleição para presidente da república, pós-período ditatorial, ocorrida em 1985.

> A eleição foi produto de uma movimentação acentuada na sociedade brasileira, que, por intermédio de diferentes entidades de classe, partidos políticos, organizações não governamentais, sindicatos e outros movimentos promoveu várias movimentações públicas, que pressionaram os militares a procederem ao processo de transição. (COUTO, 2014)

A sociedade clama por segurança, logo, consoante disserta Castel (2005), deve-se instituir um Estado dotado de poder para que possa desempenhar o papel de prover as proteções e garantias de segurança.

DAS FASES, A MAIS CONTEMPORÂNEA

Em 1990, Fernando Collor assume a presidência, no entanto, logo em seguida sai do poder em decorrência de um processo de *impeachment*, e quem assume é o vice-presidente Itamar Franco, o qual tinha como projeto econômico o déficit público e a inflação. Para tanto, utilizou-se do Plano Real que foi coordenado pelo Ministro da Fazenda, Fernando Henrique Cardoso, eleito, em 1994, para Presidente do Brasil.

O governo de Fenando Henrique Cardoso teve como prioridade: controle da inflação e manutenção da moeda, bem como adotou práticas neoliberais em relação ao papel do Estado. Portanto, na década de 90, o Brasil deparava-se com: aumento das privatizações, abertura econômica para capitais estrangeiros, aumento da inflação e diminuição dos gastos do Estado com a área social.

> No balanço social do período do governo de Fernando Henrique Cardoso é possível apontar que, do ponto de vista do quadro social, os resultados são desastrosos (LESBAUPIN, 1999). Ao final do governo, contabilizaram-se: um aumento da concentração de renda [...], um altíssimo índice de desemprego (MATTOSO, 1999); uma tentativa constante de desmontar os direitos trabalhistas constituídos por longas décadas (NETTO, 1999); um processo de privatização intenso; e, várias reformas na Constituição de 1988, principalmente no que se refere ao campo dos direitos sociais (COMPARATO, 1999). A raiz desse resultado foi a política econômica adotada, que submeteu a economia brasileira aos ditames dos mercados internacionais, tornando o Brasil inteiramente dependente dos capitais especulativos [...]. (COUTO, 2014)

Assim, tem-se que a Constituição Federal de 1988 acaba com o corporativismo em relação ao Estado, mas em razão das ideologias que atingiam o mundo nesse período, abriu-se espaço para uma nova forma de corporativismo. O chamado corporativismo de mercado, o qual tem a mesma função de limitar a atuação das lutas dos trabalhadores (ALVES, 2000).

Nos anos 90 houve um conjunto de conclusões de economistas do FMI, do BIRD, que a partir de reuniões realizadas em Washington, denominando-se Consenso de Washington, recomendaram diversas diretrizes aos países em desenvolvimento, dentre elas que fossem adotadas políticas de abertura de seus mercados e que implantassem o Estado-mínimo, privatizando-se o público e reduzindo ao mínimo as inversões sociais. Diante desse cenário aparece um "novo" sistema que propõe o livre mercado, agora chamado de neoliberalismo.

Esse novo mundo originou flagrantes desrespeito aos direitos sociais, tendo em vista a introdução das terceirizações, a descentralização da produção, a precarização da relação de trabalho, a flexibilização do Direito do Trabalho, e o que consequentemente afetou o coletivo operário.

Os impactos sobre os sindicatos ficaram evidentes, uma vez que houve transferência de plantas para áreas com menor atividade sindical; desregulamentação do mercado de trabalho; encolhimento de setores do sindicalismo operário típico. O que flagrantemente contribuiu para a diminuição da filiação sindical (MATTOS, 2012).

Conforme disserta Maior (2000):

> [...] a luta de classes trava-se principalmente no mudo das ideias. A atual crise das ideias faz com que os trabalhadores não consigam se mobilizar. Na substituição do homem pela maquina, o valor do trabalho é diminuído e com ele diminui a importância dos direitos dos trabalhadores. Surgem ideais baseadas no paradigma da livre concorrência e não no paradigma da solidariedade. Com isso, a flexibilização e desregulamentação voltam a ser noções de direito e não de liberdade.

Em que pese as conquistas advindas com a "Constituição Cidadã", tem-se que o Estado reduziu as despesas voltadas à área social, fragilizando os direitos sociais, com redução dos direitos trabalhistas e previdenciários, ficando o sujeito marginalizado e excluído do combate político e público.

Para Junqueira (2009) trata-se de "um processo resultante da globalização neoliberal na qual o interesse econômico e a lógica do mercado e do consumo sobrepõem à luta pelos direitos, civis, políticos e sociais".

Diante dessa conjuntura histórica e econômica, ao Estado compete abrir espaço à iniciativa privada nos setores em que há perspectiva de lucratividade. E, assim, se fortalece o discurso de que as políticas sociais são voltadas aos pobres e as classes que detêm renda devem procurar a iniciativa privada. Portanto, a cidadania volta a ser reduzida aos direitos civis e políticos (COSTA, 2006). Ou seja, vota-se a concepção do conceito de cidadania do Estado Moderno em que ser cidadão estava atrelado a ter garantido os direitos políticos e civis, vez que os direitos sociais passam a ser violentamente atingidos pela onda neoliberal.

Nesse contexto em que impregna a insegurança, faz-se necessário a proposta de políticas públicas eficientes, ou seja, é importante um sistema de proteção social estável que apresente políticas públicas capazes de satisfazer as necessidades da população. Contudo, nesse processo de globalização econômica e financeira, com praticas neoliberais, a ideia dessas políticas torna-se contraditória, vez que a proposta é a redução do Estado, ou seja, é a diminuição da implementação de políticas públicas, com a substituição para a assistência no espaço em que o mercado, a comunidade e a família não conseguem atender.

Embora significativos tenham sido os avanços nesse sentido nos governos progressistas de Lula e Dilma, com o *impeachment*, voltam ainda mais fortes as práticas de desmonte de direitos. Primeiro a partir de uma fúria inquisitória e reformista, e após, sob uma política de ódio e desmantelamento de padrões mínimos de civilidade.

O garantismo no Ocidente surge historicamente, em especial nos Estados Nacionais, a partir da necessidade de limitar os poderes do Rei ou mesmo os poderes do Chefe da República. Ao longo do tempo, serviu para que o Parlamento pudesse limitar os abusos dos Soberanos e, mais tarde, os próprios poderes do Parlamento. A mudança paradigmática do império do Poder Soberano pelo Império da Lei é o eixo central do garantismo. Era expectativa do desenvolvimento da Democracia que chegasse o momento dos cidadãos limitarem o Poder dos Governantes.

Talvez, no Brasil, este foi o principal engano: a crença na representatividade democrática ou aperfeiçoamento da Democracia para cumprir as finalidades econômicas e sociais a que a Constituição Federal se destinasse.

As teorias mais progressistas ainda acreditavam que o

principal elemento do garantismo brasileiro era o garantismo social ou o alcance dos direitos sociais e sua manutenção por mais de 70 anos, passando por duas Ditaduras e pelo Governo Fernando Henrique Cardoso, entre 1995 e 2002, período de um dos mais profundos ajustes neoliberais do Estado Brasileiro.

O *Impeachment* abriu as portas para as reformas que vêm sendo pressionadas pelo setor produtivo e as forças da economia internacional; todavia, no que tange ao exercício regular da Democracia, o projeto eleito em 2014 foi a manutenção do desenvolvimento social nos moldes que vinha sendo desenvolvido nos últimos 15 anos.

Para que este projeto fosse substituído foi necessário um Golpe Burocrático, um ardiloso processo de instrumentalização reunindo as forças parlamentares e o Poder Judiciário. O próprio Poder Judiciário, composto por uma classe mais conservadora, se deu conta, já em seguida dos primeiros atos do Governo Temer, que depois da mudança presidencial era a própria Democracia que corria perigo.

No processo de acirramento de ânimos e polarizações extremadas que culminaram com a eleição de Jair Bolsonaro, o ataque aos direitos e ao Estado de Direito são postos sem constrangimentos: atos em prol do fechamento do congresso e tomada militar do Poder são incentivadas pelo próprio presidente, as tentativas de captura dos órgãos de investigação (como Polícia Federal) e de julgamento (tentativas de pressão sobre o Supremo Tribunal Federal) tornam-se cada vez mais comuns, fazendo parte da cotidiana agenda presidencial.

No ponto de vista dos direitos sociais, sucessivos cortes orçamentários a instituições estratégicas para sua promoção – como é o caso das Universidades Públicas -, ou a neutralização do poder de órgãos ambientais como o Ibama e ICMBio, o lançamento de diversos ajustes, programas e medidas que restringem ainda mais os direitos dos trabalhadores – Programa Verde e Amarelo, Reforma da Previdência, ameaça de extinção do FGTS, medidas provisórias que a pretexto de enfrentamento à pandemia do covid-19 vulnerabiliza todos os trabalhadores, etc –, colocam ao Estado o papel não de subsidiário – o que por si só já seria ruim – mas efetivamente de um Estado anulado.

Isto posto, tem-se que o papel do Estado deve ser repensado, pois as desigualdades sociais que afligem a sociedade não deixam dúvidas de que as praticas neoliberais ao deixar ao mercado a regulação da economia, em uma sociedade capitalista em que importa apenas o lucro, faz com que a parte mais hipossuficiente da relação arque com as consequências, ou seja, o cidadão, que se vê cada vez mais inseguro nessa sociedade capitalista "de todos contra todos", em que, definitivamente, o lema de campanha de Bolsonaro, "Brasil acima de tudo", é posto às últimas consequências.

NOSSA ANÁLISE SOBRE A CRISE

Retomando os argumentos do início, dentre as principais causas da crise econômica são as políticas sociais, que acabaram por levar o capital ao desespero e, em se tratando de mercado de capitais, a consequência da elevação do dólar e desvalorização das ações das estatais que, mal administradas por um Governo *corrupto* e *gastão*, não tem outro destino senão "levar a Economia para baixo".

Do ponto de vista político, o Brasil que ainda não superou sua característica autoritária, salvacionista e patrimonialista – e teve na Constituição Federal de 1988 seu principal grito de republicanismo – parece que, no seio da sociedade, vive uma de suas principais crises: a não socialização completa da prática democrática e não percepção de que era necessária a sua ocorrência.

Essa falta de percepção leva consequentemente a sociedade brasileira ao acato (e o pior, convencendo-se e sendo convencida) da tese de necessidade de medidas "firmes e concentradas" de tomada de poder, para com as instituições que numa primeira análise estariam falidas (Parlamento, Executivo e os próprios organismos estatais). Neste ponto, percebem-se reações ilustradas a partir de pedidos de retorno a Ditadura Militar, maior governança da iniciativa privada sob o Estado ou mesmo, sob o total desconhecimento do real papel das instituições públicas democráticas, a necessidade de um Governo Civil Forte, que elevado ao Poder, combatesse a corrupção a partir do Estado Polícia, nos mesmos moldes do Estado Francês do final séc. XVIII.

O quadro se agrava quando, ao ganhar as eleições com diferença pequena e, proporcionalmente contribui na eleição do Congresso mais conservador desde 1964, o atual Governo não percebe que, ainda em novembro de 2014, um grande temporal em processo de formação cobriam os céus brasileiros, quando raios e trovões iluminavam e traziam estrondos anunciadores do dilúvio.

E a realidade se torna mais complexa quando, de forma míope, em janeiro de 2015, a base governista (especialmente neste caso a petista) embarca na frustrada empreitada de disputar a mesa da Câmara dos Deputados Federais, numa acidentada organização de chapa que disputou a direção do órgão em face do grupo do atual Presidente Eduardo Cunha.

Na impiedosa derrota, perde a base, todas as possibilidades de, estrategicamente, conduzir as demandas do segundo mandato de Dilma. E ainda, na falta de experiência dos parlamentares atuais (dado que se agudiza pelo fato da não reeleição de diversos quadros tradicionais da esquerda ou progressismo nacionais) perde a direção da condução de medidas de governabilidade, essenciais em sistemas políticos como o constitucionalmente estabelecido pela legislação vigente.

Sem a mesa e especialmente a Presidência da CCJ, os projetos de lei saíram do controle do Governo e a agenda de um Parlamento Conservador entra em processo de planejamento e execução. A luta se trava no Orçamento e no processo legislativo. E, sem a menor governabilidade, o Governo se vê perdido, em meio à destruição dos últimos 30 anos de construção do Estado Democrático de Direito, em especial nas conquistas sociais ligadas os direitos dos trabalhadores.

Os mais reacionários projetos de Lei são colocados em

pauta: na tentativa de entregar os anéis e não os dedos, o Governo acata as mais esdrúxulas considerações e não tem força para impedir reformas que representam o retorno ao Estado Brasileiro antes da Constituição Cidadã.

E por não ter se preparado com um grande projeto de planejamento estrutural, que envolvesse a Educação Básica, Cultura de Massa e Engajamento da Juventude, democratização da mídia e da comunicação social, bem como uma política de formação de quadros, em especial no seio intelectual, a massa crítica não se forma. E na ausência de reflexão crítica nasce a crise social.

A formação de uma classe média que quer ser elite econômica mais não cultural; a elevação da classe D para C, que quer ser classe média, independente do custo social e coletivo que isso signifique; o fetiche do desenvolvimento a partir do mito do *self made man* ao invés da percepção de que nada teria acontecido senão oriunda de uma política macroeconômica voltada para a superação da miséria e pobreza. Eis o ovo da serpente.

CONSIDERAÇÕES FINAIS

No contexto analisado aparece a dimensão ética da crise: sem interlocução e ressonância na esfera pública (vez que os movimentos sociais, em diversos setores, carecem das lideranças que ocuparam os cargos do Executivo para implementação das políticas necessárias para superação de nossa letargia) a mídia e as redes sociais financiadas pelo capital privado e estrangeiro (é preciso lembrar quem paga a conta do *facebook*, *google* e as mesmas emissoras de rádio e tv de sempre) convencem com violência, através de um discurso fascista e totalitário (inclusive incitando o ódio) as massas acríticas que os piores problemas brasileiros, dentre eles de corrupção endêmica no Brasil nasceram ou se agravaram com o Governo do Partido dos Trabalhadores – PT.

Convém destacar as alquimias dos números: os milhões e bilhões apresentados diariamente pelos jornais, como resultado da corrupção, em especial na Petrobrás, não possuem qualquer paralelo com alguma referência que possa demonstrar se seus valores são pouco ou muito.

Note-se: quando comparado ao nível de desenvolvimento, de aumento de renda ou mesmo de geração de emprego dos últimos 15 anos, chega a ser ínfimo (não significa que a corrupção não deva ser combatida, mas, que seus números estão o tempo todo manipulados nas informações sem qualquer responsabilidade).

E nesse cenário nasce a necessidade de repensar a retomada do projeto de desenvolvimento da experiência democrática no Brasil. E qual o papel a ser retomado pela esquerda neste quadro, que parece ser, mais uma vez, um quadro de crise que precisa ser superado com esclarecimento, conscientização e organicidade, vez que atinge as camadas sociais e não somente o Governo, Estado ou núcleo central de poder.

REFERÊNCIAS BIBLIOGRÁFICAS

ALVES, Giovanni. Do "novo sindicalismo" à "concentração social" ascensão (e crise) do sindicalismo no Brasil (1978-1998). **Revista de Sociologia e Política**, Curitiba, v. 15, p. 111-124, 2000.

ALVES, Giovanni. **O novo (e precário) mundo do trabalho:** reestruturação produtiva e crise do sindicalismo. São Paulo: Boitempo, 2011.

CASTEL, Robert. **A insegurança social, o que é ser protegido?** Petrópolis: Vozes, 2005.

CAMPOS, Elza Maria. **A política de formação do sindicado dos bancários de Curitiba em face da reestruturação capitalista**. 210 f. 2000. Dissertação (Mestrado em Educação) – Universidade Federal do Paraná, Curitiba, 2000.

COSTA, Lucia Cortes da. **Os impasses do Estado capitalista: uma análise sobre a reforma do Estado no Brasil**. São Paulo: Cortez, Ponta Grossa: UEPG, 2006.

COUTO, Berenice Rojas Couto. **O Direito Social e a Assistência Social na Sociedade Brasileira:** uma equação possível? São Paulo: Cortez, 2014.

CONTRAF (Confederação Nacional do Trabalhadores do Ramo Financeiro). **Convenção Coletiva Nacional dos Bancários: 1992 - 2012:** 20 Anos de Unidade, Lutas e Conquistas. São Paulo: CONTRAF, 2012.

DRAIBE, Sonia Miriam. **As políticas sociais e o neoliberalismo.** Revista USP, São Paulo, USP, n. 17, mar.abril.maio, 1993, p. 96-101.

DURIGUETTO, Maria Lucia. Democracia: **apontamentos do debate liberal e
marxista**. Emancipação, v. 11 (2), Ponta Grossa: UEPG, 2011, p. 289-300.

HESSE, Konrad. **Elementos de Direito Constitucional da República Federativa da Alemanha**. Tradução de Luiz Afonso. Porto Alegre, Sergio Antônio Editor, 1998.

JUNQUEIRA, Karina. **O Impacto da migração internacional sobre a cidadania nacional.** Ponta Grossa: Emancipação, 9 (1), 2009, p. 55-63.

KERSTENETZKY, Célia Lessa. **O Estado do bem-estar social na idade da razão. A reinvenção do Estado Social no mundo contemporâneo.** Rio de Janeiro: Elsevier, 2012.

MAIOR, Jorge Luiz Souto. **O direito do trabalho como instrumento de justiça social**. São Paulo: LTr, 2000.

MATTOS, Marcelo Badaró. **Trabalhadores e Sindicatos no Brasil.** São Paulo:
Expressão Popular, 2012.

VIEIRA, Maria Margareth. **A globalização e as relações do trabalho**. Curitiba: Juruá, 2005.

DO ANTIPETISMO AO BOLSONARISMO: O PROCESSO DE DESTRUIÇÃO DA NOVA REPÚBLICA

Fabio Venturini

Professor-adjunto na área de Formação Científica, Departamento Multidisciplinar da Escola Paulista de Política, Economia e Negócios, da Universidade Federal de São Paulo (Campus Osasco). Pesquisador no Laboratório de Estudos Interdisciplinares e Análises Sociais. Presidente da Associação dos Docentes da Unifesp (Gestão 2019-2021).

Ao final da segunda década do século XXI, momento em que a própria razoabilidade foi colocada contra a parede como vilã em um mundo em desmoronando, qualquer manifestação de pensamento político ou científico com critérios minimamente racionais ganhou contornos de progressismo político. A simples defesa de conceitos e valores aparentemente consensuais, mesmo que carentes de consolidação, tais como direitos humanos, produção da saúde pela prevenção e o planeta geoide, tornaram-se objeto de relativização. As explicações absurdas deixaram o campo da chacota nos botecos de rincões do país e confraternizações familiares para assumir o caráter de instrumento de aglutinação de forças políticas para impor pautas políticas e econômicas, bem como um conjunto de valores, inimagináveis dentro de protocolos democráticos, inclusive aquela fundamentada no direito e de tipo burguesa.

A espiral autofágica em que o Brasil se colocou a partir das grandes manifestações de junho de 2013 teve como principal eixo a troca do debate político-econômico que favorecia eleitoralmente o "reformismo fraco", nos termos de André Singer, com políticas de diminuição da pobreza e do incremento da igualdade nos objetivos nacionais de longo prazo. Os interesses materiais perderam força na agenda social para pautas moralistas impulsionadas por um amplo movimento antipetista aglutinando interesses do sistema financeiro, do Departamento de Estado norte-americano, do charlatanismo neopentecostal filiado à teologia da prosperidade, de classes médias ressentidas e do lumpenproletariado (a escória de todas as classes, nos termos de Marx no 18 Brumário), culminando com o governo Bolsonaro.

Os momento mais dramáticos da "crise do Lulismo" foi o Golpe parlamentar de 2016 com as suas consequências contra as classes trabalhadoras, mesmo aquelas que se juntaram ao movimento golpista: a cassação de diretos trabalhistas e previdenciários, o desmonte dos aparelhos públicos de garantia de soberania nacional e a ascensão do bolsonarismo com seus objetivos destrutivos de qualquer traço de civilidade e racionalidade.

A crise evidenciada em 2013, no entanto, não chegou apenas como um movimento pelo flanco direito contra o "lulismo". Cabe sempre ressaltar que as manifestações de junho daquele ano ganharam corpo a partir do aumento do preço da passagem de ônibus, metrô e trens metropolitanos na Grande São Paulo, região que engloba, além da capital, outros 38 municípios. Apesar de o sistema metro-ferroviário e ônibus intermunicipais na região ser de responsabilidade do governo do estado, naquele momento chefiado por Geraldo Alckmin, do PSDB (então partido de oposição ao governo de Dilma Rousseff), o foco das manifestações foi o prefeito de São Paulo, Fernando Haddad, do Partido dos Trabalhadores.

O primeiros e diminuto ato, do dia 6 de junho, chamado pelo

Movimento Passe Livre, teve adesão de cerca de 500 militantes de movimentos à esquerda dos governos do PT, vinculados a entidades como o Movimento dos Trabalhadores sem Teto, a Central Sindical e Popular CSP-Conlutas, Sindicato dos Metroviários, grupos anarquistas, Partido Socialista do Trabalhador Unificado, as juventudes do Partido Socialismo e Liberdade, Partido Comunista Brasileiro e do próprio PT, com pauta única de redução imediata do valor das passagens. A brutal repressão policial às portas de um shopping center no lado do bairro do Paraíso da Avenida Paulista, assim com a forma de "movimento de vândalos" apresentada nos telejornais, teve um efeito inverso ao da criminalização, fazendo com que no dia seguinte (7 de junho) cerca de 2 mil pessoas atendessem ao chamado do MPL. A polícia reprimiu novamente e, no terceiro ato do dia 12 havia cerca de 10 mil militantes nas ruas de São Paulo praticando o desafio político e expandindo a pauta para aumento de verbas em saúde e educação, sempre tendo como foco o prefeito Fernando Haddad e a presidenta Dilma Rousseff. As manifestações saíram do alcance orgânico do MPL, tornando-se um movimento mais amplo de esquerda exigindo radicalização dos governos petistas.

Na edição de 13 de junho, para quando estava marcado mais um ato saindo do centro da capital paulista, os jornais O Estado de S. Paulo e Folha de S. Paulo publicaram editoriais conclamando a Polícia Militar a encerrar das formas que fossem necessárias o movimento para a "retomada" da Avenida Paulista. Naquela noite a brutal repressão exigida pelas classes proprietárias e médias da cidade no megafone dos seus dois principais jornais, a jornalista Giuliana Vallone, da própria Folha de S. Paulo, foi atingida no olho direito por uma bala de borracha e fez a indignação crescer. Quanto mais as forças do governo estadual se tornavam violentas, mais o ônus caía sobre o prefeito, enquanto os jovens nas ruas cantavam "dança Haddad, dança até o chão, aqui é o povo na rua contra o aumento do busão".

O MPL convocou um novo ato para o dia 17, com concentração no Largo da Batata, esperando um número maior de manifestantes. Com os monitoramentos de redes sociais, principalmente do Facebook, ficou claro que o movimento crescia em progressão geométrica Os telejornais e os jornais paulistas mudaram o tom e passaram a: apoiar as manifestações de rua; estimular a participação das pessoas; pedir que a PM não mais reprimisse e introduzir uma pauta genérica de combate à corrupção, tendo como foco os mesmos alvos da militância de esquerda, Dilma Rousseff, Fernando Haddad, Lula e o Partido dos Trabalhadores. Os conteúdos digitais transitaram entre "Saúde e Educação Padrão FIFA" e "Não é são só 20 centavos".

No dia 17 cerca de 100 mil pessoas saíram às ruas com pautas amplas e confusas juntando inúmeras reivindicações, realizando passeatas em três blocos puxados por movimentos distintos: um para o Palácio dos Bandeirantes (majoritariamente anarcopunk), um segundo para a Avenida Paulista (puxado por parte de PSTU e CSP Conlutas) e os demais se dirigiram num bloco maior para a sede da TV Globo na avenida Chucri Zaidan. Nesse dia surgiram as primeiras bandeiras verde-amarelas e os gritos contra partidos políticos, movimentos sociais e sindicatos, os mesmos que começaram tudo no início do mês, espalhando-se de forma confusa e sendo apropriados por grupos de direita em todo o país.

No dia 18, novamente no centro de São Paulo, em frente ao Teatro Municipal, os serviços de inteligência do Estado começaram a atuar gerando tumultos, transformando os atos daquele dia em um confronto violento pelas ruas envolvendo tanto a espionagem quanto o destempero de grupos anarcopunks, numa tentativa de enviar o recado de que aquele era o mundo sem a polícia. Outro ato estava convocado para o dia 19 quando o governo do estado e a prefeitura de São Paulo revogaram os aumentos. Com uma massa disposta a manter o ato, o MPL, incapaz de indicar o passo seguinte, manteve a manifestação para "comemorar" a vitória. A região lotou com milhares de pessoas reivindicando pautas retrógradas, puxadas pela agenda anticorrupção e contra o Projeto de Emenda Constitucional 37, proibindo o Ministério Público de realizar investigações típicas de polícia judiciária. Os movimentos sociais, sindicatos e partidos que começaram tudo aquilo foram expulsos da avenida por *skinheads*, passando por um corredor de xingamentos, bofetadas e cusparadas, enquanto as bandeiras vermelhas foram empilhadas no asfalto e a multidão gritava "Sem Partido!"

A partir do dia 20 as manifestações entraram na pauta moralista. O Congresso Nacional reagiu reprovando a PEC 37 e aprovando um pacote anticorrupção afinado com demandas do Ministério Público Federal. Dilma Rousseff apresentou uma proposta de constituinte exclusiva do sistema político, que foi enterrada na câmara dos deputados por ação direta do vice-presidente Michel Temer. Ali todo arranjo lulista para sustentação parlamentar sofreu uma grave fratura.

A esquerda de oposição ao PT, puxada pelo MTST e a CSP-Conlutas, mudou a sua pauta da revogação do preço das passagens e o passe livre pela comparação falaciosa entre a falta de investimentos em saúde e educação com os gastos efetuados para realização da Copa do Mundo de 2014 e os Jogos Olímpicos de 2016, no Rio de Janeiro, como se uma coisa excluísse a outra. Partiram para o "Não vai ter Copa". Lembradas no campo da esquerda política de forma romantizada como "Jornadas de Junho", em alusão à derrotada revolução proletária de 1848 na França, aquelas noites consolidaram o Partido dos Trabalhadores como inimigo nacional a ser combatido à esquerda e à direita.

Em março de 2014 foi montada a Força-Tarefa conhecida como Operação Lava Jato, a qual atacou sistematicamente os governos petistas em ano eleitoral. Embora tenha sido reeleita em outubro daquele ano, Dilma Rousseff terminou as votações do segundo turno contra a parede, cedendo paulatinamente aos interesses do bloco que viria a lhe derrubar em abril/maio de 2016, com um segundo mandato tanto errático quanto sabotado. O "lulismo" como forma de governo se esgotou, mas a crise estava ainda em estágio inicial. Todo esforço da direita neoliberal imbricada na institucionalidade para se livrar do Partido dos Trabalhadores fez com que ela própria derretesse, abrindo espaço para o ressentimento e o ódio como força política com potencial eleitoral, culminando com a eleição de uma pessoa claramente inepta para a presidência em 2018, em nome do antipetismo, com amplo apoio empresarial, judiciário, policial, midiático, militar, em setores evangélicos das classes trabalhadoras (antes eleitores do lulismo) e no lumpemproletariado.

PETISMO E LULISMO NA POLÍTICA BRASILEIRA

O movimento político da segunda metade dos anos 1970 que originou o Partido dos Trabalhadores foi amplo, múltiplo e diversificado. Ele aglutinou militância oriunda da luta armada, correntes trotskistas opositoras ao stalinismo, setores saídos do Partido Comunista Brasileiro, intelectualidade de esquerda (também, mas não apenas marxista), setores republicanos de classes médias, trabalhadores qualificados organizados no "novo sindicalismo" e movimentos de trabalhadores despossuídos reunidos em pastorais da igreja católica, especialmente em torno da teologia da prosperidade.

Essa composição resultou num partido que colocou o socialismo no horizonte, ao mesmo tempo em que rejeitava método de organização político-partidária típicas do marxismo-leninismo, como o centralismo democrático, mesmo que várias de suas correntes se organizassem como "subpartidos" do tipo marxista-leninista. Reivindicava o tratamento equânime na política externa entre os países capitalistas e o bloco comunista, porém produzia ferozes críticas à URSS (incluindo a adesão com revisão da teoria conservadora do Totalitarismo, chave interpretativa útil à direita civil ao nivelar por baixo, como degenerações militarescas, a Alemanha Nazista e o comunismo soviético). Propunha uma democracia de ampla participação popular, inovando nas gestões municipais com a inclusão dos cidadãos nas decisões orçamentárias (os "orçamentos participativos"), enquanto seus quadros tinham dificuldades em lidar com a gestão da coisa pública, a obtenção de verbas dos entes federados superiores e o relacionamento com os legislativos locais. Era um novo movimento político entrando numa estrutura secular com profundas raízes sócio-históricas.

Na introdução de "Os Sentidos do Lulismo", André Singer estabelece uma analogia entre a interpretação Antonio Gramsci sobre as classes em luta na Itália, principalmente o trabalhador do campo (a questão meridional) com o nordeste brasileiro (a "nossa questão setentrional), na qual o trabalhador do campo tem uma firme ligação ao proprietário rural intermediada por setores de classes médias. Resgatando o conceito de populismo de Francisco Weffort (um estilo de governo legitimado por uma aliança de classes urbanas que, embora antagônicas – burguesia e proletariado – beneficiavam-se mutuamente do desenvolvimento industrial), apresenta que antes de 1964 havia um partido do setor produtivo, aliando esses interesses de sustentação do "populismo" (PTB), um partido conservador ligado aos setores intelectualizados das classes médias (UDN) e o partido do interior, que servia como fiel da balança (PSD) sobre quem iria governar e com qual programa.

Na hipótese de Singer esse arranjo foi desarticulado pela ditadura militar, mas ao seu final da ditadura ele começa a se recompor. O processo constitucional (1986-1988) e a eleição de Fernando Collor (1989) ajustaram esse arranjo à novidade do seu tempo, que foi a ascensão de um consenso neoliberal para redução do estado, desindustrialização e desnacionalização da economia. Foi nesse período que, em fase de maturação, o petismo começou a se fragmentar com o estabelecimento de um grupo majoritário voltado a dirigir o partido, conhecido como a "Articulação dos 113". AS correntes minoritárias perderam muito de sua capacidade de influenciar os rumos do PT e cada processo interno ou eleições regulares de executivos e legislativos se tornavam motivos constantes de crise (Em São Paulo, por exemplo, Luíza Erundina não foi o nome da Articulação, fazendo com que sua campanha toda fosse levada a cabo pela militância de rua e dos bairros, sendo motivo de nostalgia nos militares do século XXI presentes no PT daquele momento). O processo de crises, saídas e mudanças internas se transmutou durante décadas e foi esmiuçado pelo professor Lincoln Secco em sua obra "História do PT – 1978-2010".

Adicionalmente, com o fim da Ditadura Militar e a fragilização do poder executivo, potencializada pela morte de Tancredo Neves antes da posse, os setores "produtivistas", ainda confusos com a agenda neoliberal e uma tradição defensora do desenvolvimento pela industrialização, fragmentaram-se. A ala burguesa da aliança produtivista vinha rompida com os setores de trabalhadores desde o fim do governo de Jango, enquanto os sindicatos oscilavam entre a defesa de vias institucionais e revolucionárias. Os mais radicais iniciaram a saída da institucionalidade do PT. Enquanto isso o "partido do interior" se aglutinava em uma aliança neoliberal com o discurso raso anticomunista, forçando o PT a dialogar com uma base social ainda não inserida no mundo do trabalho industrial (que Paul Singer chamou de "subproletariado") com alta carestia, porém radicalizada em valores conservadores, sensível ao discurso anticomunista e "antiateísmo".

A Assembleia Nacional Constituinte ocorreu com pressão popular e consenso social em postulados desenvolvimentistas e nacionalistas, enquanto no hemisfério norte a pressão para redução do estado galopava na construção de um consenso de autorregulação do mercado levada até as últimas consequências. Desse modo a carta de 1988 trouxe um arcabouço do tipo nacional-desenvolvimentista, com manutenção da institucionalidade política da ditadura e pressão imediata dos partidos conservador e do interior, bem como de parte das classes médias e até da burguesia urbana, para a liberalização da economia. Nesse caldo ainda resistiam os setores que defendiam um ficcional legado de ordem e segurança pública da ditadura militar, o qual rendeu quase seis milhões de votos a Paulo Maluf nas eleições presidenciais de 1989. É como se o Brasil estivesse avançando de forma acelerada não sobre o chão firme, mas em uma roda feito camundongo.

O pleito de 1989 colocou em posição dicotômica o desenvolvimento econômico-industrial organizado pelo estado, com fortes elementos de soberania nacional, proteção social e políticas distributivas típicas do discurso trabalhista, *versus* a liberalização do mercado e abandono das classes trabalhadoras à própria sorte, encampado pela Frente Liberal, dissidência do bloco político de sustentação da ditadura militar, e encarnado em Fernando Collor, alçado à condição de presidenciável por uma campanha de matérias anticorrupção promovida pelo Jornal Nacional, da TV globo. A pauta socialista da fundação do PT se tornou coadjuvante e objeto de detratação acrítica quando submetida a uma agenda de amplo debate nacional, para fora da militância política.

A eleição Collor consagrou o caminho do neoliberalismo num ambiente fortemente moralista e anticomunista, impulsionada pelo conservadorismo do subproletariado, grande massa eleitoral no interior do País, especialmente no Nordeste. A ida de Lula (candidato de um socialismo por vias democráticas) para o segundo turno em que as opções eram temas tipicamente trabalhistas deu ao PT a liderança do bloco opositor, mas não da agenda nacional, aglutinando PSDB, PSB, PCB e PCdoB em torno de um potencial eleitoral cujo programa era orgânico do PDT de Leonel Brizola. O FRACASSO Sócio-político-econômico do governo Collor tornava a eleição de Lula uma quase certeza para o ano de 1994, enquanto Brizola reivindicava para si o direito de governar com o programa que lhe escapava por entre os dedos. As forças políticas surgidas durante a ditadura, no entanto, pediam passagem e uma chapa petista com um vice do PSDB (especulou-se o nome de Tasso Jereissati, ex-governador do Ceará) ganhava cada dia mais forma e potencial eleitoral.

Houve nesse ínterim, contudo, a derrocada da União Soviética, um cataclismo político global que ajudou a precipitar mudanças radicais de posição e puxou o centro político para a direita. A alternativa ao capitalismo em termos de desenvolvimento econômico-científico-tecnológico, distribuição mais justa da produção e geração de prosperidade estava caída e desmoralizada. Além disso, a retaguarda geopolítica e militar para os movimentos políticos radicais ao redor do mundo deixava de existir, permitindo mais ousadia às classes proprietárias do ocidente. Mesmo aqueles que não se alinhavam a Moscou tinham na mera existência de uma potência soviética um fator de dissuasão da burguesia em seus países. O medo do que poderia fazer o socialismo real obrigava os governos dos países capitalistas a negociar e conceder direitos trabalhistas e políticas de bem-estar social.

Sem a URSS o capitalismo ficou livre para atacar e a onda de capitulações foi imensa. No Brasil, o PSDB, que nasceu com quadros desenvolvimentistas e uma proposta, nas palavras de Mário Covas, de um "choque de capitalismo" para modernizar a nação, adere rápida e despudoradamente à agenda neoliberal. Sem a referência e o respaldo do socialismo realmente existente, países afundaram na pobreza e mudaram suas linhas políticas. Até mesmo Fidel Castro promoveu uma reforma constitucional em Cuba permitindo a entrada de dólares e afrouxando controles políticos sobre a economia para atrair divisas, enquanto a ilha próspera dos anos 1970-1980 mergulhava na miséria do embargo norte-americano (Cuba integrava a Comecon trocando açúcar, rum, álcool, charutos e outros produtos primários por bens industrializados com valores muito baixos. Quando a URSS perdeu a capacidade de subsidiar esse comércio internacional, todo o bloco se desintegrou e o Leste Europeu pediu socorro ao Fundo Monetário Internacional. Além do fim do regime comunista, privatização de toda estrutura econômica (incluindo direitos, previdência social, sistemas de saúde e extermínio de direitos trabalhistas), o FMI e demais instituições financeiras impuseram uma cláusula que proibia o comércio com Cuba para forçar que a miséria da população da ilha promovesse a deposição de Fidel Castro e a mudança de regime. Contraditoriamente, o fim da ditadura soviética foi a maior catástrofe para os movimentos emancipatórios ao redor do mundo).

O impeachment de Collor e a gestão de um presidente sem partido (Itamar Franco) permitiu a reorganização do bloco histórico formado pelo partido conservador e o partido do interior. O PSDB, gozando do prestígio da origem na oposição à ditadura, assumiu com o PFL a função de partido conservador e a direção do bloco com o PMDB, o novo partido do interior, conservador, intermediário entre o proprietário rural e o trabalhador de baixa qualificação e referência eleitoral do "subproletariado".

O impeachment de Collor se desenrolou em dezembro de 1992. Em janeiro de 1993 a eleição de Lula parecia muito provável. Com o Plano Real, em que o mecanismo de transferência de renda do trabalhador para a burguesia se estabilizou no sistema financeiro, trocando os altos índices de inflação por taxas de juros escorchantes, a sensação de estabilidade salarial elevou o ministro da economia à condição de virtual próximo presidente da República. Em outubro de 1994, com a mudança de posição do PSDB, Lula foi derrotado em primeiro turno nas eleições presidenciais por Fernando Henrique Cardoso e o PT foi colocado em uma condição de ampla votação orgânica, porém sem qualquer chance de chegar à presidência da república.

No congresso do partido de 1995 a linha dada pelo direção, oriunda da Articulação dos 113, foi no sentido de realizar alianças com setores da burguesia interessados no desenvolvimento nacional e industrial, praticamente descartando a construção do socialismo por vias democráticas e aderindo a um programa social democrata de capitalismo moderno, deixado para trás pelos tucanos.

O congresso também posicionou o partido e Lula, sua principal liderança político-eleitoral, como instituição e pessoa representante de uma proposta próxima a preceitos do trabalhismo e do nacional desenvolvimentismo tradicionais de antes da ditadura, atenuando as diferenças programáticas com o PDT, aproximando-se da figura de Leonel Brizola, candidato a vice na chapa encabeçada pelo Partido dos Trabalhadores em 1998. O PT assumia a posição de partido de um bloco produtivista, tal qual foi o PTB pré-ditadura, aumentando seu potencial eleitoral para fora e aumentando as crises internas.

O "petismo", como movimento de trabalhadores em nome dos interesses de trabalhadores de toda natureza, catalisou em torno de si os ódios políticos existentes desde antes da ditadura. Com um novo PTB, rivalizando contra a nova UDN (PSDB-PFL) e tendo o partido do interior como fiel da balança (PMDB), o Partido dos Trabalhadores se tornou a referência de inimigo vermelho a ser combatido pela direita com a catalisação sobre si do antitrabalhismo/antivarguismo e do anticomunismo. Pelo flanco esquerdo, os setores mais radicais, particularmente de classes médias intelectualizadas de esquerda, se voltaram contra o a direção que formava o "campo majoritário".

Com o PMDB, a aliança neoliberal então sintetizada na coligação orgânica de abrangência nacional PSDB-PFL governou com um programa neoliberal por oito anos levando ao fracasso socioeconômico, aumento da extrema pobreza, exposição do país a ataques especulativos externos etc. Eleger Lula em 2002 não parecia um desafio tão grande quanto em 1989, uma vez que todas alternativas estavam esgotadas. A fragilidade nacional, contudo, colocava o desafio não apenas de vencer, mas de governar. Em poucos municípios o PT conseguiu eleger dois prefeitos seguidamente, pois suas gestões eram sistematicamente sabotadas por empresários e mídia locais. A equipe de campanha fez uma complexa costura com o objetivo de pacificar os potenciais sabotadores ao mesmo tempo em que convertia a insatisfação popular em votos para o Lula: 1) o comprometimento público de candidato do PT em não tomar medidas radicais em termos políticos e econômicos, atraindo o eleitor conservador do subproletariado, exatamente quando o partido do interior não se mostrava grande lealdade ao partido conservador; 2) o compromisso com o capitalismo moderno e a "responsabilidade fiscal", para mitigar a desconfiança da burguesia urbana, prometendo políticas de favorecimento aos setores industriais, motivo para a entrada do empresário José de Alencar como candidato a vice-presidente.

Com um texto sistematicamente atacado no campo da esquerda política, a "Carta aos Brasileiros", o campo majoritário do PT aderiu com 14 anos de atraso aos termos da Constituição de 1988. Assim recompôs o bloco produtivista que permitiu o desenvolvimento econômico e industrial do período conhecido como "populismo" e assumiu a direção de um sentido desejado nos anos 1980, com as devidas nuances, por Leonel Brizola, Mário Covas e Ulysses Guimarães (O histórico presidente do PMDB viveu uma situação imprevista em 1989: pessoalmente tinha uma perspectiva desenvolvimentista, mas seu partido, transformando-se em "partido do interior", aproximava-se da agenda neoliberal, de modo que ele foi candidato de um partido com programa de outro, seus correligionários e governadores colegas de legenda labutaram, em maioria, pela eleição de Fernando Collor).

O ANTILULISMO E A MISÉRIA DA ESQUERDA POLÍTICA

André Singer afirma que, no governo, o "lulismo" se viabilizou em cima da oposição entre ricos e pobres, não entre direita e esquerda. Em nossa leitura desse autor o lulismo pode ser categorizado como uma das vertentes do petismo, essa tendência fragmentada, múltipla, tensa e em constante crise. O lulismo, contextualizado no campo do petismo, é a hegemonia do campo majoritário hegemônico dentro do Partido dos Trabalhadores que coloca a seu reboque as correntes minoritárias, incapazes de se aglutinarem em um único movimento capaz de reunir forças, construir um programa comum e fazer a interface com a sociedade capaz de reverter em potencial eleitoral. Essas correntes do petismo estiveram dentro e fora do PT e são organicamente, independente do partido ao qual se filiam, antilulistas, a versão pelo flanco esquerdo do antipetismo, um sentimento essencialmente de classe média cujo pilar de sustentação é a frustração da revolução não realizada.

Desde os primeiros fragmentos nos anos 1980, como a saída da Causa Operária, formando o PCO, passando pela criação do PSTU (decorrente da saída consensual na forma de expulsão da Convergência Socialista. Quando a direção do PT abriu o processo de expulsão da Convergência Socialista, membros de outras correntes minoritárias iniciaram uma campanha contra o andamento do processo, tendo como principais posições contra o "expurgo" os trotskistas da corrente O Trabalho. Naquele momento, no entanto, dirigentes da Convergência pediram para que esses militantes encerrassem a campanha porque eles pretendiam ser expulsos. O ato dava à direção do partido a imagem de controle sobre a instituição e à CS o discurso de vitória moral contra traidores "stalinistas"), a Articulação dos 113 era acusada de trair a possibilidade de uma revolução socialista brasileira. Seja como "Campo

Majoritário" ou como corrente "Construindo um Novo Brasil", manteve a imagem de agrupamento degenerado e traidor inclusive por correntes que permaneceram no partido. As acusações de caráter moral em discurso político criaram uma responsabilidade ao partido de maior força política pelos fracassos de grupos minoritários defensores de um sistema político globalmente desmoralizado e paulatinamente reformado para formas de capitalismo regulado.

Lula personificou toda a frustração de quem não conseguiu materializar o sentido revolucionário da história e sequer mantinha posições no próprio território pela falta de votos numa democracia de direito do tipo burguesa. Nos anos 1990 o evento traumático que impôs um choque de realidade à sua real força política aos setores mais radicais foi a intervenção da direção nacional no PT do Rio de Janeiro. O ex-líder estudantil Vladimir Palmeira era candidato natural do partido ao governo do estado e venceu a convenção no estado. No entanto, para costurar a aliança com Brizola, a direção nacional interveio sobre a estadual impondo o apoio a Antony Garotinho. Palmeira permaneceu no PT, foi candidato ao governo do Rio de Janeiro (2006) e pré-candidato à prefeitura da capital do estado. Saiu do partido apenas em 2011, declarando como motivo a volta de Delúbio Soares ao PT. A sua base de apoio na militância mais aguerrida, contudo, nunca aceitou a intervenção, sendo hoje a base do PSOL do Rio de Janeiro, estado em que esse partido é mais forte por conta do espólio da desarticulação que as alianças nacionais geraram no PT fluminense/carioca. A frustração pela própria falta de força política foi traduzida nos setores de classe média da esquerda política como degeneração pessoal resultando em alianças e políticas espúrias e conciliatórias.

Ainda segundo André Singer, o arranjo lulista tinha como princípios a contradição e a não confrontação. Mesmo produzindo políticas de estímulo à indústria, manteve altos os ganhos do capital financeiro. Enquanto promovia políticas distributivas para a população mais pobre, com inclusão do subproletariado ao mercado consumidor, não radicalizava em questões políticas e (e mesmo nas morais) que pudessem devolver esse eleitor pobre aos candidatos do "partido do interior". Porém, tal arranjo retirou de Lula o apoio das classes médias. No campo da esquerda, o rompimento com a intelectualidade teve o ponto alto na reforma da previdência de 2003, uma vez que atingia base sindical do funcionalismo público histórica e fundadora do partido, incluindo a dos professores universitários, e a crise do Mensalão, especialmente por se tratar de uma incongruência com o discurso político-moral purista que orientou as campanhas do partido antes de se tornar governo.

Desse movimento surgiu o Partido Socialismo e Liberdade, que se colocou como o partido da classe média de esquerda, porém anos-luz distante das classes trabalhadoras (proletariado e subproletariado) cujos interesses afirma defender. Sendo assim, o PSOL já nasceu com sérias limitações políticas, declarando firmeza ético-político-moral e parcas possibilidades eleitorais, porém, juntando-se estruturalmente ao PSTU, o bloco anti-Lula/antilulista consegue, desde as mudanças no PT dos anos 1990, construir uma pequena interface eleitoral para setores mais radicalizados ou ressentidos, como mostra a tabela 1

Tabela 1 – Desempenho dos candidatos da esquerda anti-Lula/antilulista				
Ano	Candidato	Partido	Votos	%
1998	José Maria de Almeida	PSTU	202.659	0,3
2002	José Maria de Almeida	PSTU	402.236	0,47
2006	Heloísa Helena	PSOL	6.575.393	6,85
2010	Plínio de Arruda Sampaio	PSOL	886.816	0,87
2014	Luciana Genro	PSOL	1.612.186	1,55
2018	Guilherme Boulos	PSOL	617.122	0,58
Dados: TSE, IBGE e IPEADATA, tabulação feita pelo autor.				

O bloco PSOL/PSTU, mesmo com suas próprias crises intrínsecas ao seu funcionamento, nutriu a esperança de se tornar o que o PT deveria ter sido se as "traições", "degenerações" e "conciliações com a burguesia" não tivessem impedido decorrente da ilusão de ótica política gerada quando o PSOL assumiu a condição de principal partido de esquerda no Rio de Janeiro, superando PT e PCdoB, onde cresceu tomando espólio do PT, suscetível a tomar outros rumos em decorrência das constantes intervenções da direção nacional para garantir no local a viabilidade de alianças com o partido do interior e garantir a governabilidade no plano federal.

Desse modo, o PSOL/PSTU desenvolveu o hábito político de tentar crescer tomando espólio e base do PT, criando uma relação diretamente proporcional entre o seu tamanho e o tamanho do petismo, que por sua vez aumenta ou diminui de acordo com o prestígio de Lula e do PT perante a sociedade geral, para além de grupos militantes. A natural aliança com o PSTU e o "novo PCB" (Aqui consideramos PCB o Partido Comunista do Brasil, seção brasileira da Internacional Comunista, fundado em 1922, dirigido por Astrogildo Pereira, Luís Carlos Prestes, Jacob Gorender, abrigado no MDB durante a Ditadura Militar, e dirigido em seus momentos moribundos por Roberto Freire nos anos 1980, antes de migra no sentido da direita como PPS entre os anos 1990 e 2010. O outros dois partidos que reivindicam a origem no PCB de 1922 são aqui considerados distintos por terem saído e formado novas organizações. O PCdoB, que surge em racha do antigo PCB, e o "novo PCB" um partido de quadros que tenta resgatar a tradição do antigo PCB antes das "traições" do PCdoB e do PPS, formando um simulacro do século XX em pleno XXI) formou uma frente antilulista com institucionalidades autônomas em relação ao PT dentro do bloco do petismo histórico oriundo dos anos 1970 e uma inescapável tendência autofágica. Sendo de setores intelectualizados e influentes das classes médias, ao atacar o PT, sua direção e seus governos jogou água no moinho da direita reacionária que deu o golpe em 2016.

Como se viu na tabela 1, o auge do antilulismo se deu no início do auge do lulismo. Ele cai ao nível parecido com 2002 em 2018, com Guilherme Boulos, acusado internamente de ser infiltrado de Lula no PSOL e isso quando o lulismo já havia sido escorraçado do governo e execrado publicamente pela campanha difamatória de Jair Bolsonaro. O antilulismo depende do lulismo para viver. Os indícios são de que há algum nível de consciências considerando a voracidade com que a militância apresentou contra o PT mesmo durante, quando uma grande parte do PSOL e a integralidade do PSTU aderiram ao Fora Dilma na vergonhosa e velada forma do "Fora Todos" e outros setores, mais próximos às posições do novo PCB, ou negavam a natureza golpista do *impeachment* de Dilma Rousseff ou reconheciam o golpe mas argumentavam longa, enfadonha e prolixamente porque era merecido e nada mais do que mera consequência de um "governo de conciliação de classes".

ANTIPETISMO E A BARBÁRIE COMO FORÇA POLÍTICA

Se os setores do petismo que formaram uma institucionalidade autônoma, porém dialeticamente dependente do PT não perceberam que sua própria sorte está estrutural e organicamente ligada ao destino do lulismo e do Partido dos Trabalhadores, o PSDB igualmente ignorou a sua posição de adversário eleitoralmente viável. Ao encampar o golpe e tentar a proscrição do PT, os tucanos derreteram e abriram o caminho para que a direita política buscasse alternativas antidemocráticas e completamente incivilizadas.

O antipetismo é um sentimento de ódio oriundo do anticomunismo, antitrabalhismo e antissindicalismo que se aglutinou contra um único partido quando este chegou ao governo. Tal sentimento passou a orientar programas políticos excludentes, elitistas e humilhantes herdeiros legítimos do sistema escravagista. Tem permeado a visão de mundo das classes médias conservadoras em seus setores mais retrógrados, fundamentado no medo do pobre, o pavor pela possibilidade de empobrecer e da perda de prestígio social. Foi a principal força motriz das manifestações de 2013, evoluindo para pilar do golpe de 2016 e fundação do movimento bolsonarista.

Entre 1989 e 2002 o ódio das classes proprietárias e os setores retrógrados das classes médias às classes trabalhadoras se traduzia em instituições distintas: O antissindicalismo contra o PT e a Central Única dos Trabalhadores, o antitrabalhismo contra Leonel Brizola, o anticomunismo como ideologia de guetos saudosos da Guerra Fria e da ditadura militar. A tabela a seguir apresenta o comportamento eleitoral das tendências políticas expressas nas eleições presidenciais de primeiro turno durante a Nova República:

Tabela 2 – Percentual de votos por tendência política (1989-2018)									
	1989	1994	1998	2002	2006	2010	2014	2018
Petismo/Lulismo	16,69	27,04	31,71	46,44	48,61	46,91	41,59	29,28
Aliança Neoliberal	32,47	54,28	53,06	23,20	41,64	32,61	33,55	4,76
Esquerda anti-Lula	N/A	N/A	0,3	0,47	6,85	0,87	1,55	0,58
Centro-esquerda tradicional	16,04	3,18	10,97	11,97	2,64	19,33	21,32	12,47
Partido do Interior	0,05	4,38	N/A	N/A	N/A	N/A	N/A	1,20
Pró- Linha Dura da Ditadura Militar	8,60	2,75	0,37	N/A	0,06	0,06	0,75	46,03
Outsider	0,05	7,38	2,14	17,87	0,07	0,09	0,61	2,50
Dados: TSE, IBGE e IPEADATA, tabulação feita pelo autor.									

Os postulados com o uso desses dados na verificação da hipótese de mudança estrutural nas tendências políticas gerada com a campanha antipetista resultante na deposição de Dilma e eleição de Bolsonaro são: 1) as eleições presidenciais consolidam uma agenda de debates que faz a interface entre a espaço-temporalidade do estado nacional com as demandas locais, regionais, recortes de classes e valores das diversas parcelas populacionais; 2) é no primeiro turno que as tendências mais latentes se apresentam para disputar o espaço nas estruturas de poder acessíveis pela votação; 3) essas tendências são historicamente constituídas e não surgem nem somem de forma repentina.

As categorias acima foram construídas a partir da combinação da análise gramsciana de Singer e características verificadas no debate do período de constitucionalização e consolidação da Nova República.

1) O petismo/lulismo é a aliança que assumiu a posição de partido produtivista após o colapso soviético.

2) O partido conservador se fez com uma aliança entre partidos referenciais das classes médias em diferentes regiões (PFL e o segundo PSDB, a partir do governo Itamar Franco).

3) A centro-esquerda tradicional se formou por setores que tentaram se legitimar como representantes de aspirações nacionalistas e desenvolvimentistas anteriores ao golpe de 1964 (parte urbana do PMDB e o PDT), reivindicando prestígio de uma liderança referencial para a massa. Quando os setores históricos se aproximaram do PT abriram espaço para atores da Nova República desalinhados com o petismo/lulismo: Ciro Gomes (1998 e 2002) e Marina Silva (2010 e 2014).

4) Esquerda anti-Lula/antilulista consolidada em torno de trotskismos rompidos com o PT, sendo fragmentações orgânicas do petismo que rejeitaram as alianças feitas pelos setores dirigidos por Lula e José Dirceu, sendo o mais relevante nos anos 1990 o do PSTU. Encorpou-se quando o PT chegou ao governo com a adesão do novo PCB e o recém-criado PSOL e com a ascensão do lulismo se tornou antilulista, realizando inclusive alianças pontuais com correntes do próprio PT contra outras correntes do PT em disputas de eleições sindicais.

5) O Partido do Interior são os setores oligárquicos, majoritariamente, mas não apenas, ligados ao PMDB. Eleitoralmente no plano nacional aparenta desaparecer quando o sistema do "Presidencialismo de Coalizão", nos termos de Sergio Abranches, pois se une ao governo do momento, desde que se encontre pelo menos relativamente estabilizado. 6) Os outsiders são os candidatos de discurso mais demagógico e até mesmo caricato tentando captar a massa de indignação acrítica e sem causa clara, capazes de coletar diante da aguda dicotomia PT-PSDB ou em crises que confundem o eleitorado. Obtiveram em geral relevante adesão de votos colocando-se como alguém de fora do jogo polí-

tico, ora com a coragem de dizer o que pensa, ora folclórico, ora levado a sério, ora desconsiderado.

7) Principal cicatriz deixada pela ditadura militar nos processos eleitorais da democracia de direito do tipo burguesa na Nova República que são os setores saudosos daquele período e que o reivindicam como período idealizado de prosperidade, sem corrupção e paz social decorrente de uma agenda repressiva na execução penal e no policiamento ostensivo.

Tabela 3- Candidatos por tendência política histórica (1989-2018)

Eleição	Petismo	Aliança Neoliberal	Centro-esquerda tradicional	Esquerda anti-Lula	Partido do Interior	Pró-Ditadura Militar	Outsider
1989	Lula	Fernando Collor	Leonel Brizola	N/A	Ulysses Guimarães	Paulo Maluf	Guilherme Afif Domingos (PL)
1994	Lula	FHC	Leonel Brizola	N/A	Orestes Quércia	Esperidião Amin	Enéas Carneiro (PRONA)
1998	Lula	FHC	Ciro Gomes (PPS)	José Maria de Almeida (PSTU)	Aliado ao PSDB	Ivan Frota (PMN)	Enéas Carneiro (PRONA)
2002	Lula	José Serra	Ciro Gomes (PPS)	José Maria de Almeida (PSTU)	Alianças Regionais	Alianças Regionais	Antony Garotinho (PSB)
2006	Lula	Geraldo Alckmin	Cristovam Buarque (PDT)	Heloísa Helena (PSOL)	Aliado PT	Luciano Bivar (PSL)	José Maria Eymael (PSDC)
2010	Dilma Rousseff	José Serra	Marina Silva (PV)	Plínio de Arruda Sampaio	Aliado PT	Levy Fidelix (PRTB)	José Maria Eymael (PSDC)
2014	Dilma Rousseff	Aécio Neves	Marina Silva (PSB/Rede)	Luciana Genro	Aliado PT	Pastor Everaldo (PSC)	Eduardo Jorge (PV)
2018	Fernando Haddad	Geraldo Alckmin	Ciro Gomes (PDT)	Guilherme Boulos	Henrique Meirelles	Jair Bolsonaro (PSL)	João Amoedo (Novo)

Desde 1989, todas as eleições tiveram pelo menos "outsider". Entre 2006 e 2014, essa função foi esvaziada pelo consenso em torno do nome de Lula, ele próprio visto de tal modo por uma parte do eleitorado, saturada com o fracasso socioeconômico do programa da aliança neoliberal no governo federal durante os mandatos de FHC. Da mesma forma, exceto em 2002, sempre houve pelo menos um candidato defensor, de forma mais ou menos velada, da ditadura militar. Paulo Maluf foi o mais forte de todos, em 1989. Essa tendência política, contudo, abrigou-se na aliança neoliberal liderada pelo tucanato entre 1998 e 2014, sendo mantida nos processos eleitorais por figuras caricatas entre 2006 e 2014 (Luciano Bivar do PSL, Levy Fidelix do PRTB e Pastor Everaldo do PSC).

A ditadura militar continuou simbolicamente como grande latência na sociedade brasileira, "em recesso", no termo de Paulo Arantes, oculta na massa dentro do eleitorado de PSDB e PFL/DEM. O processo de golpe que foi da crise de 2013 às eleições de 2018 mostraram e ele era aliado, não orgânico da base peessedebista.

Se voltarmos a 1989, Mário Covas teve 11,19% dos votos no primeiro turno. Com a aliança neoliberal e apoio dos setores pró-ditadura perdeu para o PT quatro vezes ininterruptas com índices bem superiores. Com a maior aliança do primeiro turno em 2018, mas sendo as institucionalidades partidárias divorciadas de suas bases motivadas pelo ódio ao PT e necessidade de encontrar um candidato competitivo para impedir a vitória de Fernando Haddad, ficou sem o apoio da base social real do partido do interior e dos setores pró-ditadura. Geraldo Alckmin teve pífios 4,5% dos votos vendo vários de seus candidatos a governadores, deputados e senadores apoiando Jair Bolsonaro em vez de Geraldo Alckmin. Esse é o verdadeiro tamanho do potencial do PSDB em liderar um agenda de debates nacionais sem ter o papel de principal antagonista do PT: pouco mais de 1/3 do que tinha em 1989. A derrocada do lulismo significou também o derretimento do PSDB e sua colocação estrutural a reboque da idiotia bolsonarista.

Tabela 4 – Evolução da dicotomia PT-PSDB em primeiro turno de eleições presidenciais

Ano	PT (% de votos)	PSDB (% de votos
1989	16,69	11,19
1994	27,04	54,28
1998	31,71	53,06
2002	46,44	23,20
2006	48,61	41,64
2010	46,91	32,61
2014	41,59	33,55
2018	29,28	4,76

Dados: TSE, IBGE e IPEADATA, tabulação feita pelo autor.

Em 2018, quando concorreu fragilizado, com poucas possibilidades de alianças e fortemente vinculado à pessoa de Lula, sem prestígio perante a população, estando na oposição contra a aliança neoliberal, os setores pró-linha dura da ditadura militar e dividindo votos com a centro-esquerda tradicional, o PT obteve uma votação em primeiro turno muito próxima à de 1994, quando tinha condições eleitorais muito parecidas. As suas condições dentro do campo da esquerda também regrediram, uma vez que Ciro Gomes emergiu como referência de uma centro-esquerda que tenta tomar o papel partido produtivista, motivo pelo qual tanto o candidato quanto seu partido apelam para o antipetismo na classe média à direita do espectro político.

O antipetismo como catalisador do anticomunismo, antitrabalhismo e antissindicalismo, se formou durante o período lulista, com a ascensão econômica do proletariado e do subprolelariado produzida pelas políticas de proteção nacional, a promoção de empresas "campeãs nacionais", inclusão ao mercado consumidor, distribuição de renda e política externa com vantagens competitivas, consolidando um país soberano de autoestima elevada. Esses setores direcionaram toda forma de ódio passível de se expressar na política e direcionaram ao Partido dos Trabalhadores e à pessoa de Lula, construindo os párias cuja extirpação é necessária para a limpeza da sociedade e a construção de um país idealizado. A referência de passado perfeito não poderia ser o período neoliberal, desmoralizado, ou os anos 1980, mas a ditadura militar, abrindo as portas das catacumbas de onde saíram os protofascistas escondidos no eleitorado da aliança neoliberal. O ódio ao PT foi associado estruturalmente a uma agenda neoliberal. Tornou-se uma doutrina teológica que alimentou e foi alimentada pelos principais meios de informação das classes proprietárias e das classes médias reacionárias, particularmente a Revista Veja, o canal GloboNews e os jornais O Estado de S. Paulo, Folha de S. Paulo e O Globo. Enquanto os governos petistas melhoravam as condições materiais objetivas de vida, a propaganda traduzia tais políticas como irresponsabilidade e corrupção.

Ao ruir a liderança tucana do bloco antagonista ao PT, o partido de Franco Montoro e Mário Covas não ficou apenas na pauta neoliberal de produção e aprofundamento de desigualdades, mas também entrou na relativização de direitos fundamentais, até a ampla adesão ao bolsonarismo, seja pela ação deliberada, como o "Bolsodória" do pleito paulista, ou pela omissão, com a pseudoneutralidade de Fernando Henrique Cardoso na recusa de declarar apoio a Fernando Haddad.

O antipetismo é um sentimento típico da direita política, mas tem sua raiz de classes. Nos setores das classes proprietárias é mais autêntico por refletir organicamente os interesses antagônicos das diversas frações da burguesia e das oligarquias locais contra as classes trabalhadoras. Ele pode até se traduzir em ódio contra um partido tendo o discurso propagado pela mídia, em think tanks etc., mas é fundamentado em disputas concretas. Nas classes médias que o ódio são organiza ideologicamente na forma de teorias e programas político-partidários perversos, bárbaros e absurdos só possíveis de serem atingidos com a aniquilação da esquerda política.

GOLPE, IDIOTIA COMO FORÇA POLÍTICA E ASCENSÃO DO BOLSONARISMO

Junho de 2013 foi o ponto de virada que fez o PT se tornar inimigo de todo o país. A despeito da realidade concreta, objetiva, o discurso que virou ação veio do medo do pobre e da pobreza pelo flanco direito, da frustração pela revolução não realizada pelo flanco esquerdo. Nas eleições municipais de 2012, o Partido dos Trabalhadores elegeu o ministro da Educação, Fernando Haddad, até então um quadro oriundo da FFLCH/USP desconhecido fora da academia, como prefeito da maior cidade do Brasil numa disputa contra José Serra, presidenciável do PSDB dois anos antes. Essa façanha no maior centro do antipetismo orgânico, que é São Paulo, dois anos após alçar à presidência uma ex-guerrilheira, tecnocrata dedicada e sem apelo nas urnas. O apoio de Lula e o arranjo lulista eram vistos como virtualmente imbatíveis em eleições livres, diretas e com debate franco.

Meses depois, em março de 2013, o Instituto Brasileiro de Opinião e Estatística (Ibope) publicou uma pesquisa encomendada pela Confederação Nacional da Indústria segundo a qual 63% dos brasileiros consideravam o governo Dilma como bom ou ótimo. A presidenta já sofria pressão empresarial devido à combinação na primeira metade de seu mandato de um relativamente pequeno crescimento do PIB (o famigerado "pibinho" de 0,9% em 2012), controle de preços de energia e combustíveis por estatais de capital aberto (Petrobras e Eletrobras, entendida no meio investidor como reestatização indireta), taxas reais de juros baixas ou negativa (em agosto de 2012), que combinada com entrada dos bancos públicos na concorrência de mercado para forçar a redução das taxas cobradas no cartão de crédito e no cheque especial foi entendida como uma espécie de regulação das taxas de lucro do sistema financeiro, e a manutenção das políticas de valorização salarial e distribuição de renda, achatando as taxas de lucro da indústria e do comércio. Mesmo as medidas tímidas do "reformismo fraco" foram capazes de atiçar as classes dominantes a radicalizar na luta contra as classes trabalhadoras num ambiente nacional em que a aprovação geral da presidenta (regular + bom + ótimo) chegava a 79%.

A explicação dada pelo gerente da pesquisa Ibope/CNI, Renato Fonseca, à reportagem do UOL para a alta aprovação do governo foi uma síntese das inquietações das classes proprietárias: "os efeitos práticos dos índices negativos não chegaram à população, que levou em conta outras medidas econômicas como o baixo índice de desemprego e a manutenção da política de valorização do salário mínimo". O problema era o trabalhador estar contente em ter direitos e capacidade de consumo.

O noticiário se concentrou nos meses seguintes no "pibinho", anunciando que a prosperidade da população se esgotaria por excesso de gastos e má gestão. Pelo instituto DataFolha, a avaliação de bom e ótimo do governo, que era de 64% no início março, caiu para 57% em três meses. O ponto da grande virada radical, no entanto, foi exatamente junho de 2013 e o trabalho magistral realizado pelos atores pró-sistema financeiro de conversão da pauta progressiva proposta de forma desorganizada e confusa pela esquerda diminuta nas ruas inflamadas em uma agenda regressiva de retirada de direitos e tomada do Estado. A mesma pesquisa do DataFolha identificou que, em um período de 20 dias no mês de junho, a aprovação do governo caiu para 30%. A taxa de desaprovação subiu de 9% para 25%. Em apenas 12 semanas a percepção de viver em um país próspero em franco progresso se tornou a angústia de estar preso a um lugar economicamente quebrado, irremediavelmente corrupto, gerido por bandidos ineptos e incompetentes (O Brasil não era isso, é exatamente no que foi transformado pelo processo de golpe e eleição de Bolsonaro). Enquanto no segundo mandato de Lula (2007-2010) o tema corrupção era o quarto maior problema do Brasil na percepção das pessoas, atrás de saúde, segurança e educação, após as manifestações de junho de 2013 chegou ao segundo lugar.

A "Operação Lava Jato", deflagrada no início de 2014, agendou o debate eleitoral com noticiário sobre fraudes envolvendo empreiteiras e contratos com a Petrobras, alardeado como "maior escândalo de corrupção da história". Desde a primeira matéria jornalística e a primeira denúncia sem documentos, baseada em delações não comprovadas, estava claro que se tratava de mais uma operação mais midiática do que policial-judiciária. A fortaleza do arranjo lulista foi, contudo, abalada e a oportunidade tinha que ser aproveitada. Não afirmo aqui que a Lava Jato foi deliberadamente organizada com a finalidade de extirpar o PT do governo federal. O seu desenrolar mostra que ela serviu a tal propósito, mas ainda é obscuro saber se ela recebeu espaço para fazer o trabalho sujo ou se foi articulada com a intenção específica.

Seja qual for o propósito, o dado concreto é que o discurso de apresentação de Lula, Dilma e o PT como párias a serem exterminados foi por lideranças tanto da direita quanto da esquerda antilulista, aglutinada na aliança PSOL-PSTU-PCB. Dilma conquistou um novo mandato com estreita margem de vantagem sobre Aécio Neves (PSDB), em campanha pautada em temas econômicos, taxa de desemprego apontando virtual pleno emprego e manutenção ou supressão dos direitos trabalhistas e sociais que vinham sendo assediados pelas associações empresariais com mais veemência desde 2013.

Com força ainda na pauta econômica, havia a necessidade de reforçar os aspectos morais, desmoralizar o PT, construir um sistema de valores divorciado dos interesses materiais. Ainda em 2010 a aliança neoliberal já havia apelado para essa dimensão, lançando mão inicialmente do conservadorismo, em questões como descriminalização do aborto, das drogas e o reconhecimento de direitos de homossexuais. José Serra tentara tirar a base eleitoral lulista no subproletariado evangélico acusando Dilma Rousseff de ser "a favor do aborto". A Folha de S. Paulo publicou uma capa com informação falsa sobre supostos "crimes" cometidos pela então candidata em seu tempo de luta armada contra a ditadura militar. Nesse sentido houve um apelo para pegar os setores de classes médias e o eleitorado lulista das classes trabalhadoras.

A campanha de mídia, com a colaboração e sincronicidade judicial-editorial com a Força Tarefa da Lava Jato, estava dando certo e construindo consenso que o PT era uma quadrilha, demiurgo da corrupção no Brasil, irresponsável e incapaz de tirar o país da "crise" que ele próprio havia criado, sendo necessário um amplo programa de reformas responsáveis e retirada de direitos trabalhistas e sociais que travavam a economia. Para os setores retrógrados das classes médias (fortemente remunerados na forma de pessoa jurídica), atendia o desejo de bloquear a ascensão dos pobres pelo consumo. Já entre a base trabalhadora o antipetismo ganhou corpo, discurso e instrumentalidade para aplicação de um programa brutalmente neoliberal e necrófilo em duas etapas.

1) Pressionada e com a aprovação e a arrecadação em queda, Dilma capitulou: nomeou Joaquim Levy para o ministério da fazenda, indicado pelo sistema financeiro. As medidas recessivas de ajuste à queda da arrecadação geraram impactos materiais sobre a população e foram tanto absorvidas como traição à promessa de retirada de direitos quanto associadas ao discurso falacioso da propaganda do golpismo neoliberal capitaneado pelas empresas de comunicação. Sem a pedra fundamental do apoio ao lulismo nas classes trabalhadoras em suas camadas mais pobres o discurso sobre crise econômica, má gestão e corrupção virou causalidade, mero silogismo.

2) A mobilização de pastores evangélicos com pautas de valores atribuindo ao PT (específico) e à esquerda (em geral) a perversão sexual tanto com boatos e mentiras dentro das igrejas quanto a apresentação

de projetos contra a comunidade acadêmico-científica e a denúncia de problemas inexistentes, como o famigerado kit gay, conjunto de materiais didáticos para ensinar as crianças nas escolas a serem homossexuais. Adicionalmente, as maiores igrejas evangélicas, até pela proximidade de suas ações de caridade e localidade, passaram por uma profunda imbricação com o crime organizado (tráfico de drogas e milícias), de quem passaram a receber dízimos e ofertas.

Em novembro de 2015, o mesmo DataFolha já havia identificado, pela primeira vez na série histórica do instituto, a percepção dos brasileiros de ser a corrupção o maior problema do Brasil. A transformação de Dilma, de Lula e do Partido dos Trabalhadores em párias, discurso amplamente aceito da extrema esquerda à extrema direita, pavimentou a estrada para o golpe parlamentar de 2016. A campanha de desmoralização que transformou o antipetismo em pedra angular do golpe não atingiu apenas o PT, tampouco se restringiu ao campo identificado como a esquerda política, mas a toda e qualquer forma de pensamento humanista e democrático. Na direita, a percepção de que o "partido conservador" era incapaz de derrotar o partido produtivista/trabalhista (bloco liderado pelo PT), os setores protofascistas atiçados para a demonização do PT se autonomizaram, organizando-se em cima de uma forma social da completa negação da realidade respaldada por colunas em jornais, revistas, TVs e rádios dadas a notórios apedeutas como Kim Kataguiri, Diogo Mainardi, Rodrigo Constantino, Caio Copolla, Leandro Narloch, Rogério Cherquer, Marco Antonio Villa, Luís Felipe Pondé e outros sicofantas a serviço da idiotia pseudoerudita. As forças impulsionadas por ódio, mentiras, perversidade, medo e desejo de vingança conseguiram ter base social, institucionalidade e lhes faltavam apenas uma interface eleitoral clara.

Na seção de votação do impeachment, o deputado Jair Bolsonaro homenageou Carlos Alberto Brilhante Ulstra, pessoalmente responsável pela tortura de Dilma Rousseff nos porões da ditadura militar. Ao terminar o voto, provocou o deputado Jean Willys, ativista LGBT filiado ao PSOL, de quem recebeu uma cusparada no rosto. A cena resumiu simbolicamente o país nos anos seguintes: 30 meses depois Bolsonaro foi eleito presidente e Jean se teve que se exilar por conta de ameaças de morte ele e a seus familiares. O país próspero, que puxava o progresso humanístico do planeta e intermediações pela paz mundial, colocou para fora sua face mais perversa e degradante. Esse processo se deu tendo como pilar o antipetismo em todas suas vertentes: a ideológica (de direita e de esquerda), de classe (organicamente pequeno-burguês) e autofágico, uma vez que, a dia mais degradante do que o anterior que o Brasil viveu nos anos seguintes, ficou claro que o arranjo lulista era o Brasil possível dentro de um pacto minimamente pacífico e civilizado, capaz de produzir esperança de melhorias no futuro.

A eleição de Bolsonaro fez emergir o Brasil sem o lulismo. Esse evento mudou estruturalmente o quadro eleitoral colocando o protofascismo como efetivo adversário do petismo, uma mudança que pode perdurar por décadas. Como o mundo real indicava que o Brasil estava bem, a realidade teve que ser negada e deturpada até ser transformada em ruínas. Todo o movimento para acabar com a hegemonia lulista foi construído sobre os escombros da razoabilidade e dos entulhos do Brasil possível, sistematicamente demolido desde a posse de Michel Temer. A relativização da razão na política não tardou a virar relativização da medicina, da biologia, da farmacologia, da geologia e da astronomia. Enquanto apenas professores de história e filosofia precisavam gastar tempo explicando as idiotices de colunistas de baixo calão a sociedade brasileira relativizou e boa parte preferiu a neutralidade para não ser massacrado junto com os "petistas". A chegada ao país onde pessoas comemoram pandemia na Avenida Paulista carregando caixão não foi um raio em céu azul. Decorreu também da leniência de amplos setores com a falta de importância dos fatos, das provas indiciárias e com a burrice generalizada enquanto tudo isso servia ao propósito de se livrar do PT e abrir os espaços criados com o golpe. Os semblantes surpreendidos dos golpistas orgânicos e de suas linhas auxiliares pelo flanco esquerdo não podem ser tomados de outra forma senão como hipocrisia. Afinal, o que levava a crer que uma massa emburrecida mobilizada para o golpe de 2016 haveria de se contentar apenas com a deposição de Dilma? Quiseram mais e fizeram seu presidente, à sua imagem e semelhança. O bolsonarismo foi criado antes da liderança de Bolsonaro, desde sempre um inepto e caricato parlamentar de baixíssimo clero.

O gráfico abaixo mostra que a passagem da tendência "Prólinha dura da ditadura militar" de sujeito oculto na massa eleitoral da aliança neoliberal a dirigente da direita política entre o emparedamento de Dilma e o pleito de 2018. Saiu de 0,6 e 0,75% dos votos nos primeiros turnos entre 2006 e 2014 para 46,03% em 2018. Os três partidos anteriores representantes dessa tendência (PSL, PRTB e PSC) integraram a coligação vencedora em 2018. O governo Bolsonaro não foi uma fatalidade. É possível afirmar política e estatisticamente ser fruto podre de uma árvore venenosa, consequência e consolidação do golpe de 2016.

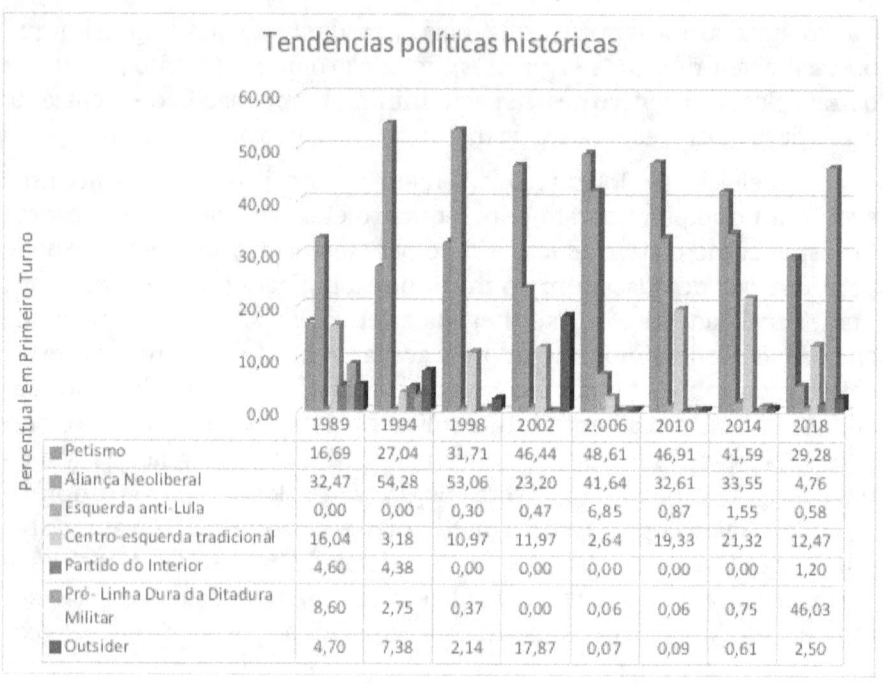

Figura 1 - Desempenho eleitoral das tendências políticas históricas (1989-2018). Dados TSE, IPEADATA. Tabulação do autor.

UMA NOVA RUPTURA PELO IMPONDERÁVEL

Como escreveu Fernando Haddad ainda como possível presidenciável enquanto o PT lutava para viabilizar judicialmente uma nova candidatura de Lula, foram os tucanos quem botaram os ovos da serpente. A imprensa pró-sistema financeiro chocou e as víboras chegaram à presidência com mais de 57 milhões perversos de votos em 2018. Entre os ataques ao petismo desferidos com a invenção da Operação Lava Jato até o pleito de 2018, o PSDB perdeu a legitimidade no flanco direito como competidor capaz de desbancar o PT, desorganizando a aliança neoliberal, o partido do interior e colocando todos a reboque dos setores defensores da ditadura militar, cuja base social se construiu com os novos atores surgidos durante a vigência da Nova República: o movimento evangélico (retirando base popular pobre do lulismo) e o crime organizado (tráfico de drogas e milícias).

O processo de construção, aplicação e consolidação do golpe

também aumentou a força de uma centro-esquerda tradicional em torno da memória de Leonel Brizola grudando sua imagem à de Ciro Gomes. O PT não foi proscrito como pretendia o bloco golpista, porém sofreu perdas muito grandes. O antilulismo também encolheu significativamente na sua capacidade de agendamento do debate nacional, embora, visto que longe dos índices atingidos em seu auge, com os 6,5 milhões de votos de Heloísa Helena em 2006, não conseguiu mais do que os 617 mil votos de Guilherme Boulos em 2018. Em termos percentuais (0,58%) muito próximo do tamanho que o PSTU de José Maria de Almeida alcançou em 2002 (0,47%). Contraditoriamente, o antilulismo cresceu no parlamento, provavelmente resultado da radicalização da pauta identitária na classe média e aumento desse tipo de eleitor pelas políticas de expansão do ensino superior nos governos lulistas.

Em geral, todos perderam, menos a barbárie fascista. Esse foi o custo que o golpe de 2016 deu ao Brasil pela sua sanha em abrir mão do país civilizado possível do pacto lulista: , a produção da miséria econômica, social, política e cognitiva ao país com efeitos que podem durar décadas, um presidente candidato a déspota ameaçando diariamente se tornar ditador e por isso obtendo grande apoio de uma massa ignara e perversa.

De todo modo, num ambiente tão catastrófico como esse podem surgir fatores contrários. A pandemia de Covid-19 gerou uma crise no capitalismo global que levará anos para ser compreendida, até mesmo porque seus efeitos mais profundos continuam longe de serem sentidos. Em termos das tendências políticas no Brasil, a aliança neoliberal revê posições e quadros históricos vinculados aos governos tucanos passaram a defender uma vigorosa intervenção do estado na sociedade, na economia, nos sistemas de proteção social e atendimento de saúde. Esse movimento já se desenrolava com as claras evidências de que as políticas neoliberais de Temer e Bolsonaro estavam esgarçando o tecido social aos seus limites, sendo claro que apenas a crença no fanatismo do livre mercado até as últimas consequências e no sectarismo antipetista não são capazes de segurar grandes massas populacionais sem perspectiva. As grandes e violentas manifestações no Chile e a derrota humilhante de Maurício Macri na Argentina em 2019 ligaram o alerta dos economistas ortodoxos mais ilustrados no Brasil e a pandemia foi um duro golpe para teorias tóxicas.

A guinada keynesiana de ocasião dos neoliberais ilustrados, contudo, foi algo tendendo a ter data de validade: uma vez restabelecida alguma normalidade, voltam à defesa da autorregulação irrestrita do mercado. A questão obscura é a duração do período sem um novo normal e o tamanho da besta que dele pode nascer.

Como vimos anteriormente, a possibilidade de um partido de esquerda conquistar a presidência da república decorreu da sua capitulação a um programa social democrata num mundo que, sem a União Soviética, teve o centro político deslocado para a direita. Com o partido conservador se reorganizando abrindo mão de teses neoliberais e acolhendo uma linha keynesiana até então tida como território do partido produtivista, mesmo que seja por um prazo, o que sobra para o petismo/ lulismo a centro-esquerda tradicional? Em mero silogismo dentro do argumento aqui proposto, sobra apenas o socialismo. Aí há grandes obstáculos e oportunidades

1) O socialismo real é um programa derrotado na maior referência histórica (URSS), reformado em ambiente autoritário na maior potência econômica (China) e condenado à pobreza por um violento embargo no exemplo latino-americano mais bem-sucedido (Cuba). Aliado à pauta moralista, assim como nos anos 1970 e 1980, o socialismo gera repulsa. A contrapropaganda foi bem feita, é necessário admitir. Por outro lado, o movimento de neoliberais no sentido de políticas keynesianas para salvar o capitalismo está movendo o centro político para o lado esquerdo.

2) Um programa socialista dificilmente é realizável por vias democráticas num ambiente de profunda crise econômica, cognitiva, sanitária e com tensões geopolíticas entre EUA e China. Contraditoriamente, a falta de possibilidades de conciliação é capaz de colocar a massa de trabalhadores a favor de seus interesses materiais novamente, abrandando a força da agenda dos costumes.

3) O campo político organicamente adequado para produzir um programa socialista e entrar na disputa com um projeto de poder fragmentou-se, com profundos ressentimentos, de um modo muito profundo. A oportunidade está no dado de que uma ampla aliança não é uma opção, atores ressentidos tendem a se isolar em guetos.

O arranjo lulista foi o Brasil possível de forma pacífica e minimamente civilizada dentro do pacto constitucional da Nova República. Com a eleição do esgoto da política reivindicando a herança da ditadura militar, a decomposição das instituições jurídicas e a inexistência de uma imprensa minimamente livre e honesta, a Nova República pode ser considerada, senão um cadáver insepulto, um zumbi perambulando por nossas vidas. A política brasileira precisa novamente se mover em seus níveis tectônicos para enjaular o bolsonarismo e encontrar um novo arranjo construção de um País minimamente civilizado, com vida decente e pacífica para sua população.

Não há mais dúvida de que a tendência das classes proprietárias, amplos setores das classes médias e o flanco direito das tendências políticas é clara: o partido conservador, aliado por afinidade ao partido do interior, é atavicamente golpista, intolerante e odeia qualquer tipo de dignidade às classes trabalhadoras. Em torno dessas características é capaz de tudo, inclusive alçar um idiota de baixo clero à presidência e retirar militares oligofrênicos de sua fantasia da guerra fria e de dentro dos quartéis para os primeiro escalão do governo.

Ao flanco esquerdo, por sua vez, cabe o aprendizado com a experiência petista no governo. Não é sensato recomeçar a cada 40 anos. O PT venceu o trabalhismo e suplou o antigo PCB, ficando com o ônus de conquista tão ousada. O antilulismo tenta transformar essa tragédia em farsa, com o discurso de "superação do lulismo", e repetir a história criando um novo partido para ser o que o PT não se tornou. Chega-se a atribuir a Guilherme Boulos o adjetivo de "liderança de massas" porque dirige um movimento de despossuídos com alguns milhares de militantes, grande parte deles desmobilizáveis assim que conseguirem uma residência digna, e com metade dos votos do Cabo Daciolo quando Bolsonaro quase foi eleito em primeiro turno.

As possibilidades de superação da profunda crise em que o Brasil se meteu com o golpe de 2016 residem na capacidade do PT se adaptar às demandas do século XXI, construir uma ampla frente efetivamente progressista capaz de derrotar o bolsonarismo e construir um efetivo projeto de poder, disputar mentes e corações em favor de uma alternativa socialista, democrática e realizável.

A NECROPOLÍTICA DE TEMPOS BACURAIS: RESISTÊNCIA E REINVENÇÃO DO COTIDIANO NA LUTA DIÁRIA PELA VIDA

Tuany Baron

Mestre em Direitos Humanos e Democracia pela Universidade Federal do Paraná. Especialista em Políticas Públicas para la Igualdad en América Latina, pelo Consejo Latinoamericano de Ciencias Sociales, e em Direito do Trabalho e Processo do Trabalho, pela Escola da Magistratura do Paraná. Graduada em Direito pela Universidade Federal do Paraná. Pesquisadora do TRAEPP - Grupo de Estudos em Trabalho, Economia e Políticas Públicas (PPGD/UFPR).

"- Quem nasce em Bacurau é o que?
- É gente!"

Quantas táticas para a morte estão presentes no Brasil hoje? E quantas delas são operadas por meio do Estado? O que fazer quando a morte se torna a principal figura na retórica e na administração política do Estado?

A reconfiguração das mórbidas formas de terror coloniais e escravistas, sob a roupagem da desregulação do Estado e dos ajustes neoliberais, dão novos influxos também às formas (bacurais) de sobrevivência.

Que me perdoe Xico Sá, mas não é como se o sertão altivo, riscado do mapa, puxasse com o violeiro Carranca um coro de provocação ao resto do Brasil: *Ai essa terra ainda vai cumprir seu ideal, ainda vai tornar-se uma imensa Bacurau!* (SÁ, 2019). Já se tornou. Bacurau é, não será. E o é na violência e na resistência. "Uma imensa Bacurau, repito o refrão, na ideia de sobrevivência, na arte de teimar em ser gente e algum cheirinho de vingança (*humanum est*) nas ventas" (SÁ, 2019).

Na ficção, Bacurau surgiu como filme B - Erroneamente a adjetivação "filme B" é atribuída pejorativamente a filmes ruins, de baixo orçamento, nos gêneros de terror e ficção científica, quando, na verdade trata-se de um momento bastante específico do cinema estadunidense dos anos 30 e 40, onde na unidade A dos grandes estúdios eram feitos os filmes estrelados, de destaque, enquanto na unidade B produziam-se os filmes sem estrelas, mas não necessariamente com baixo orçamento. Foi a forma de se contornar a crise de 1929, garantindo o público dos cinemas exibindo dois filmes pelo preço de um. - de fantasia de vingança coletiva. Em que pese não se possa afirmar a influência de Tarantino na produção, certo é que Bacurau faz, por meios não-hollywoodianas o que Tarantino descobriu a partir de *Death Proof* - mas não só esse. É o caso também de Bastardos Inglórios; Django Livre; Os Oito Odiados; e Machete -: a aderência aos filmes B permite a crítica política a partir de maniqueísmo e didatismo. De forma absolutamente mordaz, "em tempos em que o próprio fim do mundo pode ser assistido com distanciamento irônico, é como se só o distanciamento propiciado pelo artifício e o absurdo nos desse o direito de ir direto ao ponto" (NUNES, 2019). É a partir da mais plena inverossimilhança que se diz a verdade sem rodeios a partir de uma catarse provocada por uma fantasia de vingança.

Embora a resistência na divulgação do filme e as diversas acusações de que a película estaria sendo censurada, reduzi-lo a uma simples crítica ao bolsonarismo é um erro, assim como imaginar que a história trate apenas de nordestinos é superficial. Mesmo com a crítica marcada àqueles "sulismos" que estigmatizam o Nordeste como região dispensável ao país (No diálogo com os estrangeiros, uma passagem humilhante, inclusive a partir da identificação racial: "– A gente é do sul do Brasil. Uma região muito rica, com colônias alemãs e italianas. Somos mais como vocês. (...) – Eles não são brancos, são? Como podem ser como a gente? Nós somos brancos. Vocês não são brancos.").

A vingança vingada nas telas vai além. Vinga-se a violência que existe nas fronteiras do capitalismo e do Estado. "É a violência a que estão expostos aqueles que, sem nunca serem incluídos por completo nem nos serviços públicos nem no mercado, podem a qualquer momento se tornar objetos do poder político ou do interesse econômico. É a violência que ronda os "involuntários da pátria", na expressão certeira de Eduardo Viveiros de Castro" (NUNES, 2019).

Uma projeção muito lúcida de um cenário contemporâneo. As fronteiras invisíveis e a violência proliferam e podem se fazer presentes em qualquer lugar e a qualquer hora. "Em que há cada vez mais bolsões de pessoas deixadas às margens, sem acesso aos benefícios do desenvolvimento, mas sempre sujeitas a terem uma última gota de rentabilidade extraída de si (o abastecimento de água cortado, o safári humano como serviço de luxo)" (NUNES, 2019).

Assim, se na concepção foucaultiana a biopolítica surge para potencializar as utilidades econômicas dos governados, com o governo assumindo o dever de fazer viver, e reservando ao extraordinário o direito de deixar morrer, Bacurau é a alegoria da dissolução deste pacto e sua substituição por uma necropolítica. Necropolítica como modo de governação pela gestão da morte, sendo esta a principal figura na administração política; administração esta operada por farta indústria e como espetáculo, sendo utilizada, no Brasil, fortemente pela gestão de Jair Bolsonaro.

O PODER DE VIDA E DE MORTE

Enquanto o poder disciplinar age sobre indivíduos, sobre as coletividades age o biopoder. Seu campo de incidência é a vida dos homens, e não propriamente seus corpos. "Ele não é individualizante (como a disciplina), uma vez que se dirige às populações" (FONSECA, 2004), e seus mecanismos serão as previsões, as estimativas estatísticas, as medições globais, de modo a intervir nos fenômenos gerais.

Se até o século XVII o poder soberano era, sobretudo, um poder de morte, destinado a limitar, barrar, e destruir o que a ele fosse contraposto, há uma virada histórica importante a partir da segunda metade daquele século: o poder passa a produzir forças, fazê-las crescer e ordená-las. Um poder cada vez mais produtor de vida do que de morte (FOUCAULT, 1997).

E, é no campo da biopolítica e na concepção de "sociedade disciplinar", que são encontradas as contribuições de Deleuze, que analisará os pontos em que essa sociedade entrará em crise e dará lugar à "sociedade de controle". No *Post-Scriptum sobre as sociedades de controle*, seguindo o que já havia sido alertado em alguma medida por Foucault, Deleuze afirma que "as sociedades disciplinares é o que já não éramos mais, o que deixávamos de ser" (DELEUZE, 2008). A geografia do controle espraia-se para muito além daquelas instituições tradicionais. A fábrica, com seus parques produtivos, concentrando homens e máquinas e seu espaço, fragmenta-se e toma forma da empresa descentralizada.

Foucault, como referido, já havia adiantando que a sociedade disciplinar do final do século XIX e do início do século XX entrou em crise, juntamente com as instituições disciplinares. Existe uma sociedade disciplinar: o modelo da prisão é intercambiável com o modelo da escola, do hospital, da fábrica. Mas esse modelo passou a ser corroído na medida que surgiram outras formas de controle – e aí entra a crítica de Deleuze: a sociedade do controle utiliza outros registros, diferentes da sociedade disciplinar, e cada vez mais ligados às estratégias biopolíticas.

A linguagem analógica dará lugar a numérica, o modelo de produção da fábrica dará lugar à empresa, a formação ao invés de limitada a nichos (família, escola, fábrica, prisão) passa a ser permanente e complementar, o dinheiro cunhado em moedas é substituído por modulações intermediadas pela tecnologia e pelas senhas, e aí por diante. Assim, os muros das instituições disciplinares dão lugar à fluxos contínuos.

Para Deleuze, então, "o homem da disciplina era produtor descontínuo de energia, enquanto o homem do controle é antes ondulatório e funciona em órbitas e fluxos. A toupeira, animal dos meios de confinamento, dá lugar à serpente, animal dos fluxos da sociedade de controle" (FONSECA, 2004). Assim, enquanto na sociedade anterior era marcante a existência de um conflito central, na que lhe substitui há uma rede flexível de microconflitualidades.

No caso da biopolítica isso fica mais evidente. A biopolítica é uma forma de poder normalizador que não se destina ao comportamento individual, ao molde dos corpos para torná-los dóceis, mas, sim, moldar populações. E por isso que é *bio*, porque tem a ver, em princípio, e sobretudo, com esses fenômenos biológicos da vida.

As formas de intervenção biopolíticas, que são históricas, vez que começam a acontecer em um dado momento – é bom lembrar que Foucault nunca desistoriciza –, quando acontecem, herdeiras daquele poder de polícia prussiano do século XVIII foram destinadas a garantir a longevidade da população.

A biopolítica, portanto, é um conjunto de medidas, mecanismos, voltados à população, para enquadrá-las num certo padrão, numa certa norma, mais próxima de uma normalidade, e que não necessariamente tem uma raiz jurídica também. A biopolítica, por isso, não é necessariamente ruim. Mas também não deixa de se manifestar a partir de formas de incidência de poder que escapam às conceitualizações de poder que os juristas e politólogos tem tido por tradição.

O argumento foucaultiano é só um, e é daí que se extrai a pertinência de sua obra para o Direito. Foucault quando fala dessas formas de normalização – disciplinar e biopolítica – no fundo demonstra que existem mecanismos de exercício de poder – sobre o corpo e sobre a população – que o direito não conceitualiza, que o direito não previne, que o direito não teoriza, escapando a qualquer Teoria Geral do Estado, daquele modelo fundado no trinômio Estado – direito – indivíduo.

São formas extrajurídicas, que perpassam o indivíduo, podem ser apropriadas pelo Estado, mas podem não ser. Existem formas de incidência de poder que se fazem cada vez mais presentes a todos e todas que o direito vê escorrer pelas mãos, porque não faz parte do seu arsenal teórico. Não se trata de invalidar o direito; o poder soberano é um poder estruturante importante, mas ele não está sozinho como geralmente reputa o jurista. E o mundo contemporâneo é um mundo que tem sido colonizado progressivamente pelas estratégias e pelos arsenais biopolíticos.

Mas esse bio assume, também, uma feição de morte. Não aos moldes do século XVII, mas através de uma necropolítica que engendra políticas de morte destinadas à populações tidas como descartáveis,

> que abarcam não apenas ações de extermínio direto de determinadas populações, mas também negligências estatais, submissões e subjugações de corpos à explorações diversas e a condições de vida precárias, para além de efeitos de morte que podem ser realizados até mesmo em nome da proteção de vida de determinadas populações. (SCHUCH; FURTADO; SARMENTO)

Embora os discursos presidenciais – especialmente de Donald Trump e Jair Bolsonaro (EL PAÍS) – perante a ONU em 2019 pudessem dar a impressão de uma alienação tosca, alinham-se a este cenário. "O negacionismo climático não é burrice, mas a aposta de setores que já assumiram que a manutenção de suas condições atuais de vida tornou-se incompatível com a sobrevivência da grande maioria" (NUNES, 2019) enquanto o "antiglobalismo não é um desvario, mas a justificativa ideológica de quem já percebeu que, sem uma correção radical de rumo –– justamente o que eles querem evitar ––, o capitalismo não dá mais para todo mundo" (NUNES, 2019).

E assim, o termo "necropolítica" cunhado por Achille

Mbembe (2018), em 2008, torna-se claro na consideração brasileira. Mbembe destaca que "a crítica política contemporânea infelizmente privilegiou as teorias normativas da democracia e tornou o conceito de razão um dos elementos mais importantes tanto do projeto de modernidade quanto do território da soberania" (2018), dando à política a dupla funcionalidade de projeto de autonomia e reconhecimento e cumprimento de um acordo coletivo, diferenciando-se assim da guerra. Mas ter essa como a noção de soberania despreza as formas de exercício soberano cujo o esforço não é destinado à autonomia dos sujeitos, e sim à instrumentalização de sua destruição, que "estão longe de ser um pedação de insanidade prodigiosa ou expressão de alguma ruptura entre impulsos e interesses do corpo e da mente", mas constituem, de fato, o *nomos* do espaço político ainda existente (MBEMBE, 2018).

O soberano, nessa consideração, "é ele quem é, como se a morte não fosse", comportando-se como aquele que exerce o "domínio natural das proibições" (MBEMBE, 2018). "A soberania exige que a força para violar a proibição de matar, embora verdadeira, estará sob condições que o costume define. E, ao contrário da subordinação, sempre enraizada na alegada necessidade de evitar a morte, a soberania definitivamente demanda o risco de morte" (MBEMBE, 2018).

Assim, a rejeição de teorias normativas de democracia que compreendem a soberania como tomada por normas gerais com atenção à sujeitos livres, racionais e capazes de autoconsciência e representação, é substituída por Mbembe por definições dadas a partir de conceitos menos abstratos como vida e morte, que mostra que a noção de biopoder, por si só, não dá conta de "formas contemporâneas de submissão da vida ao poder da morte" (MBEMBE, 2018) a partir de práticas e formas de existência social nas quais "vastas populações são submetidas a condições de vida que lhes conferem o estatuto de mortos-vivos" (MBEMBE, 2018). E por isso a alegoria de Bacurau é tão importante.

> Neste filme, não se trata apenas do governo minucioso da vida privada ou da coletividade do vilarejo por um drone, que tudo controla como "objeto não-identificado" pairando no céu, vigiando inclusive os próprios atos e gestos dos integrantes do bando terceirizado. O comando superior não é visível e suas ordens são dadas e recebidas por aparelhos invisíveis de escuta, que os milicianos carregam no ouvido. Na sociedade de controle, o jogo necropolítico conduzido tecnologicamente produz um campo de extermínio da população local, progressivamente surpreendida, ameaçada e assassinada em suas casas, nas estradas, em carros ou em motos. Além do mais, a notícia estampada na tela da televisão, rapidamente visualizada no momento em que um dos milicianos invade uma casa, informa que "execuções públicas recomeçam no vale do Anhangabaú", em São Paulo. Deixa claro que a necropolítica, a violência mortífera contra a população, não ocorre apenas no sertão esquecido do Nordeste, onde os coronéis nunca perderam seu poder. O capitalismo neoliberal se globalizou e suas sofisticadas tecnologias de poder se disseminam velozmente, dando lugar a novas formas de guerra. (RAGO, AMBRÓZIO, 2020)

A gestão brasileira da morte tem como resultado o "caos crescente causado pela crise ambiental, pela extinção de qualquer rede de proteção social, pela automação do trabalho e pelo empreendedorismo predatório", enquanto é acompanhado da "formação de enclaves fortemente protegidos" (NUNES, 2019). Coincidência ou não "com um imenso Bacurau", num manejo das populações "excedentes" pela morte, através de seus muros, enquanto "morador da Barra da Tijuca, Bolsonaro pode, pelo menos nesse sentido, dizer que vem do futuro" (NUNES, 2019).

NECROPOLÍTICA À BRASILEIRA

E por falar em muros, o muro é uma forma de delimitação do espaço como território através de uma estrutura de defesa. Como conceito psicanalítico, a defesa "gira em torno das diferentes maneiras como a indeterminação, gerada pelo desejo, pela angústia, pelo trauma e pela pulsão, pode ser concernida em estruturas de determinação" (DUNKER, 2015). Envolvendo a ocupação e a contraocupação libidinal de uma representação. "Defender-se do desejo é tornar determinada pela lei a indeterminação de seu objeto. Defender-se da angústia é tornar seu objeto não apenas determinado, mas determinante" (DUNKER, 2015).

É a partir destes muros que Dunker (2015) identifica que, no Brasil, os condomínios não surgem a partir de inspirações prévias de comunidade e pertencimento – "ao contrário das *gated communities* norte-americanas, que se baseiam no conceito de comunidade anterior, ou do *condominum* anglo-saxônico, derivado do uso e da propriedade estabelecida, o estatuto português" (DUNKER, 2015) –, mas sim a partir da noção de defesa contra o Outro, com formatações idealizadas de um mundo particular perfeito. Os condomínios aos moldes dos Alphavilles dos anos 1970, passam a ser a representação dos enclaves fortificados como uma das ferramentas das classes médias (alta) para lidar com o conflito e manter o status quo, formas de vida comum inventada, sem necessariamente a comunidade.

A consideração da neurose moderna e o mal-estar da civilização, coincidentemente, também estabelecem uma relação entre a agressividade e sua relação com o espaço: "Tese V: Tal noção de agressividade, como uma das coordenadas intencionais do eu humano, e especialmente relativa à categoria de espaço, faz conceber seu papel na neurose moderna e no mal-estar da civilização" (LACAN, 1998).

Quando Lacan apresenta o postulado de que a expansão dos mercados comuns acarretaria a acentuação da segregação como princípio social, há, nisso, uma leitura determinante acerca da consequência do que se pode esperar dessas trocas sociais (DUNKER, 2015). "Entre o fenômeno econômico do mercado comum e o fenômeno social da segregação, há uma mediação adicional, representada pela anomalia do laço social prescrito pelo discurso do mestre, anomalia que Lacan chamou de discurso do capitalista" (DUNKER, 2015).

> Sob certas circunstâncias, a relação de reconhecimento, organizada pelo discurso do mestre, em seus movimentos alternados de absorção de sentido e de contrassentido e com sua fantasia subjacente recalcada, inverte-se em uma relação direta e fechada entre o sujeito e o objeto (gozo do consumo) e do significante ao outro (gozo do sentido). (DUNKER, 2015)

E é a partir daí, juntamente com a "gradual substituição dos condomínios psiquiátricos, carcerários e cronificantes, baseados no modelo de longa internação e recolhimento hospitalar", que se criou uma "racionalidade diagnosticada mais adaptada às exigências do capitalismo à brasileira" (DUNKER, 2015); racionalidade esta que transforma a lógica de muros, particularista, na lógica social. Assim, de acordo com Dunker, "no Brasil, as narrativas de sofrimento são sempre transversais, coligando categorias morais, médicas, econômicas, estéticas, clínicas e psicopatológicas. Elas se distendem como círculos de um toro, em torno de experiências impensadas, não nomeadas e informes, que caracterizam a demanda frente ao mal-estar. Assim,

> O diagnóstico, seja ele formal ou informal, clínico ou crítico, disciplinar ou discursivo, reconhece, nomeia e sanciona formas de vidas entendidas como perspectiva provisória e montagem híbrida entre exigências de linguagem, de desejo e de trabalho. Substituímos, assim, o que Honneth chama de patologias da razão por patologias do social ou patologias que incidem em certas formas de vida, como, por exemplo, a vida em forma de condomínio. O ressentimento social é um diagnóstico (deleuze-nietszcheano), a biopolítica é um diagnóstico (foucaultiano), a personalidade autoritária é um diagnóstico (adorniano), a vida nua é um diagnóstico (agambeniano), o declínio do homem público é um diagnóstico (sennetiano), a cultura do narcisismo é um diagnóstico (laschiano), o cinismo é um diagnóstico (žižekiano). São exemplos de diagnósticos parciais: da modernidade, do espaço público, da gênese de um discurso, da valência de um tipo so-

cial. (DUNKER, 2015)

VOLTANDO À BACURAU, ENTRE PODER E PSICANÁLISE

"Minha paixão há de brilhar na noite, no céu de uma cidade do interior, como um objeto não identificado", e é com essa canção, *Não identificado*, de autoria de Caetano Veloso, interpretada por Gal Costa, na versão original de 1969, que Bacurau inicia. A distopia brasileira que é demarcada, temporalmente, em um futuro próximo, é contraposta com um universo musical que remete movimento estético-político da Tropicália, que cuidadosamente é escolhida para demonstrar as contradições novo-atrasado do enredo que é apresentado. O passado, tão marcante na obra cinematográfica, é posta na opção por uma canção antiga, mas também porque o "procedimento estético do Tropicalismo consistia em trabalhar a partir da justaposição e do acúmulo de elementos provenientes da tradição cultural popular brasileira e da modernidade cosmopolita em suas vertentes pop ou erudita, mas sem jamais pretender hierarquizar tais referências ou resolver tais contradições numa síntese bem acabada" (DUARTE, CÉSAR, 2020), tal como Bacurau.

Os muros invisíveis do Brasil neurótico condominial são postos às vistas, já de início, a partir da ilustração de uma biopolítica à brasileira, voltada ao sertão: a falta de água do local é decorrente da ação deliberada de um dos coronéis locais de interditar o local, ao revés, inclusive, das ordens do prefeito que não tem sua autoridade reconhecida, pondo "em ação um jogo biopolítico bastante conhecido no sertão e em outras regiões empobrecidas do Brasil, em vista do qual as próprias condições básicas de vida da população estão condicionadas ao apoio aos líderes políticos locais" (DUARTE, CÉSAR, 2020).

O controle biopolítico se dá, também, por um jogo fármaco-político "mais sutil, que passa pela distribuição de psicotrópicos visando controlar o humor e as emoções da população" (DUARTE, CÉSAR, 2020), sobretudo sua hostilidade política.

Mas com a chegada de forasteiros no local, brasileiros terceirizados, paulistas, que não se reconhecem nos brasileiros do nordeste, julgando-se superiores, a trama se revela não na operação de vida, a partir do bio, mas sim numa ação de morte.

> Se no jogo biopolítico inicial o governante negociava com a população a garantia das suas condições vitais básicas, tudo se altera radicalmente com a introdução do jogo da necropolítica, segundo o qual a produção regulada e organizada da morte se desvincula de qualquer restrição ligada à garantia da vida: o objetivo já não é mais negociar com a vida, mas eliminar vidas tornadas descartáveis e supérfluas, mero cálculo numérico na conta dos atiradores. Se no jogo biopolítico permanecia aberta certa margem de manobra e de liberdade nas relações de poder e resistência entre a autoridade política local e a população da comunidade, agora tudo muda de figura com a instituição de um campo de extermínio sob condições tecnológicas previamente estabelecidas e planejadas para acentuar o terror tanto quanto possível. (DUARTE, CÉSAR, 2020)

Mas é possível também, a partir da abordagem teórica da psicanálise, extrair-se a partir da operação, "sobre um mesmo plano narrativo, com duas lógicas disjuntivas de percepção da realidade: a dos governados – representada pelas memórias daqueles que comparecem nos filmes enquanto serviçais ou populações periféricas – e a dos governantes, representada seja pelos estratos de classe média em disputa por intervenção no tecido da narrativa, seja pelos estratos da elite propriamente dita, que tomam as decisões do que acontece com os demais personagens" (RAGO, AMBRÓZIO, 2020). Trata-se de delimitar um discurso de verdade através de uma disputa discursiva sobre quem tem o poder de dizer o que será reconhecido como passado legítimo.

Essa disputa pelo simbólico da memória, é também a abordagem pela qual o poder de morte se opera na obra. "A destruição das redes de articulação política tem objetivos precisos:

sem vínculos afetivos, políticos e sociais fortes que nos ancorem, portanto, sem história e sem memória, ficamos soltos, fragilizados, vulneráveis, presas fáceis para os regimes totalitários" (RAGO, AMBRÓZIO, 2020).

Isso desnuda, de certa forma, a tese enunciada por Dunker, sobre a necessidade brasileira de criação das versões particulares de progresso e desenvolvimento. A destituição de vínculos e desfalecimento da memória, possibilita a criação de condições *borderline* para operacionalização da bio-necropolítica à brasileira. Desse modo,

> É compreensível que, ao contrário do que vinha acontecendo com a cultura psicanalítica estadunidense, que elegia como paradigma clínico os tipos narcísicos, com suas crônicas e endógenas dificuldades de adaptação, a psicanálise brasileira tenha e concentrado no funcionamento borderline, um quadro híbrido, caracterizado pelo desajustamento externo, pela infração da moral e da lei, pela sexualidade casual, pela turbulência dos laços intersubjetivos. À diferença dos tipos narcísicos do pós-guerra, que giram em torno do sofrimento decorrente do excesso e da falta de adaptação à norma social, com seus típicos sentimentos de vazio, isolamento e tédio, com suas narrativas sobre a vida "administrativamente feliz", as condições borderline apontam para outro problema: a mistura, a indeterminação, a incerteza dos limites, a violência contra si ou contra os outros. As fronteiras (borders) que criam e delimitam o par diagnóstico "adaptação-inadaptação" como uma espécie de aplicação local da lei e da parcialização de gramáticas de reconhecimento estão, por assim dizer, suspensas e indeterminadas. (DUNKER, 2015)

Desse modo, a enunciação freudiana sobre o que não poderia ser elaborado pela via de simbolização é retornada, através do aparelho psíquico, por meio do disfarce do sintoma. O sintoma brasileiro é escancarado em Bacurau. "Se coubesse, assim, uma metáfora do Brasil, enquanto um sujeito cujo inconsciente é apresentado nestes filmes, muita análise seria necessária. Destacaríamos problemas fundamentais como a vida em condomínio, o recente Golpe de Estado em 2016, que reatualiza o de 1964, e a enorme desigualdade social" (RAGO, AMBRÓZIO, 2020). Longe da mitologia falsa da cordialidade brasileira, ao se destacar tais conflitos de poder e de psique, é possível identificar que essa seja a maior doença, "se é que se pode falar de doença mental deste sujeito tornado Estado-nação" (RAGO, AMBRÓZIO, 2020).

CONSIDERAÇÕES FINAIS

Postos esses pressupostos, não é difícil verificar que, embora classificado como tal, Bacurau não é uma ficção científica distópica, mas sim uma "apurada reflexão estético-política sobre dilemas do Brasil e do mundo contemporâneo. Muito mais que a representação imaginária de um não-lugar futuro onde as pessoas viveriam em condições opressivas desconhecidas, este filme é a alegoria de uma violência política já bem ancorada no coração de nosso tempo presente" (DUARTE, CÉSAR, 2020).

Em que pese a elaboração política da obra artística, e como já anunciado, não possa ela ser reduzida ao bolsonarismo, como ilustração da expressão das piores formas de violência sociopolítica brasileiras, Bacurau "se articula perfeitamente com a violência fanática originada do conservadorismo racista e do fundamentalismo cristão, posto que ambos têm em comum o desprezo pelas instituições e procedimentos democráticos" (DUARTE, CÉSAR, 2020), que não está num futuro distante, mas sim num presente perene, no Palácio do Planalto. "Bacurau é, portanto, o lugar heterotópico em que a diversidade brasileira já não é temida, pois, ali, já fez sua aparição e mostrou seu rosto sem medo nem pânicos. Convenhamos: isto não é pouco, especialmente no momento atual" (DUARTE, CÉSAR, 2020).

Mas há de se lembrar, em Bacurau, e agora. O passado não está apenas na heterotopia do tempo, os museus, que lá em Bacurau carrega o passado que não passa, reatualiza a dominação do capital, mas também preserva suas armas materiais. O passado também simboliza a resistência, e é na memória que se encontra sua principal arma.

Assim como Bacurau, é preciso a consciência do passado, das experiências de violência suportadas, e de que sem união e luta, não há possibilidade de vida. Assim como uma Bacurau que, silenciosa, reconhece seus líderes, com os quais colabora, o Brasil precisa, contra os forasteiros neoliberais (não só economicamente, mas que ditam esta como a nova razão do mundo), dedilhar sua viola e anunciar a saída com o cordel irreverente que compõe imediatamente, sem intimidar-se com os desconhecidos. Como o violeiro nascido em Bacurau, como gente, o Brasil precisa, com seus versos, lançar "um alerta no ar ao mesmo tempo em que desnuda os visitantes que se sentem constrangidos e acuados. Esvaziados de quaisquer experiências de vida, estes não podem compreender minimamente o que se passa aos seus olhos, nem explicar as frases que mal escutam" (RAGO, AMBRÓZIO, 2020).

Referências Bibliográficas

DELEUZE, Gilles. **Conversações**. São Paulo: Editora 34, 2008. p. 219-220.

DUARTE, André de Machado; CÉSAR, Maria Rita de Assis. O sertão entre as margens e o centro do mundo atual: notas sobre Bacurau. **Cadernos de Estética Aplicada**, n. 26, 2020.

DUNKER, Christian Ingo Lenz. **Mal-estar, sofrimento e sintoma**: uma psicopatologia do Brasil entre muros. São Paulo: Boitempo, 2015.

EL PAÍS. Em discurso na ONU, Bolsonaro escancara programa de ultradireita e anti-indígena. Disponível em: <https://brasil.elpais.com/brasil/2019/09/24/politica/1569323723_562966.html>.

FONSECA, Ricardo Marcelo. O poder entre o direito e a "norma": Foucault e Deleuze na Teoria do Estado. In: _____ (Org). **Repensando a Teoria do Estado.** Belo Horizonte: Fórum, 2004. p. 272.

FOUCAULT, Michel. **A história da sexualidade:** a vontade de saber. 12ª ed. Rio de Janeiro: Graal, 1997.

LACAN, Jacques. A agressividade em psicanálise. In: _____. **Escritos.** Rio de Janeiro: Zahar, 1998.

MBEMBE, Achille. **Necropolítica**: biopoder, soberania, estado de exceção, política da morte. São Paulo: n-1 edições, 2018.

NUNES, Rodrigo. Bacurau não é sobre o presente, mas sobre o futuro. *El País*, 06 out. 2019. Disponível em: https://brasil.elpais.com/brasil/2019/10/05/cultura/1570306373_739263.html

RAGO, Luzia Margareth. AMBRÓZIO, Aldo. Uma trilogia possível: entre as tramas invisíveis e o jogo necropolítico. **Cadernos de Estética Aplicada**, n. 26, 2020.

SÁ, Xico. Essa terra ainda vai tornar-se uma imensa Bacurau. **El País,** 13 set. 2019. Disponível em https://brasil.elpais.com/brasil/2019/09/13/opinion/1568332061_508519.html

SCHUCH, Patrice; FURTADO, Calvin; SARMENTO, Caroline. População de rua, coronavírus e necropolítica. **Jornal da Universidade – UFRGS,** disponível em: <https://www.ufrgs.br/jornal/populacao-de-rua-coronavirus-e-necropolitica/>.

SOCIEDADE CIVIL DO BRASIL, UNI-VOS, EM DEFESA DAS PESSOAS TRANS, CONTRA O EXPURGO BINARISTA PRETENDIDO PELO GOVERNO BOLSONARO!

Fábio Augusto de Souza

Mestrando em Sociologia pela Universidade Federal do Paraná; pós-graduando em Filosofia e Teoria do Direito pela Pontifícia Universidade Católica de Minas Gerais; Especialista em Direito e Processo do Trabalho pelas Faculdades Integradas Curitiba; em Direito e Processo Civil pela Pontifícia Universidade Católica do Paraná; em Direito Homoafetivo e de Gênero pela Universidade Santa Cecília. Graduado em Direito pelas Faculdades Integradas Curitiba. Membro do Grupo de Estudos em Trabalho, Economia e Políticas Públicas - TRAEPP/UFPR. Advogado.

A Constituição da República Federativa do Brasil, que foi promulgada em 1.988 e que é também conhecida como Constituição Cidadã por aqueles que a têm como uma resposta às atrocidades cometidas durante o período ditatorial brasileiro, que durou de 01 de abril de 1.964 até 15 de março de 1.985, em seu preâmbulo, dispõe que, a Assembleia Nacional Constituinte se reuniu para a instituição de um Estado Democrático, destinado a assegurar o exercício dos direitos sociais e individuais, a liberdade, a segurança, o bem-estar, o desenvolvimento, a igualdade e a justiça como valores supremos de uma sociedade fraterna, pluralista e sem preconceitos, fundada na harmonia social.

Ao final do texto preambular, a Constituinte promulga, a atual Constituição, sob a proteção de Deus, o que já deixa claro que é com base nas premissas divinas que o seu texto será lido, interpretado e valorado pelos operadores do Direito e pelos representantes dos Poderes Executivo e Legislativo.

É sob tal fundamento que se pode afirmar que o disposto, a título exemplificativo, no artigo 1º, incisos II, III e IV, da CRFB/88, no qual se elenca o valor social do trabalho e da livre iniciativa, juntamente com a cidadania e o princípio da dignidade humana como fundamentos do Estado Democrático de Direito que constitui a República Federativa do Brasil, não foi pensado para ser aplicado à população de transgêneros. O mesmo se pode afirmar quanto ao contido em seu artigo 3º, incisos III e IV, no qual a erradicação da pobreza e da marginalização e a redução das desigualdades sociais e regionais, bem como a promoção do bem de todos, sem preconceitos de origem, raça, sexo, cor, idade e quaisquer outras formas de discriminação, são elencados como objetivos da República Federativa do Brasil.

Isso se deve ao fato de que, a partir do momento em que a nossa Constituição Federal foi promulgada sob a proteção divina, com a chancela dos poderes que permeavam a sociedade em 1.985, quando a Assembleia Nacional Constituinte foi reunida e instituída, o binarismo-patriarcal-heteronormativista fixou suas raízes e ditou as regras sob às quais a população nacional passaria a ser regida, tudo sob influencia do poder performativo da linguagem que persiste, neste caso, pelo seu caráter colonial. Aqueles que não se enquadrassem às normas ditadas na Carta Magna, que foram fomentadas pelo biopoder muito bem delineado por Michel Foucault, seriam extirpados do seio social.

Muito mais do qualquer outro integrante do universo LGBTQIA+, as pessoas transgêneros são, indiscutivelmente, as que mais sofrem com o preconceito e com o estigma social. O preconceito decorre do fato de serem sujeitos com corpos diferentes dos que circulam nos espaços públicos e privados e o estigma é por ele ensejado, uma vez que aquilo que não se enquadra ao sistema binário-patriarcal-heteronormativo compulsório e naturalizado, deve ser extirpado, excluído, desnaturalizado, combatido e renegado ao desprezo e à morte civil e física.

Tal renegação fomentada pelo estigma criado em torno das pessoas transgêneros, tem mostrado relevantes e aviltantes resultados. Vivemos inseridos em uma das sociedades que mais mata travestis e transexuais no mundo, o que permite afirmar que são renegados, a tais pessoas, todos os direitos e garantias individuais e sociais que se encontram previstas no atual texto constitucional.

O Brasil é, sabidamente, um dos países mais violentos com pessoas transexuais no mundo. A realidade é trágica e, em razão de esforços de entidades da sociedade civil, tanto internacional, a exemplo da *Transgender Europe* (TGEU), quanto nacionalmente, como a Rede Nacional de Pessoas Trans do Brasil, Articulação Nacional de Travestis e Transexuais (ANTRA) etc., cada vez mais esforços têm sido empenhados no mapeamento e combate de agressões e assassinato de pessoas transexuais.

Tanto é que, no início do ano corrente, a ANTRA publicou o "Dossiê dos Assassinatos e da Violência contra Travestis e Transexuais no Brasil em 2018", em que expõe, para além de dados estatísticos relativos às mortes por estado, que, das 163 pessoas trans assassinadas em 2018, 60,% são de jovens entre 17 e 29 anos, 72% não possui ensino médio completo, 65% dos assassinatos são de profissionais do sexo, 82% das mortes são de pessoas trans que foram identificadas como negras ou pardas, 97,5% são contra pessoas trans do gênero feminino.

O problema, evidentemente, é multifacetado. Trata-se de questão que envolve a fetichização do gênero feminino, a discriminação a negros e pardos, a dificuldade de acesso a empregos formais sem qualificação básica, entre outros, de forma que a redução dos índices de violência contra pessoas trans necessariamente exigiria enfrentamento concreto em todas essas frentes, com a intenção de efetivamente inserir travestis e transexuais na rotina social e, também, na compreensão brasileira de normalidade, o que, admite-se, não é tarefa fácil em tempos de ascensão de discursos ultraconservadores no debate político nacional.

Ainda, o dossiê suprarreferido afirma que "13 anos é a média de idade com que travestis e mulheres transexuais são expulsas de casa pelos pais", o que lhes priva do acesso à adequada educação, alimentação, saúde, moradia e lhes relega à marginalidade da sociedade, do mercado de trabalho e dos olhares estatais, motivo pelo qual, consigna a entidade, no mesmo documento, que 90% dos travestis e transexuais recorrem à prostituição para subsistir.

Apesar desse trágico quadro, paulatinamente têm sido feitos avanços na pauta trans, que, em alguma medida, intentam mudar essa realidade, sendo todos eles resultantes de muito fervor, lutas, movimentações e sangue, muito sangue, e da necessária união entre sociedade civil, Poder Judiciário e Poder Executivo, este em menor grau de participação.

Entre as mais significativas conquistas, pode-se citar a edição do Provimento 73/2018 do CNJ, o qual estabeleceu o procedimento extrajudicial de retificação de nome e gênero de pessoas trans diretamente em cartório, o que permitiu que, em apenas um ano de vigência, mais de 2000 pessoas retificassem seus nomes e mais de 1100 retificassem seu gênero, garantindo uma tutela maior à sua dignidade.

Ainda, têm-se visto cada vez mais cursos e formações voltadas a pessoas trans e sua capacitação e preparo para ingresso no mercado de trabalho, além de conscientização sobre as pautas e necessidades das pessoas trans.

O dia nacional de luta pela dignidade das pessoas trans, em 29 de janeiro, também serve ao fim de conferir maior visibilidade à causa.

Já, no Congresso Nacional e nas Assembleias Legislativas espalhadas pelo país, as conquistas em prol da população nacional de transgêneros foram mínimas, em especial pela grande presença de parlamentares que se auto intitulam cristãos ou partícipes de bancadas evangélicas, da bala ou do agronegócio. Com a eleição, em 2.018, do atual presidente Jair Messias Bolsonaro, a população de transgêneros não apenas se manteve aquém de políticas públicas voltadas às suas causas, como passou a ser alvo de extirpação social institucionalizada, fomentada e legitimada pelo chefe do Poder Executivo Federal. Também, ponderemos, o que esperar de um Presidente da República que teve, em sua campanha eleitoral, como slogan corporal, o gesto de uma arma de fogo? Bolsonaro vocifera tanto contra uma tal "ideologia" esquerdista-comunista-bolivariana-venezuelana, que conseguiu convencer seus ingênuos (ou não) eleitores de que sua vida e atos não refletem uma política-ideológica acéfala, infame e infantil, quando, claramente, assim o fazem.

O presente artigo não pretende estudar as causas que levaram e levam, o atual Presidente, a expressar tanto ódio à comunidade LGBTQIA+ desde quando ocupou, durante 27 anos, o cargo de Deputado Federal, pois, para isso, ter-se-ia que permear a psicanálise Freudiana e Lacaniana, mas, sim, fomentar a ressignificação da linguagem performativa normativa, a decolonização por meio do descentramento do sujeito transgênero e a união da sociedade civil como as maneiras mais efetivas de se combater o que chamamos de expurgo binarista e o discurso de ódio que permeia os tempos sombrios em que temos vivido desde que a ignorância eloquente tomou o lugar da responsabilidade social e da fraternidade social e igualitária que deveria embasar nosso atual Estado Social Democrático de Direito.

A Constituição Federal de 1.988 e o poder performativo da linguagem normativa

O universo que envolve pessoas homossexuais, bissexuais, assexuadas, pansexuais, transgêneros, *queers* e outras associadas a diversas definições que são alçadas e formatadas com o decorrer do tempo e em determinadas localidades, possui um estigma comum em razão de afrontarem a lógica binária-patriarcal-heteronormativista que fundamenta as relações de poder que circundam as partes componentes de uma sociedade. Tais relações de poder, são perfeitamente delineadas por Michel Foucault quando este discorre acerca do biopoder, em especial, em sua obra "Microfísica do poder", ao salientar que "afinal, somos julgados, condenados, classificados, obrigados a desempenhar tarefas e destinados a um certo modo de viver ou morrer em função dos discursos verdadeiros que trazem consigo efeitos específicos de poder" (FOUCAULT, 2018).

A homossexualidade e o sujeito homossexual são invenções do século XIX. Categorizado e nomeado como desvio da norma, seu destino só poderia ser o segredo ou a segregação – um lugar incômodo para permanecer (LOURO, 2018). Assim sendo, uma vez que o homossexual, em especial o não afeminado, poderá, com o intuito de minorar os prejuízos sociais decorrentes da sua exclusão social, manter-se no interior do malfadado "armário", conclui-se que esta mesma possibilidade não é disponível à pessoa transgênero, uma vez que sua transformação corporal e comportamental é visível e notável por todos os que a cercam.

Talvez seja a possibilidade de se manter não muito aparente à sociedade, ou seja, no armário e de forma bastante discreta, que os homossexuais não afeminados se encontram na linha de frente quando o assunto é a conquista por direitos e garantias mínimas fundamentais, como o de ter reconhecidas as suas uniões afetivas como entidades familiares; o direito de herança; direito à adoção; direitos previdenciários, entre outros. Já, o mesmo, não se pode afirmar quanto às pessoas transgêneros e aos próprios homossexuais tido como afeminados, se homens, ou masculinizadas, se mulheres, ou, no linguajar da tão famosa família tradicional brasileira, "as bichinhas ou as caminhoneiras", uma vez que o comportamento e a aparência física destes não se enquadra ao modelo socialmente performado como normal e aceitável.

No que tange, especialmente, ao descaso político, social e normativo para com a população de transgêneros, este não tem sua gênese apenas no fato de que, tais pessoas, rechaçam de maneira mais firme, aparente e corajosa o modelo social binário-patriarcal, heteronormativo, mas, também, porque há um desconhecimento geral sobre as diferenças básicas que circundam o sexo, o gênero, a identidade de gênero e a orientação sexual. A compreensão e o delineamento de tais conceitos se mostram, há tempos, como necessários, não apenas para o melhor entendimento dos leitores e leitoras que acessam produções literárias acerca deste assunto, mas, também e, principalmente, para que este assunto se torne alvo de uma ressignificação performativa decolonial e, consequentemente, acessível ao senso comum.

O sexo é definido com base em preceitos e conceitos da medicina e da cultura, quando do nascimento da pessoa a partir da verificação da sua genitália aparente – diz-se aparente, porque há casos de pessoas intersexuais que, já no momento do nascimento, apresentam as duas genitálias, o que faz com que se opte pela melhor formada com o fim de enquadrá-las como pessoas do gênero masculino ou feminino – para, então, ser definida como pessoa do sexo masculino ou feminino.

O gênero, em que pese seja, há muito tempo, influenciado pelo sexo definido no momento do nascimento da pessoa, é entendido como uma construção social que, segundo Cunha (2015):

> decorre de uma elaboração cultural que se atribui a alguém, sem que esta se encontre efetivamente ligada a uma base biológica, surgindo o masculino e o feminino como conceitos apartados do sexo fenotípico ou anatômico. A expressão gênero tem por escopo apresentar a distinção social entre homem e mulher, enquanto a sexualidade tem maior amplitude, dotada até mesmo de uma característica de diálogo entre os gêneros, revelando uma descrição que abrange crenças, relações, modos de agir e "identidades socialmente construídas e historicamente modeladas. Trata-se, portanto, de uma construção de fundo sociológico e absolutamente subjetiva, muito mais conectada com o papel que o indivíduo desempenha na sociedade do que com suas características físicas ou genéticas.

Em resumo,

> cabe salientar que o gênero não está intrinsecamente relacionado ao sexo biológico, embora, na prática, sejam coincidentes. Se uma pessoa nasce com o sexo masculino/homem, consequentemente é enquadrada como do gênero masculino, ocorrendo o mesmo raciocínio com as mulheres. Todavia, o gênero vai além deste pensamento, porque também é determinado pelo modo como vive determinada pessoa. (COMÉRCIO, 2019)

Sendo assim, faz-se necessária a diferenciação entre os conceitos, particularidades e institutos que permeiam as questões envoltas ao sexo e gênero dos seres viventes em sociedade, a fim de que não se criem entraves à população de transgêneros no que tange à sua íntima identificação pessoal, a qual pode ser entendida como identidade de gênero.

Esta, por sua vez, pode ser delineada como a relação havida entre o ser humano, no seu mais íntimo entendimento sobre si mesmo, e às figuras, comportamentos e condições culturais e sociais que permeiam um determinado gênero, como a forma de se vestir, de se portar perante outras pessoas, de falar, gesticular, e de aparentar, fisicamente, ser do gênero intrínseco à sua psique. "A identidade se refere à subjetividade do homem moderno, a sua própria afirmação e autopercepção. É a forma como o sujeito observa o seu âmago, a sua essência e como se relaciona com os demais indivíduos da sociedade. É a forma como o ser humano se expressa e se apresenta perante os demais." (COMÉRCIO, 2019)

Em sequência, no que diz respeito à sexualidade, há salientar, primeiramente, que esta não se encontra atrelada a qualquer das noções referentes a sexo, gênero e identidade de gênero. Aquela é definida, percebida e vivenciada a partir do sentimento de atração física, afetiva e/ou sexual por uma outra pessoa, seja ela de qual sexo, gênero ou identidade de gênero for. Assim sendo, um homem cisgênero ou trans será heterossexual quando se sentir atraído por uma outra pessoa que se enquadre no gênero feminino, seja esta pessoa cisgênero ou transgênero.

É por tal motivo que uma pessoa transgênero, seja ela do gênero feminino ou masculino, não necessariamente será homossexual. E mais, é pelos fatores, conceitos e institutos ora apresentados que não se deve atrelar de maneira intrínseca as causas, necessidades e particularidades das pessoas trans e intersexuais às das pessoas homo, bi e assexuais, uma que vez que são, evidentemente, diferentes.

Sendo assim, fica claro que as necessidades sociais e jurídicas das pessoas trans, como já se delineou, são diversas, atuais, emergenciais e alheias, sob vários aspectos e por razões intrínsecas, às declinadas pelas pessoas homo, bi e assexuais. As mais latentes, no entanto, talvez sejam as que se referem a saúde, inserção no mercado de trabalho e evasão escolar. Ora, assim o são, posto que, sem educação, reduzem-se as chances de se conseguir um trabalho formal; sem trabalho formal, dificulta-se a vida digna; sem saúde, sequer se vive.

Infelizmente, nessas três áreas, no que diz respeito às pessoas trans, essa carência é visível, em que pese nosso texto constitucional traga, em seu bojo, diversos direitos e garantias fundamentais que, caso efetivados, proporcionar-se-ia, a tais pessoas, uma vida digna e plena.

A Constituição da República Federativa do Brasil, de 1988, em seu artigo 1º, incisos II, III e IV, elenca o valor social do trabalho e da livre iniciativa, juntamente com a cidadania e o princípio da dignidade humana como fundamentos do Estado Democrático de Direito que constitui a República Federativa do Brasil. Ainda, o Texto Máximo prevê como objetivos fundamentais do Estado, em seu artigo 3º, incisos III e IV, a erradicação da pobreza e da marginalização e a redução das desigualdades sociais e regionais, bem como a promoção do bem de todos, sem preconceitos de origem, raça, sexo, cor, idade e quaisquer outras formas de discriminação.

Não apenas isso, mas, em seu artigo 6º, a Carta Magna, ainda, prevê, ser o trabalho, um direito e garantia social que terá proteção constitucional diferenciada em seu artigo 7º, que é fundado nos princípios da vedação ao retrocesso social, da isonomia e da proteção do trabalhador. Corroborando todo o exposto, em seu artigo 170, a Constituição da República impõe à ordem econômica e financeira que esta será fundada na valorização do trabalho e na livre iniciativa, conforme os ditames da justiça social, devendo serem observados os princípios da função social da propriedade, da redução das desigualdades regionais e sociais e da busca do pleno emprego.

Conforme já salientado, em que pese a nossa Carta Magna preveja em seus artigos 1º e 3º, respectivamente, que a República Federativa do Brasil tem como fundamentos a cidadania, a dignidade da pessoa humana e os valores sociais do trabalho, e tem como objetivos fundamentais a construção de uma sociedade livre, justa e solidária, a erradicação da pobreza e da marginalização, e a promoção do bem de todos, sem preconceitos de origem, raça, cor, sexo, idade, e de quaisquer outras formas de discriminação, a sociedade brasileira se encontra fundada, ainda, em estruturas de poder gerenficadas e baseadas no binarismo heterossexista.

O Direito é um ato de fala primordialmente performativo e o gênero é uma performatividade, um fazer, um agir (GOMES, 2019). Ou seja, aquele tem o condão de contornar e delimitar este, mas, este, é involuntário e criativo, não se submete àquele.

O discurso hegemônico do Direito inserido na produção da colonialidade, tomada como uma cadeia histórica de significados que organiza o pensamento de modo binário hierarquizado e estruturado, especialmente nas oposições natureza/cultura, corpo/mente, não humano/humano, é que permite que se enxergue, na narrativa constitucional, tanto o seu inevitável componente de violência quanto sua desejável abertura. (GOMES, 2019)

Isso fica latente quando se observa o lugar destinado na sociedade às pessoas transgêneros, em especial, às mulheres travestis e transexuais. Tais corpos, que são sujeitados ao biopoder (FOUCAULT, 2018), acabam por serem abjetados do seio social, por não condizerem com a realidade binária heterossexista. Ou seja, a performatividade do gênero afronta o caráter performativo normativo do Direito e, consequentemente, o decoloniza.

Dentro da visão hegemônica orientada por uma heteronormatividade compulsória, as pessoas trans são vistas como os corpos desviantes, os seres abjetos que demarcam as bordas da normatividade (BUTLER, 2002) e do discurso hegemônico performativo e colonizante do Direito. Norma esta que estabelece as fronteiras da normalidade a partir da instituição dos corpos abjetos, isto é, aqueles que são alocados pelo discurso hegemônico nas "zonas invisíveis e inabitáveis" onde, segundo Butler, estão os seres que não são apropriadamente generefcados. (BUTLER, 2002)

Os que vivem fora do imperativo heterossexual, servem para balizar as fronteiras da normalidade, sendo fruto, portanto, desse discurso normatizador que institui a heterossexualidade como natural. A normalidade se circunscreve a partir da fixação desses territórios onde vivem os corpos que não importam, uma vez que o abjeto é também o não humano (PELUCIO, 2019). Trata-se, neste contexto, a pessoa transgênero, de um espectro ameaçador para o sujeito, que o leva a rechaçar qualquer identificação com abjeção sexual (BUTLER, 2002).

Não é à toa ou uma mera coincidência que, na atual situação em que vivemos inseridos em uma das sociedades que mais mata travestis e transexuais no mundo, são renegadas a tais pessoas todos os direitos e garantias fundamentais individuais e sociais que se encontram previstas no texto constitucional e em normas internacionais ratificadas pelo Brasil, em que pese todos tenham, nos termos do contido nos parágrafos 1º e 2º do artigo 5º, da Carta Magna, aplicação imediata.

A título exemplificativo, no tocante às normativas internacionais, citam-se a Convenção nº 111, da OIT, que trata Discriminação em Matéria de Emprego e Ocupação; a Convenção e o seu Protocolo Facultativo sobre a Eliminação de Todas as Formas de Discriminação Contra a Mulher, datada de 1.979; a Convenção Interamericana contra toda Forma de Discriminação e Intolerância; a Declaração de Princípios sobre a Tolerância, datada de 1.995; a Declaração Universal dos Direitos Humanos; os Princípios de Yogyakarta, datado de 2.006; entre outras normativas que se referem de forma direta ou indireta ao dever imposto aos Estados de promoverem políticas públicas e inclusão social das pessoas travestis e transexuais, inclusive, no que se refere ao direito social de acesso ao pleno emprego, trabalho e de manutenção da subsistência própria de forma digna.

Assim, é impossível negar que a legislação existente já prevê a igualdade de tratamento a todos os cidadãos, sendo qualquer tipo de preconceito ou de discriminação inaceitáveis, o que permite concluir que o discurso hegemônico performativo e colonial do Direito impede que tais normas sejam extensivas à população de transgêneros.

Governo Bolsonaro e o expurgo binarista

No Brasil, mesmo em épocas de governo de esquerda, centro-esquerda e progressistas em geral, a população de transgêneros nunca foi alvo de grande empatia pelos Poderes Públicos, em especial em razão do discurso hegemônico performativo e colonial do Direito que acabou por servir de fundamento à atual Carta Constitucional e à segregação social dos, já citados, corpos abjetos ou não-comuns à lógica binária-patriarcal-heteronormativa.

Pequenos progressos foram conquistados com muito fervor, lutas, movimentações e sangue, muito sangue, sendo que, a grande maioria deles, foi promovida pela união entre sociedade civil, Poder Judiciário e Poder Executivo, este em menor grau de participação.

No Congresso Nacional e nas Assembleias Legislativas espalhadas pelo país, as conquistas foram mínimas, em especial pela grande presença de parlamentares que se auto intitulam cristãos ou partícipes de bancadas evangélicas, da bala ou do agronegócio.

Com a eleição, em 2.018, do atual presidente Jair Messias Bolsonaro, a população de transgêneros não apenas se manteve aquém de políticas públicas voltadas às suas causas, como passou a ser alvo de extirpação social institucionalizada, fomentada e legitimada pelo chefe do Poder Executivo Federal.

Uma coisa que não se pode falar sobre Bolsonaro é que ele mentiu no período das eleições, quando raramente participou de debates políticos ou quando proferia sua diarreia verbal por meio de suas redes sociais, no que tange às suas ações em desfavor da pauta LGBTQIA+.

Embasado na recorrente falta de políticas públicas e de aplicação dos mais comezinhos direitos e garantias fundamentais em prol, em especial, da população de transgêneros, Jair Bolsonaro sempre deixou claro que, além de nada fazer em favor e respeito a tal comunidade, ainda promoveria um verdadeiro desmonte em sua organização.

Prometeu e cumpriu não destinar verbas à entidades do terceiro setor que funcionam como provedoras de acolhimento e de promoção a garantia de direitos à população trans; por meio do Decreto 9.759, colocou fim aos Conselhos Sociais que integravam a Política Nacional de Participação Social (PNPS), dentre eles o Conselho Nacional de Combate à Discriminação; por meio da Medida Provisória 870, retirou a população LGBTQIA+ das diretrizes de Direitos Humanos[1]; suspendeu edital com series de temática LGBTQIA+ para redes públicas de televisão; trouxe para o seu corpo de ministros uma mulher capaz de lanças frases fantásticas: Damares Alves (GHIRALDELLI JÚNIOR, 2019); entre outros atos e manifestações catastróficas dignas de serem proferidas por uma pessoa com cognição limitadíssima que não merece, sequer, ser comparada a uma criança, em respeito a esta.

Em que pesem os atos ora elencados já sejam suficientes para traçar o perfil político e, até mesmo, humano do presidente Jair Bolsonaro, o mais grave de todos, ao nosso ver, e que atingiu frontalmente a comunidade de transgêneros, foi a luta travada contra a intitulada "ideologia de gênero", com o aval da ministra Damares Alves e do filósofo "guru" do atual governo federal, que sequer concluiu o ensino médio, Olavo de Carvalho.

A direito insiste na ideia de que "sexo é biológico" e que "só há dois gêneros, masculino e feminino". Então, define ambos por resultados de uma averiguação bem antiquada: há de se encontrar "vagina" e "pênis", e isso tira qualquer dúvida sobre o que somos e o que podemos ser. Qualquer ensinamento que mostre que as coisas são mais complexas, a direita trata como "culturalismo", e nos exemplos vê "aberrações" (GHIRALDELLI JÚNIOR, 2019).

É a partir daí que se iniciou uma verdadeira guerra contra as discussões que passaram a ser travadas nos meios acadêmicos, jurídicos e da sociedade civil em geral, no que tange aos direitos referentes à identidade de gênero e ao seu livre exercício por, em especial, pessoas transgêneros. Diz-se em especial à tais pessoas, tendo em vista que há categorias de gêneros que traduzem pessoas não binárias, *queers, drag queens, drag kings,* entre outros.

Programas políticos como o "escola sem partido"; frases absurdas que se tornaram verdadeiros bordões como "azul é de menino e rosa é de menina"; liturgias cristãs sendo realizadas em sessões solenes do Parlamento; o desmonte de pautas que tratam sobre causas identitárias: tudo isto e mais um pouco tem permeado o governo Bolsonaro desde o seu início e tem causado efeitos catastróficos à comunidade de transgêneros.

O discurso de ódio, violento, agressivo, opressor, excludente, fatal e acéfalo, inundou os espaços públicos e privados. As "arminhas com as mãos" passaram de sentido figurado para sentido próprio, e as vidas trans se firmaram na linha de frente da violência contra o "diferente" e, qualquer um que se coloque contrário a isso, passa a ser um calhorda, esquerdista, comunista, promovedor de uma ditadura "gayzista" e "feminazi" e um traidor da "pátria amada, Brasil".

Bolsonaro tem promovido um verdadeiro expurgo binarista, ou seja, tudo o que não se enquadre no conceito binário de existência humana (macho/fêmea, masculino/feminino, homem/mulher), deve ser extirpado da sociedade, sem direito ao luto, à luta e a qualquer resquício de humanidade e dignidade. E esta promoção tem encontrado respaldo no caráter performativo e hegemônico do Direito Constitucional, o qual reproduz a colonialidade da atual sociedade às vontades do legislador Constituinte.

Pode-se afirmar, com base em todo o exposto, que o Governo Bolsonaro promove a extirpação e execução de todos os corpos que não se enquadram no conceito binário-patriarcal-heteronormativo compulsório que arraiga a estrutura jurídica e política nacional, como mecanismo de higienização social, nos termos do que propõe Achille Mbembe quando trata sobre - O filósofo camaronês Achille Mbembe, a partir do conceito de necropolítica, problematiza a morte como uma questão política, que ocorre em espaços colonizados e com grupos subalternizados. Passam, então, a existir indivíduos que são considerados excessos dentro da dinâmica do capitalismo, que não são vistos como fruto das estruturas sociais e são expostos a morte e às situações de vulnerabilidade e exclusão. Cria-se um fosso entre os que se consideram cidadãos e a ralé, aqueles se auto- denominam soberanos e passam a se locupletar do poder, sem lei, e escolher as vidas que podem ser descartadas, vidas que não importam (BITENCOURT, SANTOS, 2019) -, ou seja, a morte de transgêneros passa a ser encarada como um empreendimento político - Nos conceitos agambenianos e mbembenianos, é possível articular que a vida e a morte se revelam, já não como conceitos científicos ou naturais, senão políticos e morais, e como tais, encontram-se sujeitos a decisões arbitrarias, em que se evidencia o papel da onipresença da normatividade legal e social no processo de exclusão, invisibilização, rejeição, estigmatização e fetichização do corpo trans (CARAVACA-MORERA, PADILHA, 2019).

 A falta de veemente atuação no que se refere à efetivação de Políticas Públicas em prol da população de transgêneros em governos anteriores, também serviu como respaldo ao desastre que se tem visto nos primeiros 11 meses de governo Bolsonaro, além do que se viu em sua campanha política, que contou com a ajuda da propagação de várias *fake news* por meio de redes sociais e pelos famigerados grupos de *whatsapp*, que se tornaram a principal fonte de informação e atualização de grande parte da população brasileira.

 Caso uma considerável parcela dos que tanto criticam a famigerada "ideologia de gênero" destinassem uma parcela do seu tempo livre para a leitura de estudos e pesquisas sérias (políticas, sociais e da área da saúde), seria possível que, jamais, uma pessoa do grau intelectual do Bolsonaro, tivesse sido eleita Presidente do Brasil.

> Os estudos de gênero nada dizem de espalhafatoso. O que filósofas como Simone de Beauvoir e Judith Butler ensinaram é que, como usuários da linguagem, somos nomeados em nossa sexualidade e gênero a partir de um vocabulário exclusivamente dual (hétero normativo), e que esse vocabulário traz, no âmbito de "homem" e "mulher", "macho" e "fêmea", "masculino" e "feminino", certas expectativas que nem sempre podem se realizar. Certos comportamentos esperados socialmente por conta de uma reificação da linguagem não irão se verificar. Todos nós podemos pensar um pouco e entender isso! Um homem pode muito bem não se adaptar a todos os desígnios que o termo "masculino" ou "macho" ou "homem", dependendo da situação semântica, histórica e geograficamente datada, é posto para ele. Seria, então, essa pessoa, obrigada a ganhar a pecha de anormal, no âmbito de sua sociedade? Claro que nossa resposta atual é um sonoro não. A direito não consegue aceitar tal resposta. Não quer pensar! (...) Os conservadores não querem ouvir falar em estudos de gênero. Para pessoas da direito bolsonarista, não há "estudos de gênero", mas dou-

> trinação, lavagem cerebral, no sentido de criar uma "geração inteira de gays e lésbicas". Tais pessoas, a população LGBTQ+, são tomadas pela direita como anormais não só pelo modo de agir em situações comuns, mas também por serem vistas como "pervertidas" que "só pensam em sexo". Em geral, segundo a direita, são todos pedófilos, pois sempre que querem sexo, o querem com jovens – um estranho conceito de pedofilia! Pode-se não acreditar, mas vários adeptos da direita argumentam que o comunismo levarias, com tal atitude, ao fim dos humanos. Não nasceriam mais crianças. Quando pressionados pelo mercado liberal, que vem aceitando a diversidade social, inclusive por razões econômicas (ou talvez só por elas), essa direita de cabeça mais endurecida acaba cedendo e, então, assim se defende: "Não temos preconceito, contanto que nossos filhos não vejam homens se beijando na rua". Também Putin disse isso na atual Rússia – e fez disso uma lei! Nessa hora, a direita brasileira aceita bem essa junção dos tempos, entre a homofobia de Trump e a de Putin. Bolsonaro parece surfar nessa onda por necessidades não reveladas. Alguns chamam essa junção de "populismo de direita". Mas creio que a obsessão pelo sexo, vindo do vocabulário deles, em especial de Bolsonaro, revela que há coisas mais profundas e traumáticas na sua vida. Muitos colegas do passado afirmam que são experiências da caserna. (GHIRALDELLI JÚNIOR, 2019)

Por fim, conforme salientado em tópico anterior, não se pretende, por meio do presente artigo, delinear e estudar os possíveis motivos que levaram e levam Bolsonaro a destinar tanto tempo a atacar deliberada e ativamente a população de transgêneros e LGBTQIA+ em geral, pois, aí, teríamos que, certamente, discorrer sobre os estudos da psicanálise Freudiana e Lacaniana, afinal, só elas poderiam explicar tamanha idolatria acerca do assunto. Mas, sim, o objeto do presente estudo é fomentar a ressignificação da linguagem normativa, a decolonização por meio do descentramento do sujeito transgênero e a união da sociedade civil como as maneiras mais efetivas de se combater o que chamamos de expurgo binarista e o discurso de ódio que permeia os tempos sombrios em que temos vivido desde que a ignorância eloquente tomou o lugar da responsabilidade social e da fraternidade social e igualitária que deveria embasar nosso atual Estado Social Democrático de Direito.

Ressignificação da linguagem, decolonização do gênero por meio da

descentração do indivíduo e a união da sociedade civil – possíveis respostas para o enfrentamento ao Governo Bolsonaro

O direito, seja ele escrito ou costumeiro, trata-se de um ato de fala primordialmente performativo, ou seja, ele não apenas descreve uma situação ou uma realidade, mas também a cria. No intervalo espaço-temporal reside a possibilidade de fracasso do performativo e a condição para seu uso subversivo e expansivo (GOMES, 2019). Isto ocorre, especialmente, quando a linguagem performada pela norma ou pelo costume não se enquadra ou não se encontrada adaptada à realidade do tempo em que será ou está sendo aplicada. O processo legislativo, seja por conta do trâmite formal a que tem que ser submetido ou pelas convicções morais, pessoais e religiosas dos que compõem o Parlamento, não acompanha as necessidades atreladas à vivência das pessoas transgêneros.

Ainda, a aplicação de normas, estas compreendidas como a união entre regras e princípios, que se mostrem favoráveis à efetivação de políticas públicas e de direitos voltados à população de transgêneros, encontra entrave no sistema binário-patriarcal-heteronormativo que permeia a sociedade e que promove o expurgo de tudo e de todos que não se encontram nele inserido, como uma forma de higienização social embasada em uma necropolítica de eliminação do diferente.

Uma forma pela qual se propõe a eliminação ou, ao menos, o freamento da abjeção social de corpos transgêneros, é por meio da desconstrução do discurso que permeou e ainda permanece envolto ao Direito e, em especial, à aplicação e interpretação da atual Constituição Federal e dos Acordos e Tratados Internacionais dos quais o Brasil é signatário e que se apresentam como medidas positivas e negativas de aplicação favorável à população trans.

Conforme Jacques Derrida, a lógica ocidental opera, tradicionalmente, através de binarismos: esse é um pensamento que elege a fixa uma ideia, uma entidade ou um sujeito como fundante ou como central, determinado, a partir desse lugar, a posição do "outro", o seu oposto subordinado. O termo inicial é compreendido como superior, enquanto que, o outro, é seu derivado, inferior (DERRIDA, 2018).

O mesmo autor afirma que essa lógica poderia ser abalada através de um processo desconstrutivo que estrategicamente revertesse, desestabilizasse e desordenasse seus pares. Desconstruir um discurso implicaria minar, escavar, perturbar e subverter os termos que afirma e sobre os quais o próprio discurso se afirma (LOURO, 2018).

Ao se eleger a desconstrução como procedimento metodológico, está se indicando um modo de questionar ou de analisar e está se apostando que esse modo de análise pode ser útil para desestabilizar binarismos linguísticos e conceituais (ainda que se trate de binarismos tão seguros como homem/mulher, masculinidade/feminilidade) (LOURO, 2018).

Não se propõe, aqui, que se destrua e desconsidere os conceitos que acompanham a sociedade até o presente momento, mas que eles sejam relidos a partir das necessidades que se tornaram visíveis e urgentes aos seres que a compõem. Ou seja, insistir na aplicação da norma jurídica a partir de um binarismo de sexo e gênero de maneira conservadora, é permitir a institucionalizada manutenção de corpos transgêneros à margem da sociedade, como se nem seres humanos sociais fossem.

Judith Butler afirma que as sociedades constroem normas que regulam e materializam o sexo dos sujeitos e que essas "normas regulatórias" precisem ser constantemente repetidas e reiteradas para que tal materialização se concretize. Contudo, ela acentua que "os corpos não se conformam, nunca, completamente, às normas pelas quais sua materialização é imposta" (BUTLER, 2018). É por isso que tais normas precisam ser, repetidamente, afirmadas, confirmadas e reconhecidas, a fim de que continuem a produzir efeitos e, consequentemente, mantenham a ordem binária intacta.

A partir de tais conceitos, pode-se afirmar que, uma vez questionadas, relidas e reinterpretadas tais normas, mostra-se possível promover uma ressignificação dos direitos e garantias atrelados às causas trans. O direito, então, a partir do seu caráter performativo, será um dos pilares para promover a inserção social das pessoas trans como seres humanos com dignidade e vida. Construir-se-ão novos sujeitos e novos corpos.

Atrelado a isso, propõe-se a descentração do sujeito transgênero a partir da busca de um lugar híbrido de enunciação, conforme proposto por Stuart Hall (2013) e Sérgio Costa (2019), quando discorrem, em seus estudos, acerca da construção de uma nova etnicidade pelo sujeito da resistência antirracista.

Referida descentração do sujeito, que é proveniente dos estudos decolonizadores, retoma a importância da contribuição pós-colonial para a discussão entre sujeito e diferença ou, mais precisamente, para fundamentar uma microssociologia das articulações culturais (COSTA, 2019). Há que se buscar, portanto, um lugar de enunciação híbrido, vale dizer, no entremeio das fronteiras culturais.

> É preciso desmontar o próprio sistema de representações. Daí advém a aposta na política de representações; o que implica reconhecer e assumir plenamente a heterogeneidade e o descentramento do sujeito, buscar a *différance* múltipla no interior da diferença binária (branco/preto) e recuperar as interseções entre raça, classe, gênero e etnia. É precisamente na articulação dessas diferenças – todas elas móveis, cambiantes, construídas no momento da sua manifestação discursiva – que o sujeito da resistência anti-racista se constitui como "nova etnicidade" (COSTA, 2019).

A discussão sobre o sujeito descentrado leva a uma teorização inovadora da relação entre diferença, sujeito e política (COSTA, 2019). Ao invés de se excluir o sujeito transgênero como alguém aquém da sociedade binária ou de incluí-lo como alguém que faz parte, necessariamente, deste binarismo, tal configuração deve ser relida a partir das intersecções humanas, sociais e culturais, com o respeito às diferenças e necessidades específicas de tal população.

Ou seja, não há que tentar ou promover o enquadramento de uma pessoa transgênero no discurso binarista, mas, sim, fomentar a sua subjetivação e existência com respeito às diferenças que lhes são intrínsecas, a partir de uma releitura multicultural e plural do direito performativo e da política enunciativa. Construir-se-á, assim, um marco analítico que permite ao mesmo estudar a relação entre sujeito e discurso e identificar o espaço de criatividade do sujeito (COSTA, 2019).

Por último, de maneira interseccionada ao anteriormente exposto, salienta-se a importância da movimentação e presença da sociedade civil como meio de busca e efetivação de políticas públicas e de aplicação do Direito em prol da população de transgêneros.

A pessoa trans renasce, ou até mesmo nasce, a partir do momento que inicia o seu processo de transição de gênero, após se entender como não pertencente ao sexo e gênero que lhes foram impostos quando do seu nascimento. Esta pessoa que renasce ou nasce não se encontra mais incluída na sociedade, pelos motivos já expostos em tópicos anteriores. Há, portanto, um confronto interno entre o ser que antes pertencia ao seio social, e o ser que passa a ser abjeto, inexistente, não humano socialmente.

Este novo corpo não mais sabe o que é ser um cidadão protegido por um Estado Democrático de Direito e não tem mais a sua subjetividade reconhecida pelo aparato estatal e social. A própria ideia de sociedade passa a ser deturpada e perdida. E é, a partir de então, que os conflitos pessoas e interpessoais se iniciam e atormentam a continuidade da sua própria vida e existência.

A reunião em comunidade de pessoas que lhes são semelhantes e afetas às suas causas e vida, passa a ser a válvula de escape e o caminho possível para que tais corpos exerçam sua sociabilidade e se entendam como seres sociais. Tais comunidades terão voz quando reunidas e ocupantes de espaços públicos, como entidades do terceiro setor ou, nas tão famosas e festejadas Paradas da Diversidade que, por vezes, unem à luta política à uma festa pública para a celebração da diversidade humana.

Sendo assim, a sociedade civil, quando reunida em favor das pessoas e da causa trans, passa a ser verdadeiros tratores e escudos em defesa de (des)governos como o proposto e realizado pelo atual Presidente da República, Jair Messias Bolsonaro, uma vez que, além de promover a inclusão social de pessoas, até então, abjetadas, ainda são capazes de buscar, a partir da sua reunião, a efetivação de direitos e de políticas públicas em prol de tal comunidade, pelos meios constitucionalmente previstos de manifestação coletiva. Isto, sim, é uma verdadeira democracia social inclusiva!

Considerações finais

É nítido que o Estado Brasileiro, na sua atual configuração, tem renegado às pessoas transexuais e travestis uma existência digna. Vivemos no país onde mais se mata a população que compõe a sigla LGBTQIA +, e as pessoas travestis e transexuais, estão na linha de frente em tais estatísticas. Infelizmente, tais números, com base na atual política nacional, tendem a se manter ou a aumentar, uma vez que Bolsonaro prometeu e tem cumprido um verdadeiro desmonte em torno das poucas conquistas político-sociais da comunidade trans.

A falta de acesso à educação, cultura, saúde e trabalho contribui sobremaneira para a manutenção desta população numerosa à margem da sociedade e é, por tal motivo, que se faz emergencial o estabelecimento de políticas públicas voltadas exclusivamente à promoção da dignidade, vida, liberdade e igualdade das pessoas trans, de forma desvinculada aos avanços já alcançados pela população homo, bi e assexual.

Não há como aceitar a constante e insistente marginalização das pessoas trans, por não se enquadrarem no estereótipo binário-patriarcal-heteronormativista que insiste em permear a sociedade por meio de relações de poder e, consequentemente, abjetar tais corpos do seio da cidadania.

É por tais motivo que se propôs, no presente artigo, a ressignificação dos direitos e garantias atrelados às causas trans. O direito, a partir do seu caráter performativo, será um dos pilares para a promoção da inserção social das pessoas trans como seres humanos com dignidade e vida. Construir-se-ão novos sujeitos e novos corpos.

Aliado a isso, propõe-se a descentração do sujeito transgênero a partir da busca de um lugar híbrido de enunciação, conforme proposto por Stuart Hall e Sérgio Costa, quando discorrem, em seus estudos, acerca da construção de uma nova etnicidade pelo sujeito da resistência antirracista. Fomenta-se a sua subjetivação e existência com respeito às diferenças que lhes são intrínsecas, a partir de uma releitura multicultural e plural do direito performativo e da política enunciativa.

E, por último, salientou-se a importância da união da sociedade civil em prol das pessoas trans frente à política proposta e concretizada pelo Governo Bolsonaro, uma vez que, além de se promover a inclusão social de pessoas, até então, abjetadas da sociedade, ainda, aquela se mostra capaz, a partir da sua reunião, de buscar a efetivação de direitos e de políticas publicas em prol de tal comunidade, pelos meios constitucionalmente previstos de manifestação coletiva.

Há um caminho longo a ser percorrido, o qual deve ser cumprido com muita garra, luta, persistência, resiliência e empatia. Por isso, parafraseando Boaventura de Souza Santos, grita-se: SOCIEDADE CIVIL DO BRASIL, UNI-VOS, EM DEFESA DAS PESSOAS TRANS, CONTRA O EXPURGO BINARISTA PRETENDIDO PELO GOVERNO BOLSONARO!

REFERÊNCIAS BIBLIOGRÁFICAS

BITENCOURT, Kueyla de Andrade; SANTOS, João Diógenes Ferreira dos. **Violência direcionada à população trans**: necropolítica, memórias e políticas higienistas. Disponível em: <http://www.enecult.ufba.br/modulos/submissao/Upload-484/111800.pdf.> Acesso em 21 dez. 2019.

BUTLER, Judith. **Cuerpos que importan**. Barcelona: Pardos, 2002.

BUTLER, Judith. Meramente cultural. In: LOURO, Guacira Lopes. **Um corpo estranho**. Ensaios sobre sexualidade e teoria *queer*. 3 ed. Belo Horizonte: Autêntica Editora, 2018.

COMÉRIO, Murilo Siqueira. **A tutela Antidiscriminatória dos(as) Trabalhadores(as) Trans**: A efetivação do direito à identidade de gênero no contexto laboral. Rio de Janeiro: Editora Lumen Juris, 2019.

COSTA, Sérgio. **Desprovincializando a sociologia**: a contribuição póscolonial. Disponível em: <http://www.scielo.br/scielo.php?pid=S0102-69092006000100007&script=sci_arttext>. Acesso em: 22 dez. 2019.

CUNHA, Leandro Reinaldo da. **Identidade e Redesignação de Gênero**: Aspectos da personalidade, da família e da responsabilidade civil. Rio de Janeiro: Editora Lumen Juris, 2015.

DERRIDA, Jacques. Margens da filosofia. In: LOURO, Guacira Lopes. **Um corpo estranho**. Ensaios sobre sexualidade e teoria *queer*. 3. ed. Belo Horizonte: Autêntica Editora, 2018.

FOUCAULT, Michel. **Microfísica do Poder.** 7 ed. Organização, introdução e revisão técnica de Roberto Machado. Rio de Janeiro/São Paulo: Paz e Terra, 2018.

GHIRALDELLI JÚNIOR; Paulo. **A filosofia explica Bolsonaro**. São Paulo: LeYa, 2019.

GOMES; Camilla de Magalhães. **Têmis Travesti**: as relações de gênero, raça e direito para uma narrativa expansiva do "humano". Rio de Janeiro: Lumen Juris, 2019.

HALL, Stuart. **Da Diáspora**: identidades e mediações culturais. 2. ed. Belo Horizonte: Editora UFMG, 2013.

LOURO, Guacira Lopes. **Um corpo estranho**. Ensaios sobre sexualidade e teoria *queer*. 3. rev. amp. Belo Horizonte: Autêntica Editora, 2018.

PELUCIO, Larissa. **"Toda Quebrada na Plástica"- Corporalidade e construção de gênero entre travestis paulistas.** Disponível em: < http://dx.doi.org/10.5380/cam.v6i0.4509 >. Acesso em: 19 jul. 2019.

A TERCEIRIZAÇÃO SOB A ÓTICA DA TEORIA DO RECONHECIMENTO DE AXEL HONNETH E A FUNÇÃO ANTROPOLÓGICA DO DIREITO DE ALAIN SUPIOT

Erick Alan de Lima
Mestre em Direito Empresarial e Cidadania pelo Centro Universitário Curitiba. Especialista em Direito do Trabalho, Processo e Mercado. Graduado em Direito pela Pontifícia Universidade Católica do Paraná. Pesquisador do TRAEPP - Grupo de Estudos em Trabalho, Economia e Políticas Públicas (PPGD/UFPR). Pesquisador do Grupo de Estudos em Atividade empresarial e Constituição: inclusão e sustentabilidade (UNICURITIBA). Representante da área jurídica no Comitê de Ética em Pesquisa envolvendo Seres Humanos-CEP(UTFPR). Servidor Público Federal (UTFPR). Advogado.

O ambiente competitivo e a lógica de mercado em que as empresas estão insertas estimula o surgimento de novas técnicas de gestão de pessoas, esse estímulo decorre da necessidade de redução de custos e melhor utilização de recursos para uma maior geração de lucro.

Fenômeno em plena ascensão, advindo das técnicas de gestão e administração de empresas, a terceirização incorporou-se ao cotidiano das empresas nacionais e internacionais, sendo uma opção para gerir os trabalhadores aplicados em suas atividades.

Após a análise da terceirização, verificando as suas modalidades, o seu surgimento e desenvolvimento no Brasil e a sua consequente regulação, as teorias elaboradas por Axel Honneth e Alain Supiot serão abordadas, identificando, respectivamente, o Direito como fator de reconhecimento e a função antropológica do Direito.

Os efeitos gerados pela terceirização na vida do trabalhador terceirizado serão estudados, pesquisar-se-á a ocorrência da manutenção ou redução de direitos, como é estipulada a carga horária e modo de remuneração em comparação com os trabalhadores de similar função, porém tipicamente contratados.

Em posse de tais informações, por fim, valendo-se dos estudos de Axel Honneth e Alain Supiot, a terceirização será analisada através da teoria do reconhecimento, verificando as interferências no reconhecimento intersubjetivo dos trabalhadores terceirizados e, também, investigar-se-á a manutenção da função humanizante do Direito elaborada por Alain Supiot.

TERCEIRIZAÇÃO E MODALIDADES

Com o recrudescimento da competitividade nas relações empresariais, as empresas e empregadores lançam mão de técnicas de gestão para sobressair-se no mercado, utilizam-se delas para diminuir seus custos e, consequentemente, com o intuito de aumentar sua influência, domínio e lucratividade nos ramos de competição de mercado em que estejam inseridos.

Diante desse panorama, surge o fenômeno da terceirização, uma técnica de gestão ainda considerada recente, tendo em vista que apresentou-se no momento de declínio do paradigma fordista de produção, em que a produção ocorria de forma horizontal, a qual passou a ser substituída pela produção vertical, que possui o atributo da flexibilidade e teve a sua implementação incentivada no Japão da década de cinquenta (DALLEGRAVE NETO, 2018).

O país nipônico vislumbrou, nesta forma de produção flexível, a possibilidade de utilizar seus recursos escassos, como, por exemplo, as suas porções de território, de maneira mais eficiente, empregando, também, o uso da tecnologia e da robótica para dar início às produções *just in time* (DALLEGRAVE NETO, 2018) empregados por meio do modo de organização administrativa nomeado de Toyotismo, em que a hierarquia intermediária era reduzida em prol de unidades com maior autonomia, que, através, também, do controle informatizado dos estoques e da produção, proporcionava maiores possibilidades de monitoramento de todas as fases da produção das indústrias (NASCIMENTO, NASCIMENTO, 2018).

Essas medidas e novas técnicas trouxeram como resultado o impulsionamento das criações de riquezas no território japonês, lançando-os a uma das principais potências econômicas mundiais e passando a ser considerados como um país que simboliza a inovação tecnológica e desenvolvimento.

Na década de setenta, observa-se que o Brasil vivenciou o chamado "milagre econômico", momento histórico em que o país aliava taxas de inflação consideradas baixas e altos índices de crescimento do Produto Interno Bruto, época que empresas multinacionais passaram a se instalar no território nacional, pois verificavam a existência de uma abundante oferta de mão de obra barata, a qual possibilitava a produção de produtos por um valor menor, proporcionando melhores condições às empresas multinacionais de concorrência no mercado internacionaL (MIZIARA, PINHEIRO, 2018).

Em relação especificamente ao fenômeno da terceirização, nesta época o Brasil, em razão da forte demanda por mão de obra, perpassava por um período propício para o aumento do número de empresas que se estruturavam especificamente na exploração através do agenciamento de mão de obra, prática que não encontrava óbice em razão da ineficaz fiscalização do trabalho empregada pelo Estado (MIZIARA, PINHEIRO, 2018).

Esses fatores impulsionaram a produção legislativa da Lei nº 6.019/74, que em conjunto com a Lei nº 7.102/83, passaram a regular, respectivamente, o trabalho temporário e o trabalho de vigilância bancária, tentando, assim, normatizar e regular a terceirização que ocorria no mercado privado, todavia, sabe-se que a terceirização espraiou-se para inúmeras outras hipóteses não previstas nas legislações supramencionadas, inclusive não se limitando à terceirização de atividades meramente instrumentais (DELGADO, 2018).

Estas "[...] intervenções legislativas da década de 1970 efetivamente subverteram a doutrina trabalhista construída nas fases anteriores de desenvolvimento laboral brasileiro" (RAMOS FILHO, 2012), tendo em vista que em razão dessas modificações legislativas,"[...] se passou a admitir a formação de um modelo trilateral de prestação de trabalho subordinado, em contraposição ao modelo bilateral clássico: o que vende a força de trabalho e aquele que compra, mediante algumas contrapartidas" (RAMOS FILHO, 2012), conclui-se que, com essa mudança de paradigma, "A partir de então se passa a admitir que um comprador de força de trabalho a revenda com lucro, estabelecendo-se um duplo regime de apropriação de mais-valia" (RAMOS FILHO, 2012).

A jurisprudência trabalhista também foi de suma importância para a delimitação da terceirização no âmbito nacional, proporcionando a sua regulamentação através de decisões judiciais, sendo que "[...] nos anos de 1980 e 90, se debruçou sobre o tema, que se generalizava com frequência cada vez mais significativa no âmbito do mercado laborativo do País" (DELGADO, 2018), em relação aos resultados obtidos das análises realizadas pelos julgadores trabalhistas, complementa Maurício Godinho Delgado que "Nesse contexto, ao lado da multiplicidade de interpretações jurisprudenciais lançadas nas decisões ocorridas nas últimas décadas, o TST editou duas súmulas de jurisprudência uniforme, a de n. 256, de 1986, e a de n. 331, de dezembro de 1993" (DELGADO, 2018).

As relações laborais no Brasil estão a experimentar profundas modificações de paradigma por meio da elaboração de Leis que alteraram entendimentos acerca da terceirização:

> O ano de 2017 apresentou dois novos diplomas legais regentes da terceirização de serviços. Trata-se da Lei n. 13.429, de 31.03.17, e da Lei n. 13.467, de 13.07.17. O primeiro diploma legal (Lei n. 13.429/17), embora faça referências à terceirização em geral, no fundo produziu modificações mais especificamente no contrato de trabalho temporário, alargando-lhe, significativamente, o seu prazo de duração. Já o segundo diploma legal (Lei n. 13.467/17), se lido em sua literalidade gramatical, introduziu, de fato, regras voltadas à produção de mudanças substanciais no regime jurídico da terceirização de serviços em geral (DELGADO, 2018).

Deve-se mencionar que com a atual normatização da terceirização, através da Lei nº 13.429/2017, que alterou a legislação que versa sobre o trabalho temporário, e da Lei nº 13.467/2017, denominada como reforma trabalhista, a súmula jurisprudencial n. 331 do Tribunal Superior do Trabalho, com a atual redação, acabou por tornar-se obsoleta, por óbvio, caso seja necessário, não há impedimento para que adaptações sejam realizadas para a súmula manter seu efetivo caráter regulatório acerca dos entraves da terceirização (LIMA, 2018), podendo uniformizar as decisões sobre esses casos.

Sabe-se que, inicialmente, o objetivo da terceirização era proporcionar ao empregador a opção de não investir demasiados recursos na atividade-meio da empresa, como, por exemplo, na aquisição e manutenção de sistemas e equipamentos da tecnologia de informação, ou seja, ampliava a capacidade da empresa em investir na sua atividade-fim, a qual possui maior capacidade de identificar e gerenciar a correta estratégia de investimento (CASTELO, 2017).

Sendo que era possível conceituar, segundo Sérgio Pinto Martins, a terceirização como a "[...] possibilidade de contratar terceiro para a realização de atividades que não constituem o objeto principal da empresa. Essa contratação pode compreender tanto a produção de bens, como de serviços, como ocorre na necessidade de contratação de empresa de limpeza, de vigilância ou até para serviços temporários" (MARTINS, 2012), sendo abarcado por essa conceituação apenas a terceirização da atividade-fim das empresas.

Entretanto, esses aspectos iniciais da terceirização foram desvirtuados, sendo esta técnica de gestão encarada como a solução para a redução de custos em todos os setores da empresa, inclusive na atividade-fim, quer dizer, o empregador vale-se da terceirização para reduzir seus custos operacionais e reduzir seus encargos trabalhistas, não necessitando lidar com os entraves sociológicos que a redução de empregos e direitos de seus trabalhadores acarretaria, pois estas dificuldades são repassadas para o intermediário de mão de obra, que passa a ocupar, praticamente, todos os setores da empresa principal, até mesmo concedendo mão de obra em setores considerados estratégicos e vitais da empresa que irá utilizar da terceirização (CASTELO, 2017).

Maurício Godinho Delgado ao analisar alguns aspectos da terceirização, diferencia terceirização empresarial e trabalhista, definindo que a terceirização trabalhista "[...] diz respeito ao mencionado processo de dissociação do vínculo socioeconômico de prestação laborativa em detrimento do respectivo vínculo jurídico-trabalhista, o qual se ata com a empresa chamada prestadora de serviços" (DELGADO, 2017). E aduz, por fim, que "Pela terceirização trabalhista o efetivo tomador de serviços deixa de ser, por meio da ladina fórmula jurídico-administrativa, real empregador do obreiro" (DELGADO, 2017), já a terceirização empresarial ocorre quando a empresa descentraliza sua atividade para outra empresa, que possui empregados e estrutura própria (LIMA, 2018).

Com o desenvolvimento das técnicas de gestão e administração de empresas, a técnica da terceirização passa a assumir muitas formas, ocupando vários espaços nas dinâmicas empresariais.

O Direito do Trabalho ocupa-se da análise das principais formas de terceirização, as que implicam maior risco para a precarização de empregos e redução de direitos, principalmente as denominadas como terceirização interna, por exemplo, a terceirização de mão de obra; a terceirização de serviços; e a terceirização de serviços de natureza intelectual (inclusive científico, artístico ou cultural) na atividade-fim da empresa (LIMA, 2018).

A ocorrência da modalidade denominada como terceirização de mão de obra "dá-se quando a empresa contrata outra empresa, fornecedora de mão de obra especializada para qualquer de suas atividades, para suprir necessidade transitória (trabalho temporário)" (LIMA, 2018), observa-se que, neste caso, surge "[...] uma tríplice relação jurídica: uma civil entre a empresa tomadora e a prestadora do serviço; uma relação de emprego entre esta e o trabalhador; e uma relação de trabalho entre este e a tomadora do serviço." (LIMA, 2018)

Ressaltam-se as consequências advindas dessas relações, pois delas "[...] emergem diferentes obrigações: civis entre as duas empresas; trabalhistas entre a prestadora e os trabalhadores; a tomadora tem obrigação trabalhista subsidiária e civil originária ou solidária (por exemplo, ofensa moral e acidente de trabalho) em relação ao trabalhador locado" (LIMA, 2018).

Já a terceirização de serviços, que é considerada uma forma interna deste fenômeno, implica na incorporação de empregados da empresa detentora da mão de obra terceirizada pela empresa tomadora, em resumo, a empresa tomadora integra nos seus quadros de trabalhadores os empregados da empresa terceirizante, mas mantém-se como responsável pela produção de seus produtos ou atividades, sendo apenas a mão de obra terceirizada (DELGADO, 2003).

A terceirização de serviços de natureza intelectual (inclusive científico, artístico ou cultural) na atividade-fim da empresa tornou-se possível por obra do art. 129 da Lei n. 11.196/2005:

> Ali se permite que a pessoa física se estruture como entidade jurídica formal, de maneira a assim prestar seus serviços ao mercado socioeconômico, nos moldes explicitamente assim identificada. Naturalmente que o artifício legal tributário se harmoniza aos verdadeiros profissionais autônomos, que se relacionam com os tomadores de serviços sem os elementos da relação desemprego. Ao invés, caso estejam presentes os elementos do vínculo empregatício, inclusive a subordinação, esvai-se o manto aparente da pessoa jurídica, prevalecendo a clássica relação empregatícia entre as partes (DELGADO, 2018).

Ou seja, "o próprio trabalhador intelectual se organiza em pessoa jurídica para contratar a prestação de seu serviço em caráter pessoal, continuando, mediante remuneração, sem vínculo de emprego, nos termos do art. 129 da Lei n. 11.196/05" (LIMA, 2018).

A terceirização é um dos métodos de gestão que ocasionam o mal-estar laboral globalizado, sendo considerado um dos principais processos de externalização, em que atividades anteriormente realizadas pelos empregados empresa são repassadas para os empregados terceirizados (RAMOS FILHO, 2012), "[...] possibilitando que dentro de uma mesma unidade produtiva possam ser encontrados diversos níveis de subcontratação, com diversos níveis de proteção sindical e de remuneração" (RAMOS FILHO, 2012).

Diante das implicações ocasionadas pela terceirização no mundo laboral, observar-se-á esse instituto sob a perspectiva da teoria do reconhecimento de Axel Honneth e da função antropológica do Direito de Alain Supiot, observando as possíveis obstruções geradas pela terceirização no reconhecimento intersubjetivo dos trabalhadores e na função antropológica do Direito.

DIREITO COMO DIMENSÃO DE RECONHECIMENTO INTERSUBJETIVO E A FUNÇÃO ANTROPOLÓGICA DO DIREITO

A teoria do reconhecimento de Axel Honneth e o direito como dimensão de reconhecimento

Axel Honneth utiliza a teoria hegeliana da luta por reconhecimento, ampliando-a a partir da análise histórica e social empregada por Michel Foucault e da psicologia social de George Herbert Mead, para compreender, também, por meio da luta por reconhecimento a construção e a evolução moral da sociedade (GONÇALVES, 2017).

Malgrado pertencer à escola de pensamento de Jürgen Habermas, ao embasar seus estudos em uma concepção de reconhecimento intersubjetivo fundado em uma noção de experiência em que a luta por reconhecimento ocorreria no momento de absorção intuitiva de aspectos relacionados à justiça, Axel Honneth afasta-se e ao mesmo tempo aponta deficiências nas abordagens teóricas que foram elaboradas pela Escola de Frankfurt (SILVEIRA, 2015), pois elas "[...] não tomam a ação social como mediador entre as estruturas econômicas e o indivíduo." (SILVEIRA, 2015)

Partindo da premissa da incompletude das teorias críticas na atualidade que tratam do reconhecimento do indivíduo, Axel Honneth descreve que o reconhecimento decorre através de três dimensões distintas, sendo elas o amor, a solidariedade e o direito (SIQUEIRA NETO, 2016).

Desse modo, o autor afasta a inclusão econômica do papel central de sua teoria do reconhecimento, divergindo do entendimento defendido pelas teorias críticas tradicionais (SIQUEIRA NETO, 2016).

Afastando a compreensão dos conflitos sociais apenas pela ótica econômica, possibilita-se que apreenda-se que o ser humano é um sujeito com direitos e obrigações, reconhecendo-se como tal por meio das três dimensões supramencionadas, sendo que a dimensão do amor transmite ao indivíduo a confiança interna necessária para a sua autorrealização pessoal, enquanto que a dimensão da solidariedade proporciona que a pessoa alcance o respeito mútuo e a estima social perante a sociedade e consequentemente a dignidade humana passa a ser respeitada, isto proporciona ao ser humano o reconhecimento nas relações sociais e a si próprio como sujeito de direitos e deveres, evitando os conflitos sociais e que haja uma mehor perspectiva de vida em sociedade, afastando os desrespeitos (formas de não reconhecimento) (JORGE NETO, CAVALCANTE, 2016).

Ao investigar a dimensão do direito como forma de reconhecimento, temos, em comparação, que na dimensão do amor os indivíduos obtém a autoconfiança, adquirindo a liberdade em manifestar-se espontaneamente perante outros indivíduos, já na relação jurídica há a comungação do autorrespeito, um respeito social (HONNETH, 2009), fazendo surgir no indivíduo "[...] a consciência de poder se respeitar a si próprio, porque ele merece o respeito de todos os outros" (HONNETH, 2009).

Esta dimensão de reconhecimento, para Axel Honneth (2009), tem adquirido cada vez mais importância:

> Reconhecer-se mutuamente como pessoa de direito significa hoje, nesse aspecto, mais do que podia significar no começo do desenvolvimento do direito moderno: entrementes, um sujeito é respeitado se encontra reconhecimento jurídico não só na capacidade abstrata de poder orientar-se por normas morais, mas também na propriedade concreta de merecer o nível de vida necessário para isso.

Entretanto, para que o autorrespeito gerado pelas relações jurídicas sejam de fato efetivados, entende-se que

> [...] só com a formação de direitos básicos universais, uma forma de autorrespeito dessa espécie pode assumir o caráter que lhe é somado quando se fala da imputabilidade moralcomoocerne, digno de respeito, de uma pessoa; pois só sob as condições em que direitos universais não são mais adjudicados de maneira díspar aos membros de grupos sociais definidos por status, mas, em princípio, de maneira igualitária a

todos os homens como seres livres, a pessoa de direito individual poderá ver neles um parâmetro para que a capacidade de formação do juízo autônomo encontre reconhecimento nela. (HONNETH, 2009)

No momento em que o reconhecimento através do direito é desrespeitado, privando coletivamente membros da sociedade de direitos e excluindo-os da participação social, fala-se na concretização da "morte social" desses indivíduos (HONNETH, 2009), demonstra-se, assim, a relevância desse desrespeito, pois nessa alusão à morte "[...] expressa-se linguisticamente o fato de que compete às diversas formas de desrespeito pela integridade psíquica do ser humano o mesmo papel negativo que as enfermidades orgânicas assumem no contexto da reprodução de seu corpo" (HONNETH, 2009), apreende-se que "[...] com a experiência do rebaixamento e da humilhação social, os seres humanos são ameaçados em sua identidade da mesma maneira que o são em sua vida física com o sofrimento de doenças" (HONNETH, 2009).

Além do desrespeito limitar a autonomia pessoal, ela também prejudica o próprio sentimento de associação e pertencimento, indicando que o sujeito não possui o mesmo valor moral que os demais, demonstrando que não há igualdade entre eles (HONNETH, 2009), com isso, "[...] para o indivíduo, a denegação de pretensões jurídicas socialmente vigentes significa ser lesado na expectativa intersubjetiva de ser reconhecido como sujeito capaz de formar juízo moral" (HONNETH, 2009), percebe-se, assim, que "[...] nesse sentido, de maneira típica, vai de par com a experiência da privação de direitos uma perda de autorrespeito, ou seja, uma perda da capacidade de se referir a si mesmo como parceiro em pé de igualdade na interação com todos os próximos" (HONNETH, 2009).

Verifica-se que se, "[...] por um lado, o rebaixamento e a humilhação ameaçam identidades, por outro, eles estão na própria base da constituição de lutas por reconhecimento" (MENDONÇA, 2007), isto é, "o desrespeito pode tornar-se impulso motivacional para lutas sociais, à medida que torna evidente que outros atores impedem a realização daquilo que se entende por bem viver." (MENDONÇA, 2007, p. 173).

Axel Honneth possui o mérito de observar a conjugação das três dimensões necessárias ao reconhecimento intersubjetivo, ressalta-se aqui a relevância da dimensão do direito e as consequências do seu desrespeito, o qual pode impulsionar os indivíduos para o conflito social em busca de seu reconhecimento.

A função antropológica do Direito

Ao abordar como o conhecimento é construído e absorvido pelo homem, Alain Supiot diferencia o homem dos demais animais por sua capacidade em alcançar outros níveis de cognição que não estão apenas ligados ao momento presente e a sua experiência sensorial, mas possibilitam a projeção de representações mentais que transportam-nos a um universo ilimitado. Este universo ilimitado é apresentado através do exemplo de uma criança que brinca na praia, criando histórias sobre seus castelos de areia:

> Pelas palavras que cochicha a si mesma, ou que troca com seus colegas de brincadeira, conhece a embriaguez de uma liberdade que nenhum animal jamais conheceu, a de reconstruir a seu bel-prazer um outro mundo possível, onde ela pode voar no ar, desdobrar-se, ficar invisível, ou ogre, ou gigante... Um mundo onde ela confere sentido aos objetos que modela ou aos desenhos que traça e que se tornam a marca visível do espírito. (SUPIOT, 2007)

Em consequência dessa capacidade, o ser humano corre o risco da própria alienação em sua imaginação, com o intuito de evitar tal situação, faz-se necessário o reconhecimento dos demais membros da sociedade acerca do entendimento daquela representação, ou seja, "Para entrar no universo do sentindo, todo o homem deve abdicar da sua pretensão a ditar o sentindo do universo e reconhecer que esse sentindo vai além de seu único entendimento" (SUPIOT, 2007), essa condição do

Homem em concordar entre si com as representações compatíveis do mundo é entendida pelo autor como a razão humana.

Assim, é possível apreender das afirmações de Alain Supiot que o conhecimento advém de representações, símbolos, que possuem um sentido partilhado em comum entre os demais, os quais deverão ser assimilados pelo Homem para que este torne-se um sujeito de razão. Essas representações são dogmas necessários para a construção da inteligência humana, são alicerces que proporcionam ao Homem o entendimento do que ocorre ao seu redor.

Supiot demonstra que a validação do conhecimento do que seria o homem decorria anteriormente da identificação do homem e Deus, por meio das religiões. Posteriormente, com a secularização das instituições ocidentais, o homem passou a ser identificado como um ser "[...] universal abstrato, nascido livre e dotado de razão, e igual a todos os homens." (SUPIOT, 2007), todavia, Alain Supiot demonstra, ao comparar a ideia do homem à imagem de Deus e a ideia de homem secularizada, a persistência de uma mesma estrutura de validação, ambas buscam validações superiores para delimitar o que conhece-se como homem, uma em Deus e outra nas declarações de direitos:

> Essa concepção, de que somos os herdeiros, é a do *imago Dei*, do homem concebido à imagem de Deus e como tal chamado a se tornar o senhor da natureza. Como ele, é um ser uno e indivisível; como ele, é um sujeito soberano, dotado da potência do verbo; como ele, enfim, é uma pessoa, um espírito encarnado. Mas concebido à imagem de Deus, o homem não é Deus. Sua dignidade particular procede não de si mesmo, mas de um Criador, e ele a partilha com todos os outros homens. Daí a ambivalência desses três atributos da humanidade, que são a individualidade, a subjetividade e a personalidade. Indivíduo, cada homem é único, mas também semelhante a todos os outros; sujeito, ele é soberano, mas também sujeitado à Lei comum; pessoa, ele é espírito, mas também matéria. Essa montagem antropológica sobreviveu à secularização das instituições ocidentais, e esses três

atributos da humanidade se encontram, em sua ambivalência, no Homem das declarações dos direitos. A referência a Deus desapareceu do direito das pessoas, sem que desaparecesse a necessidade lógica de referir todos ser humano a uma Instância garante de sua identidade e que simbolizasse a proibição de tratá-lo como uma coisa. (SUPIOT, 2007)

Essa instância garante deixou de pertencer à igreja e a Deus, com o entendimento do ser humano como um homem sujeito de direitos, o Estado passou a ocupar este lugar de onipotência por meio da legislação, isto é, "Com o Direito, o Homem se torna o artesão de suas próprias leis, trata-se da lei comum fundamentada, em regime democrático, sobre o Povo soberano ou da lei contratual fundamentada, em regime liberal, sobre a soberania do indivíduo." (SUPIOT, 2007)

Alain Supiot entende o Direito como uma técnica desenvolvida pelo Homem, assim como as demais ciências e tecnologias, entretanto delimita a sua função como uma técnica que se interpõe entre as técnicas desenvolvidas e o Homem, realizando um intermédio entre o Homem e as técnicas:

> A lógica da Proibição nada mais é em toda civilização, do que essa necessária interposição de um princípio Terceiro entre o homem e suas representações, seja de suas representações mentais (a fala), seja das materiais (as ferramentas). Essa função dogmática – de interposição e de proibição – confere ao Direito um lugar singular no mundo das técnicas: o de uma técnica de humanização da técnica. (SUPIOT, 2007)

Dessa forma, o autor posiciona o Direito como fundamento epistemológico, proporcionando dogmas que transitam entre o homem e suas representações, Supiot ressalta essa importância ao aduzir que "É preciso, igualmente, manter sólidos os fios do Direito, sem os quais nem o homem, nem a sociedade se podem manter de pé" (SUPIOT, 2007).

O RECONHECIMENTO INTERSUBJETIVO E A FUNÇÃO AN-

TROPOLÓGICA DO DIREITO NA TERCEIRIZAÇÃO

Informações coletadas pelo DIEESE-Departamento Intersindical de Estatística e Estudo Socioeconômicos e expressos no relatório da Nota Técnica n. 172 de março de 2017, demonstram as situações as quais os empregados terceirizados estão expostos.

Evidencia-se, por exemplo, a alta taxa de rotatividade dos empregados terceirizados, a contratação de uma carga horária maior, maior incidência de afastamentos por acidentes de trabalho e, por fim, a média salarial é mais baixa (DIEESE, 2017). Esses dados foram auferidos por meio da comparação entre os empregados terceirizados e os tipicamente contratados, demonstrando-se a situação mais favorável que os tipicamente contratados possuem em relação aos terceirizados, a nota técnica também alerta sobre os possíveis danos causados por uma possível regulamentação da terceirização irrestrita, em que poderá aprofundar as diferenças identificadas no estudo do DIEESE.

Os efeitos precarizantes da utilização da terceirização foram observados, também, na análise de trabalhadores terceirizados no setor de limpeza de hospitais, verificou-se que:

> [...] a terceirização do trabalho no setor da saúde é um dos fatores responsáveis pelas dificuldades encontradas pelos trabalhadores da limpeza hospitalar, podendo representar para o trabalhador condições precárias de trabalho, nas quais os próprios hospitais são responsáveis pela precarização, ou seja, são eles que contribuem para o aumento da desigualdade entre os funcionários, gerando condições de humilhação e não fornecendo ao trabalhador um ambiente digno. Essa situação inclusive pode favorecer até o surgimento de patologias típicas do trabalho. (PARMEJIANI, COSTA, RIBEIRO, 2014)

Neste caso, os empregados terceirizados demonstram sentimento de desvalorização em relação aos empregados tipicamente contratados, sendo discriminados, por exemplo, em função dos benefícios concedidos e aplicados de forma diferenciada (PARMEJIANI, COSTA, RIBEIRO, 2014).

As diferenças de tratamento e benefícios são avistadas, do mesmo modo, no setor petrolífero, em que a remuneração e, por exemplo, os dias de folga aplicados aos empregados terceirizados são menores e a incidência de acidentes de trabalho graves são maiores (FIGUEIREDO, 2007).

Diante disso, rememora-se que, conforme Axel Honneth, o desrespeito ao reconhecimento do indivíduo pode ocorrer em razão da privação de direitos, e ocorre quando "[...] o componente da personalidade afetado é a integridade social – negativa do ser humano como sujeito de direitos e obrigações. Representa não só a limitação violenta da autonomia do ser humano, por meio da restrição ou a negação de seus direitos" (JORGE NETO, CAVALCANTE, 2016), essa privação também "[...] gera a convicção para a vítima de que a sua condição social não mais está em pé de igualdade com os demais seres humanos" (JORGE NETO, CAVALCANTE, 2016).

A forma de desrespeito de direitos e o impedimento do sentimento de autorrealização, explanado por Axel Honneth, são verificados nas relações dos empregados terceirizados, isto se evidencia no momento em que esses trabalhadores não se reconhecem como iguais perante os demais empregados, tendo em vista as condições menos vantajosas nas quais efetuam os seus trabalhos, a maior carga horária aplicada aos seus cargos, a remuneração abaixo dos colegas de profissão tipicamente contratados e a diferenciação de benefícios a eles entregues.

Tem-se que "As formas de desrespeito inibem a realização da plena autonomia do indivíduo em sua integridade, sendo elementos para o processo de mudança social." (BOTELHO, VILLATORE, 2016), todavia, no caso da terceirização, em que pese o desrespeito e o impedimento da autorrealização dos empregados terceirizados, o processo de mudança social pode ser retardado em função da fragmentação sindical, principalmente com as novas modificações da legislação trabalhista supramencionadas, em que a terceirização poderá ser ampliada.

Recorda-se que "A pulverização dos trabalhadores e a fragmentação sindical causadas pela terceirização comprometem substancialmente a organização coletiva dos trabalhadores, efetivos ou terceirizados, reduzindo-os a meros personagens sem força suficiente para enfrentar as políticas patronais" (COUTINHO, 2015), diante desta perda de organização, força e, potencialmente, discernimento do papel coletivo de desrespeito sofrido pela categoria de empregados terceirizados, esses efeitos podem diminuir as modificações sociais que o desrespeito de direitos poderiam gerar através dos conflitos sociais, pois este panorama dificulta a organização dos trabalhadores para a implementação, por exemplo, de greves, o principal meio de geração de mudanças através do conflito social laboral.

Vislumbra-se a terceirização como uma técnica de gestão, verificando que a sua utilização está em ampla ascensão nas empresas que almejam uma maior eficiência e melhor utilização de seus recursos para o desenvolvimento de sua atividade-fim. Com base nos estudos de Alain Supiot, o Direito possui a função de humanizar as técnicas inventadas pelo próprio Homem, sendo que o Direito "[...] permitiu tornar humanamente vivível o maquinismo industrial e usar técnicas novas sem ser destruído por elas. Interposto entre o homem e a máquina, ele serviu para proteger o Homem das fantasias de onipotência geradas pela potência das máquinas." (SUPIOT, 2007).

Entretanto, ao examinar as consequências geradas pela terceirização e a sua atual regulamentação pelo Estado, que estimula e permite a expansão da utilização dessa técnica de gestão, questiona-se até que ponto o Direito está cumprindo a sua função humanizante.

Principalmente o Direito do Trabalho, como indicado por Alain Supiot, ao deparar-se com fenômenos e técnicas que buscam instituir "[...] um ser humano disponível em todo lugar e em toda hora para trabalhar ou consumir" (SUPIOT, 2007), deveria limitar esses meios de coerção e utilização do ser humano, objetivando preservar o tempo individual e socialmente vivível, interferindo desde a organização do trabalho, até na vida social dos empregados (SUPIOT, 2007), visando preservar o bem estar do Homem.

O Direito não atinge sua função humanizante no momento em que estimula uma técnica em que "O trabalhador terceirizado recebe tratamento de objeto ou, pelo menos, de subumano, uma vez que não pode sequer vender livremente sua força de trabalho, mas tão somente com intermediação." (MAEDA, 2017), desta impossibilidade de direcionar a venda de sua força de trabalho advém diversas consequências que demonstram a condição de humilhação do trabalhador, tornando-o um "subtrabalhador" (MAEDA, 2017).

Com essa desvirtuação da função do Direito, pode-se conceber que diferentemente das máquinas e tecnologias industriais anteriormente humanizadas pelo Direito, a terceirização, em razão de sua atual regulamentação e expansão, mantém-se livre para tornar-se a máquina contemporânea de moer gente trabalhadora (COUTINHO, 2015).

CONSIDERAÇÕES FINAIS

Inicialmente desenvolvida com a intenção de aperfeiçoar e dinamizar o emprego de mão de obra em locais que não dispunham de amplas porções de terra para a construção de grandes plantas industriais, a técnica de gestão da terceirização tem se tornado cada vez mais presente nos processos produtivos das empresas nacionais e internacionais.

No Brasil, com o crescimento econômico da década de setenta e a necessidade de contratação de mão de obra barata para a produção de mercadorias voltadas à competição internacional, ampliou-se o surgimento de empresas intermediárias de mão de obra que operavam a contratação de empregados e serviços terceirizados, reduzindo os custos das empresas instaladas nacionalmente.

Essa redução de custos reflete nos efeitos precarizantes das relações de emprego dos empregados terceirizados, comparados aos empregados tipicamente contratados, eles possuem, por exemplo, carga horária maior, benefícios reduzidos, salários menores e estão mais propensos a sofrerem acidentes de trabalho, em razão das condições de execução de seus serviços.

Essa diminuição de direitos dos trabalhadores terceirizados pode ser elencada como uma das formas de desrespeito do reconhecimento intersubjetivo, descrito por Axel Honneth, impossibilitando a autorrealização dos indivíduos, sendo um dos fatores que podem desencadear conflitos sociais para a efetivação do reconhecimento dos trabalhadores. Todavia, observa-se que a terceirização prejudica, ao fragmentar os sindicatos, a identificação dos trabalhadores terceirizados como um grupo, do mesmo modo, dificulta a organização de greves que poderiam, através do conflito social, impulsionar a conquista da autorrealização de seus membros.

Verificou-se que o Direito, no caso da terceirização, não está cumprindo a função descrita por Alain Supiot, ou seja, ao defrontar-se com a técnica de gestão da terceirização, o Direito, aqui analisado através da legislação, não impõem condições a ela a fim de humanizá-la, produzindo distorções e exploração do ser humano, subjugando o homem à técnica.

Apreende-se que a terceirização viola e impede a formação da autorrealização dos empregados terceirizados, prejudicando o seu reconhecimento intersubjetivo através da fruição de seus direitos, do mesmo modo, ao não amoldar a técnica da terceirização à condições benéficas ao homem, o Direito não cumpre a sua função humanizante, deteriorando as relações laborais.

REFERÊNCIAS

BOTELHO, Martinho Martins; VILLATORE, Marco Antônio César. A articulação dos direitos humanos trabalhistas no Brasil: as soluções propostas pela teoria do reconhecimento. In: Jouberto de Quadros Pessoa Cavalcante; Marco Antonio César Villatore. (Org.). **A Teoria do Reconhecimento sob a Ótica do Direito do Trabalho.** 1ªed.São Paulo: LTr, 2016, v. 1, p. 9-17.

CASTELO, Jorge Pinheiro. **O direito do trabalho líquido:** o negociado sobre o legislado, a terceirização e o contrato de curso prazo na sociedade da modernidade líquida. 1ª ed., São Paulo: LTr, 2017.

COUTINHO, Grijalbo Fernandes. **Terceirização:** máquina de moer gente trabalhadora. São Paulo: LTr, 2015.

DALLEGRAVE NETO, José Afonso. A amplitude da terceirização instituída pela reforma trabalhista e seu impacto no mundo do trabalho. In: José Affonso Dallegrave Neto; Ernani Kajota. (Org.). **Reforma trabalhista ponto a ponto:** estudos em homenagem ao professor Luiz Eduardo Gunther. 1ed.,São Paulo: LTr, 2018, v. , p. 398-410.

DELGADO, Gabriela Neves. **Terceirização:** paradoxo do direito do trabalhocontemporâneo. São Paulo: LTr, 2003.

DELGADO, Maurício Godinho. **Capitalismo, Trabalho e Emprego:** entre o paradigma da destruição e os caminhos de reconstrução. 3ª Ed., São Paulo: LTr, 2017.

_____. **Curso de Direito do Trabalho.** 17ª Ed., São Paulo: LTr, 2018.

DELGADO, Maurício Godinho; DELGADO, Gabriela Neves. **A reforma trabalhista brasileira:** com comentários à lei 13.467/2017. 2ª Ed., São Paulo: LTr, 2018.

DIEESE. **Nota técnica n. 172 de março de 2017.** 2017. Disponível em: < https://www.dieese.org.br/notatecnica/2017/notaTec172Terceirizacao.pdf>. Acesso em: 15 de ago. 2018.

FIGUEIREDO, M., Alvarez, D., Athayde, M., Suarez, J. D., & Pereira, R.. Reestruturação produtiva, terceirização e relações de trabalho na indústria petrolífera offshore da Bacia de Campos (RJ). **Gestão & Produção, v. 14**, 55-68, 2007. Disponível em: <http://

www.scielo.br/pdf/gp/v14n1/05.pdf>. Acesso em: 15 de ago. 2018

GONÇALVES, R. J.. O direito em Axel Honneth: a luta por reconhecimento em desenvolvimento. **Direito e Liberdade, V. 19**, p. 253-275, 2017. Disponível em: <http://www.esmarn.tjrn.jus.br/revistas/index.php/revista_direito_e_liberdade/article/view/1110>. Acesso em: 15 de ago. 2018.

HONNETH, Axel. **Luta por reconhecimento:** a gramática moral dos conflitos sociais.Tradução de Luiz Repa. 2. ed. São Paulo: Editora 34, 2009.

JORGE NETO, F. F.; CAVALCANTE, J. Q. P. . O Reconhecimento da Dignidade Moral do Trabalhador. In: Jouberto de Quadros Pessoa Cavalcante; Marco Antonio César Villatore. (Org.). **A Teoria do Reconhecimento sob a Ótica do Direito do Trabalho.** 1ªed. São Paulo: LTr, 2016, v. 1, p. 45-56.

LIMA, Francisco Meton Marques de. **Terceirização total:** entenda ponto a ponto. São Paulo: LTr, 2018.

MAEDA, Patrícia. **A era dos zero direitos:** trabalho decente, terceirização e contrato zero-hora. São Paulo: LTr, 2017.

MARTINS, Sérgio Pinto. **Direito do trabalho.** 28ª Ed., São Paulo: Atlas, 2012.

MENDONÇA, Ricardo Fabrino. Reconhecimento em debate: os modelos de Honneth e Fraser em sua relação com o legado Habermasiano. **Revista de Sociologia e Política**, p. 169-185, 2007. Disponível em: <https://revistas.ufpr.br/rsp/article/view/13708/9236>. Acesso em: 15 de ago. 2018.

MIZIARA, Raphael; PINHEIRO, Iuri. **A Regulamentação da Terceirização e o Novo Regime do Trabalho Temporário:** Comentários Analíticos à Lei n. 6.019/74. 1 Ed., São Paulo: LTr, 2018.

NASCIMENTO, Amauri Mascaro; NASCIMENTO, Sônia Mascaro. **Iniciação ao Direito do Trabalho.** 41ª Ed., São Paulo: LTr, 2018.

PARMEJIANI, E. P.; COSTA, A. L. R. C. ; RIBEIRO, R. L. R. . Repercussões da ambiência hospitalar na perspectiva dos trabalhadores de limpeza. **Trabalho, Educação e Saúde, v. 12,** p. 615-635, 2014. Disponível em: < http://www.scielo.br/pdf/tes/v12n3/1981-7746-tes-12-03-00615.pdf>. Acesso em: 15 de ago. 2018.

RAMOS FILHO, Wilson. **Direito capitalista do trabalho:** história, mitos e perspectivas no Brasil. São Paulo: LTr, 2012.

SILVEIRA, Marco Aurélio Nunes da. O contraditório prévio e a motivação no juízo de admissibilidade da acusação: o reconhecimento como um fundamento filosófico-político. **Revista Jurídica (FIC), v. 3**, p. 395-410, 2015. Disponível em: <http://revista.unicuritiba.edu.br/index.php/RevJur/article/view/1449>. Acesso em: 15 de ago. 2018.

SIQUEIRA NETO, José Francisco. O Reconhecimento no Direito do Trabalho na Perspectiva de Axel Honneth. In: Jouberto de Quadros Pessoa Cavalcante; Marco Antonio César Villatore. (Org.). **A Teoria do Reconhecimento sob a ótica do Direito do Trabalho.** 11ed. São Paulo: Editora LTr, 2016, v. 1, p. 18-27.

SUPIOT, Alain. **Homo Juridicus:** Ensaio sobre a função antropológica do Direito. São Paulo: WMF Martins Fontes, 2007.

A PRODUÇÃO DA CANA DE AÇÚCAR E AS CONDIÇÕES DE TRABALHO APÓS REFORMA TRABALHISTA: DA INEFETIVIDADE MATERIAL E O TRABALHO INTERMITENTE

Thais Bressiani Vieira De Rocco
Mestre em Direito pela Universidade Federal do Paraná. Pós-Graduada em Direito e Processo do Trabalho pela Universidade Positivo. Pesquisadora do TRAEPP - Grupo de Estudos em Trabalho, Economia e Políticas Públicas (PPGD/UFPR). Advogada.

Inspirada de tendências neoliberais, a Reforma Trabalhista foi criada sob o pretexto de modernizar relações de trabalho e viabilizar um aumento do número de empregos no Brasil. Para tanto, os legisladores buscaram formas de trabalho que supram as demandas de mercado, bem como que favoreçam empregadores dos mais variados setores. Tal expansão fora realizada seja por meio da Lei de Terceirização, Lei 13.429/2017, seja aprovando trabalho para regime de tempo parcial, seja permitindo a contratação de um trabalhador de forma "intermitente" – que será objeto de análise neste estudo – que foram introduzidos no ordenamento jurídico por meio da Lei 13.467/2017, que alterou a CLT.

Tais mudanças se basearam em doutrina neoliberalista que passou a ser aplicada no âmbito filosófico, econômico e político brasileiro. Esta base ideológica tem como norte uma autonomia ampliada em relação ao livre mercado, favorecimento de empresas e redução do Estado, ao custo de dilapidar direitos sociais, outrora minimamente garantidos pela ideologia liberal (CATHARINO, 1997).

Ventilada a questão, a doutrina garantista identifica esta nova movimentação ideológica desde o século passado, vislumbrando desde então os possíveis problemas sociais que se apresentariam caso implementada:

> [...] o avanço perverso das tendências neoliberais, valendo-se do desemprego estratégico e da desorganização estrutural do Capitalismo globalizado (com forte carga ideológica), defende a desigualdade de riqueza, supostamente oriunda do talento e do mercado... E a precarização do mundo do trabalho, juntamente com a apropriação das elites do universo da robótica e da informática (em prejuízo do restante da Humanidade), equaciona uma nova teoria da dependência, um novo colonialismo, com eixos de violência, fome e barbárie (SOUZA, 2001).

Os interesses de mercado e a meritocracia como agravadores da desigualdade econômica entre os cidadãos não deixaram de se avantajar mesmo após a Constituição Cidadã. O Brasil enquanto projeto de Estado Democrático de Direito e Estado de bem-estar social, vem se apresentando ao revés das linhas constitucionais. Todavia, verifica-se que esta é uma tendência mundial:

> O sistema de mercado global é 'auto-semelhante': num futuro próximo, em cada continente, em cada país, em cada cidade existirá uma quantidade proporcional de pobreza e favelas contrastando com pequenas e obscenas ilhas de riqueza e produtividade. Os estados, devido a falta de recursos financeiros, abandonam à sua própria sorte uma parcela cada vez maior de população, roubando-lhe o di-

reito de cidadania. As autoridades, enfim, buscam apenas manter o controle limitar sobre os setores 'extraterritoriais' da miséria e da barbárie (KURZ, 1996).

Desde o início do século XXI, tornou-se hipótese de solução de crise econômica de países a flexibilização de leis trabalhistas e direitos sociais. Tal onda chegou ao Brasil mais maciçamente no ano de 2016, quando o Presidente Michel Temer assumiu a presidência da República.

Identificando o desemprego alarmante e a baixa do PIB no Brasil, a medida tomada pelo até então presidente fora "modernizar" relações de trabalho, flexibilizando direitos sociais conquistados e estáveis. As medidas de alteração legislativa perpassaram desde flexibilização de regras de jornada de trabalho, intervalos de repouso, novos tipos de contrato de trabalho entre outros. Em suma, passou-se a permitir que os direitos trabalhistas não transacionáveis pudessem ser negociados, individualmente ou coletivamente.

Como enfoque do presente estudo, relevante alteração se fez no artigo 443, §3 da Lei 13.467/2017 que incluiu uma nova figura jurídica: a do trabalhador intermitente, com a previsão do empregador contratar um empregado cujo contrato vigore sem o requisito da habitualidade, ficando assim suspenso até que haja convocação de trabalho pelo empregador, recebendo contraprestação salarial e parcelas mensais de direitos trabalhistas somente quando convocado.

Sob a perspectiva econômica, tal cenário é extremamente benéfico para o empregador que possui uma reserva de mão de obra constante, disponível e estável somente precisando despender valores de remuneração quando esta mão de obra for útil e necessária. Isto significa que se reduz a remuneração dos proprietários dos recursos produtivos (a mão de obra): os trabalhadores (PASSOS, 2015). Os trabalhadores intermitentes representam maior eficiência econômica para a empresa, isto pois, aumenta ainda mais o grau de variação do custo variável da mão de obra, o que naturalmente reduz o custo mensal da empresa, transferindo, assim, o risco do negócio jurídico ao trabalhador (PASSOS, 2015).

Com clareza pode-se verificar que tal disposição beneficia largamente o empregador, que era inicial intenção da reforma legislativa. Sem embargo, por outro lado, o empregado contratado não terá direito à percepção de salário mensal a não ser que a empresa o convoque para a realização de serviço específico naquele mês ou período. Ou seja, logicamente, se o empregado contratado não recebe salário, não terá nenhum acréscimo ao seu bem-estar. Muito pelo contrário, terá seu sustento e qualidade de vida prejudicados uma vez que sequer uma renda mínima é garantida se não convocado.

Em regimes jurídicos paralelos ao brasileiro também há a figura do trabalhador intermitente. Contudo, utilizam-se critérios que tentam assegurar um padrão econômico-financeiro mínimo aos empregados e limitações que dificultam possíveis abusos. Diante de tal cenário, pode-se considerar que as mudanças legislativas vertem para a precarização das condições de trabalho no Brasil.

Diz-se isso, pois, exemplos de outros países servem como paradigma para avaliar os possíveis impactos e consequências de tais alterações legislativas que permitiram novas formas de trabalho.

Na Itália adotou-se em 2003 o regime de trabalho intermitente, no Decreto Legislativo nº 276/2003. Contudo, o legislador italiano já havia se prevenido e previsto a possibilidade de contratação com a limitação de idade, com intuito de evitar a concomitância deste tipo de contratação com a melhor idade. Neste contexto, a legislação previu que a contratação do trabalho intermitente era possível para jovens de até 25 anos e adultos com mais de 45 anos. Em alteração legislativa posterior, Decreto Legislativo n. 81/2015, restringiu-se ainda mais o critério etário, passando-se a considerar somente os menores de 25 e maiores de 55 anos para tal modelo de contrato. Além da idade, a lei italiana prevê diversas limitações e proibitivos à contratação de tal trabalho, bem como o pagamento uma indenização pela disponibilidade do trabalhador durante o período que não for chamado, para manutenção de seu sustento, o que indica o caráter temporário e efêmero deste tipo de contratação.

Tal alteração e limitação demonstra que a modalidade contratual do trabalho intermitente possui grande serventia para cidadãos cuja idade produtiva não seja competitiva ou expressiva, sob o risco de se subutilizar os trabalhadores em idade de maior grau produtivo, comprometendo tanto o desenvolvimento econômico de regiões, como também do sustento familiar.

Voltando à análise do ambiente brasileiro, que não possui critérios semelhantes ao Italiano, não possuindo sequer cuidados extras com o sustento ou permanência por tempo indeterminado do trabalhador contratado, mesmo sem ser convocado para laborar e receber remuneração, pode-se verificar que, à curto prazo, o comprometimento do trabalhador com um modelo de contratação intermitente em idade de alta produtividade venha a ser vantajoso exclusivamente para empresas. Todavia, a longo prazo, pode vir a prejudicar a produtividade de região específica por depreciar mão de obra em idade produtiva e reduzir o padrão econômico social destes trabalhadores, levando-os à precarização da condição de trabalho e, então, à miséria.

Tratando agora de uma realidade prática, verifica-se que a inclusão do modelo de trabalho intermitente na legislação tem como uma intenção elementar a arrecadação de impostos ao invés do combate ao desemprego material. Isto porque, ainda que dentro de um discurso travestido, passa-se a falar na formalização do "Bico" e do "Contrato-Zero-Hora", em que não existem garantia de salário ou de trabalho. Assim, muito embora seja uma forma de afastar a informalidade e aumentar arrecadação de impostos, a condição socio econômica do trabalhador não possui perspectiva de avanço (SILVA, 2017).

Fosse verdade a promessa da Reforma Trabalhista de geração de empregos e em dois anos o índice de informalidade não mais teria razão para aumentar. Infelizmente, não fora o que ocorreu. Os dados numéricos trazidos pelo IBGE indicam que no momento da vigência da Reforma Trabalhista, 4ª trimestre de 2017, a taxa de desocupação era de 11,8%. Contudo, há de se afirmar que no primeiro semestre daquele ano os índices apurados foram de 13,7% de desocupação entre os brasileiros em idade ativa.

Nos anos seguintes, 2018 e 2019, percebe-se uma pequena oscilação na taxa de desemprego, que vem variando entre 12,4% no segundo trimestre de 2018, que aumentou sensivelmente no primeiro trimestre de 2019, para 12,7%, voltando a reduzir no segundo trimestre de 2019, chegando a 12% o índice de desocupados no País, sendo que este índice voltou a reduzir para 11,2% no último trimestre de 2019.

O nível de desocupados reduziu relativamente em dois anos, contudo, verifica-se que um estudo elaborado pelo IPEA (Instituto de Pesquisa Econômica Aplicada) em 2019 afirma que cerca de 23% dos novos empregos criados são provenientes de contrato de tempo parcial ou contrato intermitente, sendo que estes são contratos considerados como subocupação pois não apresentam resultados relevantes para melhora econômica. Ou seja, muito embora reduzido número de desocupados, a bem da verdade, apenas alteraram-se números, mas não condições de vida.

Percebe-se, neste caso, que o legislador ao legalizar o subemprego foi incapaz de prever consequências jurídico-sociais para a inserção da figura do trabalhador intermitente no direito brasileiro e, ainda, o fez às avessas, sem limitação de idade, atividade ou até mesmo a previsão de valor indenizatório para períodos de inatividade. Ou melhor, ainda que previsíveis as condições jurídico-sociais, o que pareceu importar foram índices formais ao invés da realidade social.

Verifica-se que muito embora o modelo do contrato intermitente não represente garantias mínimas previstas na constituição, à exemplo do salário mínimo, dignidade da pessoa humana, gozo de férias anuais com remuneração, melhoria de condição social (LARAIA, 2018) este modelo de contratação cresce para setores em que a formalização vem se exigindo e possui relativa sazonalidade, tais como setores industriais, de construção civil, limpeza, vigilância, comércio, entre outros.

    Anote-se que a maioria dos empregos gerados na categoria intermitente tratam-se de setores que chamam atenção da sociedade por estarem próximos à áreas urbanas e ansiavam por uma formalização justamente em razão da precariedade das condições de trabalho que não eram admitidas pelas leis trabalhistas até então (SANTOS, DIAS). Inclusive, diretor técnico do Dieese (Departamento Intersindical de Estatística e Estudos Socioeconômicos), Clemente Ganz Lúcio afirma em entrevista que o "contrato intermitente é a extensão do chamado boia-fria, do campo, para o meio urbano" (REDE BRASIL ATUAL).

    Por outro lado, pode-se considerar que a Reforma Trabalhista não trouxe relevante impacto nem para o setor urbano, tampouco para o rural. Nesse ponto, verifica-se que no mês de novembro de 2019 o CAGED divulgou que havia cerca de 11.354 empregos intermitentes registrados no país, sendo que somente 100 deles foram gerados na agropecuária.

DAS CONDIÇÕES DE TRABALHO EM AGROINDÚSTRIAS CANAVIEIRAS

    Deixando de lado o trabalhador urbano e passando a tratar da realidade do trabalhador rural, sobretudo na produção de cana de açúcar, vislumbra-se uma tendência de diminuição alarmante de postos de trabalho. Em novembro de 2019 fora identificado que na área da agricultura 19.161 postos de trabalho deixaram de existir (MTE), sendo que quase metade deste número fora especificamente extinto na área de cultivo de cana de açúcar.

    Contudo, verifica-se que de acordo com os índices divulgados pelo Centro de Estudos Avançados em Economia Aplicada (CEPEA) e FEALQ, na agropecuária cerca de 16,79% dos trabalhadores possuíam carteira assinada no ano de 2017, e 21,42% não trabalhavam com carteira assinada. Já 44,60% dos trabalhadores da agropecuária trabalhavam por conta própria. No ano de 2019, pode-se verificar que a alteração foi sensível no número de empregados para o terceiro trimestre do ano, com 17,48%, sendo que 23,06% dos trabalhadores não possuíam carteira de trabalho assinada, contra 43,21% que trabalhavam por conta própria (BARROS et all, 2019).

Ou seja, pode-se verificar que o nível de trabalhadores por conta própria vem reduzindo e o nível de trabalhadores informais vem aumentando, enquanto os trabalhadores com carteira assinada não crescem na mesma progressão que os trabalhadores informais no meio da cultura agropecuária.

No entanto, se o intuito das alterações trabalhistas era a modernização das relações de trabalho e a diminuição da informalidade, para setores como o de extração vegetal e serviços rurais, tais como o corte de cana, tal alteração não gerou o impacto esperado. Veja-se que pelos dados, este novo modelo de trabalho simplesmente não impactou na forma de contratação destes trabalhadores, que continuam com alta taxa de informalidade e precariedade na relação de trabalho.

Conforme se verifica pelos dados do IBGE, a produção de cana de açúcar no Brasil se concentra na região centro-sul e norte-nordeste com São Paulo como produtor de mais da metade do plantio nacional (CANAL, 2019).

Vislumbra-se assim, que a informalidade para trabalhadores na área do cultivo de cana de açúcar era de aproximadamente 53% no ano de 1992, sendo que em São Paulo a taxa já era de quase 80% de trabalhadores formais. Já, no ano de 2005, a média nacional existente era de 72,9%, no entanto, a região norte-nordeste possuía no mesmo ano somente cerca de 60,8% dos trabalhadores registrados, enquanto que em São Paulo a média de trabalhadores formais era de 93,8% (MORAES, 2007).

O fenômeno da formalização dos trabalhos na área da cana de açúcar se deu em função da constante mecanização utilizada para o processo produtivo da cana de açúcar. Ao mesmo tempo que se formalizavam mais empregos, o número de empregados reduzia, vez que a mecanização passou a exigir menos demanda de empregos.

Muito embora o número de empregos tenha reduzido, vislumbra-se que nos últimos 20 anos, a produção de cana de açúcar aumentou cerca de 120% nas regiões centro oeste, sul e sudeste. O modo de cultivo predominante nestas regiões, também, é de cultura não familiar.

Não se pode deixar de considerar que o nível de emprego nas áreas de cultivo da cana decaiu tendo em vista legislações proibitivas da queima da palha pré-colheita. O que consideravelmente faz tornar mais benéfico para os produtores a mecanização da colheita, tendo em vista que a colheita da cana crua manualmente não se sobrepõe quantitativamente à mecânica. Isto pois, quando feita crua, manualmente, cada trabalhador é capaz de cortar até 3 toneladas por dia, enquanto quando queimada a palha, há viabilidade de colheita de até 12 toneladas diárias por trabalhador (ROSA, NAVARRO, 2014).

Evidentemente que tal fenômeno causou, ao menos no Estado de São Paulo, uma redução relevante no número de trabalhadores bóias-fria do corte de cana e substituição por maquinas em aproximadamente 85% (FABIO, 2013).

Para Estados que já haviam adotado a mecanização da colheita, medidas proibitivas de queimada não impactaram relevantemente a produção canavieira, contudo, para estados como Alagoas, que depende ainda em grande parte da mão de obra manual para realização da colheita da cana, o impacto fora desastroso.

Para áreas de declive e desnível, a utilização de maquinários para a cadeia produtiva da cana de açúcar ainda é limitada, tecnicamente, de forma que estas regiões ainda necessitam utilizar mão de obra para tal atividade. Assim, se de um lado, parte da agroindústria da cana de açúcar conta com modernos maquinários para substituição da mão de obra dos produtores de cana, o outro lado da moeda ainda se faz utilizar de trabalhadores que laboram em extrema precarização, seja de direitos, seja diante da alta carga de trabalho (VERÇOZA, 2016).

Nada obstante, considera-se que tal ramo da agricultura

e da indústria possui a peculiaridade de paralisação industrial sazonal, tendo em vista ao fato da cana ser produto extremamente perecível e os produtores terem queda de lucros constantes em razão desta sazonabilidade. Isto remonta a alternativa de se aumentar o máximo possível a mais-valia da produção, precarizando as condições de trabalho e pagando salários baixos, quando não se lesa o trabalhador na contagem/pesagem de sua produção para pagamento (VERÇOZA, 2016).

DA REALIDADE MATERIAL À FORMALIZAÇÃO

Um estudo realizado por Lúcio Verçoza demonstra que as condições de trabalho para o trabalhador nas áreas de colheita de cana de açúcar são tão precárias, que o fenômeno conhecido como "canguru", nome dado ao processo de câimbras causado ao trabalhador em todo seu corpo, causado pela fadiga física do trabalhador é esperado, aceito e recorrente nesta realidade.
Considerando-se comum que o trabalhador sofra câimbras em todo seu corpo, podendo inclusive levar a morte, é ululante que as condições de trabalho nestes setores são precárias e indignas. Contam, estes trabalhadores, com atividades árduas, longas, sendo que a jornada de trabalho varia de 8 a 12 horas diárias e insalubres, pois à sol aberto, sob foligem, poeira e até mesmo em contato com agrotóxicos. Ainda, não pode-se olvidar que as atividades desenvolvidas não contam, em sua maioria, com condições ergonômicas de trabalho ou EPI's, o que conseqüentemente impactam severamente em seqüelas físicas aos trabalhadores, principalmente nos membros superiores.
Interessante mencionar, que neste mesmo estudo mencionado, constata-se que, ainda que o trabalhador tenha registro formal na Carteira de Trabalho, exames médicos admissionais são ineficazes. Isto pois em situações narradas pelos trabalhadores, a finalidade do exame é única e exclusivamente

constatar se o mesmo possui hérnia que o impeça de trabalhar. Inclusive, se for mencionado qualquer dor ou sequela pelo trabalhador, o mesmo deixa de ser opção de contratação e nem é considerado para o trabalho (VERÇOZA, 2016). Tal situação somente se agrava em oportunidade de exame demissional, que sequer ocorre.

Tais fatos fazem crer que a precariedade existente nas regiões de produção de cana de açúcar decorre da superexploração do trabalhador, que nem mesmo possuem acesso aos seus direitos constitucionais básicos.

Prova disso é que mesmo para os trabalhadores formalizados, as narrativas das condições de trabalho violam manifestamente os ditos constitucionais, desde o direito a intimidade até o direito ao salário, uma vez que se frauda até mesmo a pesagem da cana para pagamento por produção (Instituto Observatório Social, 2014). As condições de saúde, higiene e segurança do trabalho são olvidadas e ignoradas por empregadores que não fornecem mínimas condições para que seus obreiros laborem em dignas circunstâncias.

Aproveita-se largamente da miséria de regiões não desenvolvidas próximas à produção agrocanavieira, que possui alto fluxo migratório tanto de emigrantes quanto imigrantes, para contratação de mão de obra na melhor idade produtiva e com baixíssimo custo (ROSA, NAVARRO, 2014). Nitidamente, ao passo que a produção e colheita é sazonal, o interesse dos empregadores em remunerar por produção é alarmante, tendo em vista que trata-se de um trabalho que a quantia de produção representa o aumento do lucro (GAMA, 2018). Tal medida também inibe que o empregador venha a ter prejuízo caso o empregado sinta-se indisposto para o trabalho e tenha pouca produção ou nenhuma.

Neste passo, percebe-se que legislações consolidadas do trabalho e direitos sociais mínimos constitucionalmente previstos estão aquém da realidade vivida por estes trabalhadores, por simplesmente não corresponder sequer aos direitos de trabalhadores registrados, quiçá de trabalhadores informais.

Inclusive, ante as condições narradas, que a condição de trabalho análoga à escravidão é relativamente comum neste ramo econômico (VERRONE, SANT'ANA).

Inclusive, considera-se que as fazendas de cana de açúcar são classificadas por possuir trabalhadores formais, semiformais por possuírem trabalho precário e, embora venha apresentado redução, até mesmo com trabalho escravo (NOGUEIRA, 2018).

Muito embora as condições de trabalho tenham melhorado, não pode-se ignorar que em regiões de difícil acesso e fiscalização, o trabalho escravo, infantil e precário continuam ocorrendo (COMISSÃO PASTORAL DA TERRA).

Quando realizadas fiscalizações, ainda constata-se que trabalhadores estão submetidos à condições irregulares de trabalho em que se constata ausência de intervalos de descanso, excesso de jornada, não observância de normas de higiene, saúde e segurança do trabalho, tais como água potável, banheiros, equipamentos de proteção, condições de vivência inadequadas, alimentação comprometida etc (Nova Cana).

Embora muitos trabalhadores sejam registrados formalmente, sobretudo após a mecanização do plantio, colheita e carregamento de cana, o contrato de trabalho firmado não representa o cumprimento ou observância das condições sociais mínimas, conforme pode-se notar por situações constatadas em fiscalizações dos locais de trabalho (FETEC). Curiosamente, estas situações, em sua maioria, ocorrem com empresas terceirizadas que fornecem a cana de açúcar para grandes indústrias sucroalcooleiras.

CONSIDERAÇÕES FINAIS

Evidencia-se assim, que se a informalidade e precárias condições de trabalho eram o problema inicial para justificação da Reforma Trabalhista, as alterações efetuadas no texto legal não se mostraram eficientes como medidas para redução da informalidade e melhora de condições de trabalho. Isto pois, para o contexto narrado, a existência de emprego formal não reflete a garantia e aquisição real de direitos.

Após a reforma trabalhista, muito embora tenha reduzido minimamente o índice de desocupados apurado à época, a informalidade cresceu, contrariando uma das mais fortes justificativas para a "modernização", o combate a informalidade não fora eficaz. Ao contrário do que se esperava, os índices de informalidade subiram, revelando que a precarização das relações de trabalho e redução de direitos não era o freio da crise capaz de criar novas vagas de emprego e melhorar a economia.

No entanto, conforme apresentam os números, a Reforma trabalhista não acelerou a contratação de empregos formais, dignos, passando somente a promover a regularização de situações jurídicas informais, mas apenas passou a permitir que as condições já precárias assim continuassem (VERRONE, SANT'ANA) ou até mesmo se legitimassem.

Obriga-se, portanto, a reconhecer que as condições de trabalho ofertadas não apresentaram melhora relevante após a reforma trabalhista, pois, ao que aparenta, a preocupação nuclear das alterações legislativas ocorridas era de origem econômica, o que demonstra uma ausência de preocupação do legislador, à época, em melhorar as condições reais de trabalho.

Pelo que se verifica pelos dados do MTE divulgados, a contratação de trabalhadores intermitentes não fora relevante para setores rurais, os quais permaneceram praticamente inertes para realizar este tipo de contratação. No entanto, ainda que esta modalidade de contrato de trabalho se popularizasse no setor rural, possivelmente o cenário social dos trabalhadores canavieira não haveria relevante alteração de condição de trabalho, tendo em vista a realidade atual.

Verifica-se que esta modalidade de trabalho – intermitente – passa a prejudicar o trabalhador das mais diversas formas, sobretudo na transferência do risco econômico da empresa, que deixa de possuir custos de mão de obra em períodos improdutivos para o trabalhador, deixando-o à mingua.

Esta modalidade de trabalho, embora entenda-se por inconstitucional somente seria viável, haja vista a contratação apenas em períodos de safras, para a formalização de empregos se os direitos celetistas e constitucionais previstos para contratos de emprego passassem a ser observados pelos produtores da cultura sucroalcooleira. No entanto o caminho a se seguir é outro.

Identificou-se que o real problema do cenário dos trabalhadores deste setor é a falta de cumprimento dos direitos trabalhistas já reconhecidos, tais como respeito à jornada de trabalho, condições de higiene e segurança, descanso e habitação (GAMA, 2018). Alternativa para alteração desta realidade seria um endurecimento e fortalecimento da fiscalização dos locais de trabalho, sobretudo das empresas contratadas para empregar trabalho terceirizado, onde se localiza maior número de infrações e irregularidades.

Realizar a materialização dos direitos fundamentais ao invés de apostar na positivação e formalização, deixando, assim de se preocupar somente com estatísticas, cumpre o real sentido dos direitos sociais.

Corrobora-se esta linha de raciocínio ao entendimento apresentado pela OIT sobre o significado do trabalho informal, que trata como informais os trabalhadores que a lei ou a prática, ou seja, a realidade material da relação de trabalho não garanta a cobertura real das disposições formais (ARAUJO, 2018). Neste ponto, fica o ensinamento de Ricardo Antunes sobre a necessidade de se reivindicar os direitos sociais trabalhistas:

> O direito do trabalho é uma reivindicação necessária, não porque se preze e se cultue o trabalho assalariado, mas porque estar fora do trabalho, no universo do capitalismo vigente, particularmente para a massa de trabalhadores [...] que vive no chamado Terceiro mundo, completamente desprovida de instrumentos verdadeiros de seguridade social, significa uma "des-efetivação", "desrealização" e a brutalização ainda maiores do que aquelas já vivenciadas pela

"classe-que-vive-do-trabalho (NASSIF, 2001).

A real necessidade de Reforma Trabalhista deveria estar ligada, portanto, à efetivação de direitos sociais, os quais não se demonstraram prejudiciais à economia, uma vez que empregando o trabalhador e dando condições dignas de trabalho, que passa a integrar o mercado de consumo, promovendo a lógica econômica capitalista e favorecendo o desenvolvimento econômico.

REFERÊNCIAS BIBLIOGRÁFICAS

ARAUJO, Celso Amorim. **Avanços Recentes Na Política De Combate À Informalidade Do Trabalho Assalariado No Brasil**: Ações Da Secretaria De Inspeção Do Trabalho. Mercado de Trabalho, out. 2018. http://www.ipea.gov.br/portal/images/stories/PDFs/mercadodetrabalho/181031_bmt_65_06_politica1.pdf. Acessado em 27/12/2019.

BARROS, G.S.C.; CASTRO, N.R.; MORAIS, A.C.P.; MACHADO, G.C.; ALMEIDA, F.M.S.; ALMEIDA, A.N. **Boletim Mercado De Trabalho Do Agronegócio Brasileiro**. Centro de estudos avançados em economia aplicada (CEPEA) e Fundação De Estudos Agrários Luiz De Queiroz (Fealq). Piracicaba, n.3, 2019. Disponível em https://www.cepea.esalq.usp.br/upload/kceditor/files/2019_3%20TRI%20Relatorio%20MERCADODETRABALHO_CEPEA(1).pdf. Acessado em 16/12/2019.

Blog do Edivaldo Júnior. **Proibição de Queimadas pelo Governo Federal Afeta Usinas de Alagoas**. Publicado em 29/08/2019. Disponível em: http://edivaldojunior.blogsdagazetaweb.com/2019/08/29/proibicao-de-queimadas-pelo-governo-federal-afeta-usinas-de-alagoas/. Acessado em 27/12/2019.

BRASIL. Constituição (2017). **Lei nº 13.467, de 13 de julho de 2017**. Brasília, DF, Disponível em: http://www.planalto.gov.br/ccivil_03/_ato2015-2018/2017/lei/L13467.htm. Acessado em: 26/08/2019.

BRASIL. Ministério do Trabalho e Emprego. **Ministério da Economia divulga dados do CAGED de janeiro de 2019. Publicado em 01 de março de 2019. Disponível em:** http://obtrabalho.mte.gov.br/index.php/noticias2/1295-ministerio-da-economia-divulga-dados-do-caged-de-janeiro-de-2019. Acessado em 22/12/2019.

BRASIL. Ministério do Trabalho e Emprego. **Programa de Disseminação das Estatísticas do Trabalho.** Novembro de 2019 Sumário Executivo CAGED. Disponível em: http://pdet.mte.gov.br/images/ftp//novembro2019/nacionais/1-sumarioexecutivo.pdf. Acessado em 15/12/2019.

Canal. Jornal da Bioenergia. **IBGE divulga números da produção de cana.** Publicado em 10/05/2019. Disponível em: http://www.canalbioenergia.com.br/ibge-divulga-numeros-da-producao-de-cana/. Acessado em: 27/12/2019.

CATHARINO, José Martins. **Neoliberalismo e Sequela**: privatização, desregulação, flexibilização, terceirização. São Paulo: LTr., 1997.

COMISSÃO PASTORAL DA TERRA. **CPT flagra trabalho infantil no corte da cana-de-açúcar em Condado** (PE). Disponível em: https://www.cptnacional.org.br/publicacoes/noticias/conflitos-no-campo/4938-cpt-flagra-trabalho-infantil-no-corte-da-cana-de-acucar-em-condado-pe. Acessado em 12/12/2019.

Comissão Pastoral Da Terra. **Mecanização de lavoura de cana-de-açúcar mascara problemas trabalhistas.** Disponível em: https://www.cptnacional.org.br/publicacoes/noticias/trabalho-escravo/2010-mecanizacao-de-lavoura-de-cana-de-acucar-mascara-problemas-trabalhistas. Acessado em 26/12/2019.

FABIO, André Cabette. Boia-fria dá lugar a operador de colhedora de cana que ganha até R$ 2,6 mil. **Do UOL.** São Paulo, Publicado em 29/11/2013. Disponível em: http://www.cana.com.br/biblioteca/informativo/REPORTAGEM%20-%20OPERADORA%20E%20BOIA%20FRIA.pdf. Acessado em 27/12/2019.

FETEC. **Fiscalização em usina de cana é concluída com 421 resgates**. Disponível em: http://www.fetecpr.org.br/fiscalizacao-em-usina-de-cana-e-concluida-com-421-resgates/. Acessado em 12/12/2019;

Raízen. **Exaustos, trabalhadores cortavam 22 toneladas de cana por dia**. Publicado em 26/10/2018. Disponível em: https://revistarpanews.com.br/8014-exaustos-trabalhadores-cortavam-22-toneladas-de-cana-por-dia-para-raizen. Acessado em 15/12/2019.

GAMA, Mariana Loureiro. A remuneração por produtividade e o contrato intermitente no setor sucroalcooleiro. **Direito do trabalho e meio ambiente do trabalho III** [Recurso eletrônico online] organização CONPEDI/ UNISINOS Coordenadores: Ilton Garcia da Costa; Mirta Gladys Lerena Manzo de Misailidis. – Florianópolis: CONPEDI, 2018. http://conpedi.danilolr.info/publicacoes/34q12098/c828x2f5/FomabDAzW1NhVyGJ.pdf. Acessado em 22/12/2019.

IBGE – INSTITUTO BRASILEIRO DE GEOGRAFIA E ESTATÍSTICA. **Pesquisa Nacional por Amostra de Domicílios Contínua**. Disponível em: https://biblioteca.ibge.gov.br/visualizacao/periodicos/2421/pnact_2019_2tri.pdf. Acessado em 22/11/2019.

IBGE – INSTITUTO BRASILEIRO DE GEOGRAFIA E ESTATÍSTICA. **Pesquisa Nacional por Amostra de Domicílios Contínua**. 4 trimestre móvel de 2017 Disponível em: https://biblioteca.ibge.gov.br/visualizacao/periodicos/2421/pnact_2017_4tri.pdf Acessado em Acessado em 22/11/2019.

IBGE – INSTITUTO BRASILEIRO DE GEOGRAFIA E ESTATÍSTICA. **Pesquisa Nacional por Amostra de Domicílios. 2 trimestre móvel de 2018. Disponível em:** https://biblioteca.ibge.gov.br/visualizacao/periodicos/2421/pnact_2018_2tri.pdf. Acessado em 22/08/2019.

IBGE – INSTITUTO BRASILEIRO DE GEOGRAFIA E ESTATÍSTICA. **Pesquisa Nacional por Amostra de Domicílios Contínua**. Amostra mensal de novembro de 2019. https://biblioteca.ibge.gov.br/visualizacao/periodicos/3086/pnacm_2019_nov.pdf. Acessado em 22/12/2019.

IBGE. **A Geografia da cana-de-açúcar**. Coordenação de Geografia. - Rio de Janeiro: IBGE, 2017, Disponível em: https://biblioteca.ibge.gov.br/visualizacao/livros/liv101436.pdf. Acessado em 27/12/2019.

Instituto Observatório Social. **O comportamento sociotrabalhista da Raízen na colheita da cana-de-açúcar nas Fazendas**: Da Serra, Unidade Ibaté/SP, Usina da Serra e Santa Rosa, Unidade Ipaussu/SP, Usina Ipaussu. São Paulo, Março de 2014. Disponível em: https://www.cptnacional.org.br/attachments/article/2010/pesquisa_raizen_marco_2014.pdf. Acessado em 26/12/2019;

IPEA. **Mercado de Trabalho**: Conjuntura e Análise. Ano 25, Abril de 2019. Disponível em: http://www.ipea.gov.br/portal/images/stories/PDFs/mercadodetrabalho/190515_bmt_66_analise_do_mercado_de_trabalho.pdf. Acessado em 22/08/2019.

KURZ, Robert. **Folha de São Paulo**. Caderno "mais!": 14 de jan de 1996.

LARAIA, Maria Ivone Fortunato. **Direito fundamental ao trabalho digno e o contrato de trabalho intermitente**. Tese de doutorado. Puc São Paulo. 2018. Disponível em : https://tede2.pucsp.br/bitstream/handle/21767/2/Maria%20Ivone%20Fortunato%20Laraia.pdf. Acessado em 12/12/2019.

MTE. **Programa de Disseminação das Estatísticas do Trabalho**. Novembro de 2019 Sumário Executivo CAGED. Disponível em http://pdet.mte.gov.br/images/ftp//novembro2019/nacionais/1-sumarioexecutivo.pdf. Acessado em 15/12/2019.

MORAES, Márcia Azanha Ferraz Dias de. Indicadores do mercado de trabalho do sistema agroindustrial da cana-de-açúcar do Brasil no período 1992-2005. **Estud. Econ.**, São Paulo, v. 37, n. 4, p. 875-902, Dec. 2007 . Disponível em: http://www.scielo.br/scielo.php?script=sci_arttext&pid=S0101-41612007000400007&lng=en

&nrm=iso. Acessado em 29/12/2019.

NASSIF, Elaine Noronha. **Fundamentos da Flexibilização**: uma análise de paradigmas e paradoxos do direito e do progresso do trabalho. São Paulo: LTr, 2001.

NOGUEIRA, Mauro Oddo. **Infinitos Tons De Cinza: Entre O Formal E O Informal, O Brasil Se Faz No Semiformal**. Mercado de trabalho, abr., 2018. IPEA. Disponível em: http://www.ipea.gov.br/portal/images/stories/PDFs/mercadodetrabalho/180502_bmt_64_09_politica3.pdf. Acessado em 22/12/2019.

Nova Cana. **Irregularidades trabalhistas são detectadas em usina sucroalcooleira de Frutal (MG)**. Publicado em 06/06/2019. Disponível em: https://www.novacana.com/n/cana/trabalhadores/irregularidades-trabalhistas-usina-sucroalcooleira-frutal-mg-060718. Acessado em 12/12/2019.

PASSOS, Carlos Roberto Martins. **Princípios de Economia**. 6.ed. rev. São Paulo: Cengage Learning, 2015.

Rede Brasil Atual. **Contrato intermitente cria o Boia fria do meio urbano**. Publicado em 19/07/2017. Disponível em: https://www.redebrasilatual.com.br/trabalho/2017/07/contrato-intermitente-cria-o-boia-fria-do-meio-urbano/. Acessado em 21/12/2019.

ROSA, Leandro Amorim; NAVARRO, Vera Lucia. Trabalho e trabalhadores dos canaviais: perfil dos cortadores de cana da região de Ribeirão Preto (SP). **Cad. psicol. soc. trab.**, São Paulo, v. 17, n. 1, p. 143-160, jun. 2014. Disponível em: http://pepsic.bvsalud.org/scielo.php?script=sci_arttext&pid=S1516-37172014000200011&lng=pt&nrm=iso. Acessado em: 30/12/2019.

SANTOS, André; DIAS, Neuriberg. **Reforma Trabalhista:** expectativa x realidade. Departamento Intersindical de Assessoria Parlamentar. Disponível em: http://www.diap.org.br/index.php/noticias/agencia-diap/28003-reforma-trabalhista-expectativa-x-realidade.

SILVA, Homero Batista Mateus da. **Comentários à Reforma Trabalhista**. São Paulo: Editora Revista dos Tribunais, 2017.

SOUZA, Sérgio Alberto de. **A extinção do contrato de trabalho na polêmica da modernidade: impactos constitucionais**. Curitiba: Genesis, 2001.

VERÇOZA, Lúcio Vasconcellos de. **Os saltos do "canguru" nos canaviais alagoanos** : Um estudo sobre trabalho e saúde. São Carlos: UFSCar, 2016. Disponível em https://repositorio.ufscar.br/bitstream/handle/ufscar/7196/TeseLVV.pdf?sequence=1&isAllowed=y Acessado em 27/12/2019.

VERRONE, Amanda Dias; SANT'ANA, Raquel Santos. Impactos Trabalhistas e Sociais Do Setor Sucroenergético: Um Modelo Incompatível Com A (Re)Produção Da Vida. **VIII Simpósio Sobre Reforma Agrária E Questões Rurais Terra, Trabalho E Lutas No Século XXI**: projetos em disputa https://www.uniara.com.br/legado/nupedor/nupedor_2018/3/1_Amanda_Verrone.pdf. Acessado em 22/12/2019.

Tribunal Regional do Trabalho 3ª Região. **O contrato de trabalho intermitente**. publicado em 17/08/2017. Disponível em https://portal.trt3.jus.br/internet/conheca-o-trt/comunicacao/noticias-juridicas/seminario-reforma-trabalhista-o-contrato-de-trabalho-intermitente. Acessado em 15/09/2018.

LEI N. 13.467 DE 2017 E O TRABALHO INFORMAL NO BRASIL: DAS PROMESSAS NÃO CUMPRIDAS

Gabriela Cardoso Portella

Mestranda em Direitos Humanos e Democracia pela Universidade Federal do Paraná. Especialista em Direito Constitucional pela Academia Brasileira de Direito Constitucional. Integrante do Grupo de Pesquisa Clínica de Direito do Trabalho (UFPR).

Não é possível pensar o itinerário histórico do mercado de trabalho brasileiro sem a presença da informalidade, que sempre lhe foi uma característica estrutural (CARDOSO, 2019). Neste percurso, diversas foram as promessas de sua extirpação, o que se torna cada vez mais complexo, sobretudo se considerada sua inserção na dinâmica do capitalismo globalizado. A última delas esteve na reforma trabalhista consolidada pela Lei n. 13.467 de 2017: os reformadores imputaram ao texto celetista a responsabilidade pelo crescimento da informalidade do trabalho no país, avocando para si o compromisso de, por meio das alterações legislativas empreendidas, criar mecanismos de combate ao fenômeno.

Institucionalmente, e com vasto apoio midiático (cf. OLIVEIRA, 2017), difundiu-se amplamente a crença de que não existia alternativa, senão a reforma da legislação laboral – um discurso tipicamente caracterizador de sociedades de austeridade (FERREIRA, 2012). Este artigo se destina à análise da informalidade nas relações de trabalho brasileiras, em especial sob a perspectiva das mudanças empreendidas pela reforma trabalhista de 2017 e seus impactos sobre o perfil ocupacional da população economicamente ativa no país.

Para tanto, em um primeiro momento, busca demonstrar as especificidades da constituição do trabalho livre no Brasil, para que se possa compreender o lugar historicamente ocupado pela informalidade no mercado de trabalho no país e se evitar a leitura do fenômeno a partir de perspectiva eurocêntricas, sustentadas em experiências de sociedade salariais plenas. Após, dada a falta de univocidade do conceito e a heterogeneidade de situações que o compõem, aposta em um breve resgate teórico da categoria, a partir de suas principais abordagens na América Latina e da apresentação de algumas de suas acepções na literatura brasileira recente. Por fim, volta-se à análise da conformação da população ocupada no Brasil após a reforma trabalhista, a fim de identificar possíveis impactos das alterações legislativas sobre a composição da informalidade, em especial no que diz respeito à promessa de sua redução.

NOTAS SOBRE A FORMAÇÃO DO ASSALARIAMENTO NO BRASIL

Pensar a formação do assalariamento no Brasil implica considerar as especificidades deste processo no qual o proletariado floresceu a partir da abolição do trabalho escravo, o que faz com que, em similitude a outros países que também passaram pelo escravismo colonial, a precariedade constitua traço de sua ontogênese (ANTUNES, 2019). Quase trinta anos antes da promulgação da Lei Áurea, a abolição do tráfico de escravos na metade do século dezenove já havia condenado materialmente a escravidão no país, privando-a da reposição de mão de obra e captação de lucros no comércio internacional, condições fundamentais à sua reprodução econômica (KOWARICK, 1994). Gradativamente, cresce o contingente de homens livres e libertos, e é com desconfiança que a elite cafeeira os enxerga: ociosos, preguiçosos, vadios e avessos ao trabalho, que preferem a autonomia de atividades ocasionais ou de subsistência à sujeição ao labor nas fazendas produtoras de artigos tropicais destinados ao mercado europeu – verdadeiros *desclassificados da sociedade* (KOWARICK, 1994).

    É intensa a literatura sobre o tema. Não se poderia esperar que as aviltantes práticas da experiência servil não reverberariam sobre a representação que o trabalho disciplinado pelos cafeeiros exerce para os homens libertos, que tendiam a relacioná-lo à indignidade da subserviência e da obediência pessoal, preferindo, portanto, o trabalho por conta própria (IVO, 2018). É preciso adicionar a este cenário, também, aspectos como o aprofundamento da inserção da economia brasileira no contexto internacional e a adoção de políticas deliberadas de "embranquecimento" da população (THEODORO, 2005). Enfim, a despeito da complexidade do assunto, é forçoso reconhecer que, dada a irreversibilidade material e política da abolição do trabalho cativo e o descrédito na mão de obra nacional, houve no Brasil uma nova conformação do perfil de ocupação da força do trabalho, incisivamente apoiada pelo Estado, a partir da substituição do trabalho escravo pelo trabalho dos imigrantes europeus.

    Neste itinerário histórico, a ação direta e decisiva do Estado pode ser constatada no incentivo à introdução de mão de obra estrangeira por meio de políticas de financiamento da imigração e da instituição de taxação sobre a compra de escravos, especialmente em nível estadual. Além disso, o desenvolvimento dessas novas relações de trabalho dentro dos limites e direções desejáveis requeria disciplinamento legal mais pormenorizado, o que levou à promulgação de novas leis de locação de serviços, em especial a de 1879, correspondente à primeira grande tentativa de intervenção do governo brasileiro na organização das relações de trabalho livre, numa clara intenção de abarcá-las o mais amplamente possível, por meio de um texto extenso e minucioso que cuidava sobretudo das garantias necessárias para o cumprimento dos contratos (LAMOUNIER, 1986).

Essa ostensiva intervenção estatal não se estendeu, no entanto, aos negros libertos e ingênuos. Quando da promulgação da Lei Áurea, em 1988, estes restaram abandonados à própria sorte, de modo que sua integração à sociedade foi altamente obstaculada. E, neste contexto, é possível afirmar que as condições que instituíam a dominação e a sujeição entre o senhor e o escravo não haviam sido efetivamente superadas, revelando a particularidade da constituição do homem livre no Brasil (BIAVASCHI, 2007). Parte dos ex-escravos permaneceu nas propriedades rurais, ao passo que muitos outros passaram a integrar uma massa de marginalizados nos centros urbanos, onde desenvolviam atividades esporádicas e subalternas, vindo a constituir o gérmen do trabalho informal no país (THEODORO, 2005).

De fato, a condição de colônia impôs ao Brasil uma inserção tardia em comparação aos países que experimentavam então a industrialização. Neles, a introdução do trabalho livre assalariado decorreu da necessidade de desenvolvimento e expansão do incipiente capitalismo, ao passo que aqui eram predominantes os interesses de ocupação e exploração da terra e, portanto, a formação da contratação individual do trabalho se deu de maneira muito particular, dissociada dos processos de desenvolvimento e ambientada em uma sociedade ainda predominantemente rural (MACHADO, 2009).

Esta breve retomada da constituição do assalariamento no Brasil não é despropositada. Busca-se demonstrar que as especificidades deste processo levam à necessária admissão de que a informalidade faz-se presente no mercado de trabalho brasileiro desde a sua gênese – desde antes do uso do próprio vocábulo, que sagrou-se apenas na década de setenta pela Organização Internacional do Trabalho. Aqui, não se vivenciou a sociedade salarial preconizada à la Castel. A instituição do trabalho livre, com forte interferência estatal, foi acompanhada da criação de condições para a composição de um excedente estrutural de trabalhadores. Reconhecer isso implica, além de um requisito metodológico incontornável para que se possa compreender adequadamente o objeto deste estudo, um exercício de ruptura epistemológica com as perspectivas analíticas eurocêntricas, que possuem um alcance evidentemente limitado na apreensão da realidade latino-americana e, especificamente, brasileira.

Dito isto, importa refletir: é possível falar de contratos de trabalho *atípicos* no Brasil? Qual é o referencial de *tipicidade* adotado? Ora, quando se trata da experiência dos países centrais (CASTEL, 1998) - Oportuno ressaltar que mesmo no âmbito da consolidação da sociedade salarial nos países centrais, o problema da regulação trabalhista não foi universalmente solucionado. A despeito da integração da maioria dos trabalhadores, parte da força de trabalho era marginalizada e se encontrava na periferia da sociedade salarial, em ocupações instáveis, sazonais ou intermitentes, dependentes das variações de demanda de mão de obra. Havia também bolsões residuais de pobreza, consistentes em uma população deslocada da dinâmica da sociedade salarial e que sobrevivia de expedientes e auxílios. Apesar disso, a condição salarial persistia sendo um denominador comum entre a maioria das pessoas, e a partir deste lugar é que elas existiam socialmente -, a relação típica de trabalho é facilmente associada àquela erigida no âmbito do compromisso fordista, assentada na subordinação jurídica, no espaço da grande empresa, na duração indeterminada, na garantia de subsistência do vínculo de trabalho, na unicidade do empregador e nas estabilidades temporal e remuneratória (FERREIRA, 2005). Esta nunca foi a regra observada no mercado de trabalho brasileiro, eis que nele a informalidade sempre correspondeu a uma característica estrutural, significativamente presente ao longo da formação da classe trabalhadora (CARDOSO, 2019).

Mas se o pleno emprego não foi a regra, ao menos por determinado período ele figurou no horizonte de expectativas do país, em especial a partir da década de trinta, momento no qual consolida-se uma transição de ciclos, assinalada pelo fim da hegemonia agrário-exportadora e pelo início da predominância da estrutura produtiva de base urbano industrial (OLIVEIRA, 2003) – ainda que com as limitações inerentes a uma industrialização que João Manuel Cardoso de Mello qualificaria como retardatária (MELLO, 2001). Ambicionava-se a inclusão a partir da estrutura regulatória oferecida pelo Estado e da universalização da experiência do emprego formal, numa cidadania regulada (SANTOS, 1979), garantida pela proteção oferecida pela legislação trabalhista. No entanto, ordenavam-se apenas as relações de trabalho urbanas, ainda minoritárias em um cenário de urbanização sem industrialização, também constatado nos outros países latino-americanos, na Ásia e na África (LIMA, 2013).

Não se pode ignorar as injunções estruturais ao projeto varguista: setenta por cento dos brasileiros vivia no campo, dos quais apenas um terço era de assalariados. Os demais compunham regimes diversos de colonato, parceria, posse ou propriedade de terra – havia menos de três por cento de proprietários de terra no país. A maioria deste contingente de trabalhadores estava disposta a arribar caso sinais de uma vida melhor fossem anunciados por outro lugar (CARDOSO, 2019). O Brasil ainda era um país eminentemente rural e a predominância da estrutura produtiva de base urbano industrial levaria mais de duas décadas para se concretizar, com a inédita superação da indústria sobre a agricultura na participação da renda interna, em 1956 (OLIVEIRA, 2003). Em 1939, o café e o algodão ainda respondiam por sessenta por cento do valor global das exportações brasileiras (CARDOSO, 2019).

Além disso, para os trabalhadores brasileiros, em especial para aqueles que afluíam dos campos e pequenas cidades para os grandes centros urbanos, a obtenção da carteira de trabalho, que se transmudara em verdadeira certidão de nascimento cívico, representava um percurso longo e repleto de obstáculos. Havia muitos brasileiros que sequer tinham registro civil, o que impedia não apenas o alcance da carteira de trabalho, mas também criava óbices à matrícula dos filhos em escolas públicas e ao acesso a serviços de saúde. Exigiam-se, ainda, esforços adicionais, como o fornecimento ao Departamento Nacional de Trabalho de diversas informações relacionadas à qualificação e à trajetória ocupacional dos trabalhadores, as quais deviam ser comprovadas documentalmente – o que não representava uma tarefa simples para aqueles cujos vínculos de trabalho sempre foram precários. Aos analfabetos, requisitava-se a presença de testemunhas; a todos, diplomas ou cartas de empregadores que comprovassem as alegadas habilidades profissionais, além do pagamento de cinco cruzeiros. Em síntese, considerando-se a conjuntura do Brasil à época, à obtenção da carteira de trabalho impunham-se muitas barreiras, excessivamente pesadas, sobretudo para os mais pobres (CARDOSO, 2019).

Os problemas de integração (QUIJANO, 1978) ação das populações pauperizadas na sociedade e a ampla presença de mão de obra excedente se tornam um objeto de estudo nevrálgico, com destaque para os teóricos da marginalidade. Inicialmente, a noção de marginalidade social estava centrada nos ambientes de urbanização posteriores à segunda guerra mundial, no movimento de incorporação massiva de populações de características *sub-standard* à periferia das regiões urbanas das principais cidades latino-americanas (QUIJANO, 1978). Mais tarde, a conotação da marginalidade social ampliou-se, trazendo a problemática dos modos não totalmente integrados de existência, isto é, modos não básicos de pertencimento e participação social (QUIJANO, 1978). Destaca-se aí a preocupação com a caracterização e efeitos do excedente de mão de obra não incorporado ao processo de desenvolvimento capitalista, que originam categorias como massa marginal (NUN, 1999), população marginalizada e polo marginal (QUIJANO, 1978). Tem-se um ambiente teórico profícuo e que inauguraria o debate sobre a informalidade na América Latina.

RESGATE TEÓRICO DO CONCEITO DE INFORMALIDADE

A consagração do vocábulo *informalidade* ocorreu apenas na década de setenta, em relatório de estudos desenvolvidos em Gana e no Quênia pela Organização Internacional do Trabalho no âmbito do Programa Mundial de Emprego. A concepção oiteana original alinhava-se à vertente estruturalista, que caracterizou as proposições desenvolvimentistas da Comissão Econômica para a América Latina e o Caribe (CEPAL), principal centro de discussão intelectual da época, instituído no ínterim do Conselho Econômico e Social da Organização das Nações Unidas.

As ideias cepalinas constituíam uma espécie de versão regional da teoria do desenvolvimento, buscando preencher um significativo vazio teórico, eis que as proposições assentadas no ideário keynesiano dos países de capitalismo avançado não comportavam a experiência das regiões subdesenvolvidas (NERY, 2013). Neste vértice, a partir do binômio centro/periferia idealizado por Raúl Prebisch, a superação do atraso das sociedades latino-americanas exigia a realização de um desenvolvimento econômico que culminasse na modernização da estrutura produtiva (PREBISCH, 2000). Dessarte, a compreensão da informalidade dava-se sob uma racionalidade dual: ela corresponderia a uma qualidade pré-capitalista, incontornavelmente fadada a desaparecer quando da transição dos países em *subdesenvolvimento* para o *desenvolvimento*. De um lado, portanto, vislumbrava-se a modernidade dos centros urbanos e regiões industrializadas, ao passo que, do outro, as atividades agrícolas representavam a tradição – ou o atraso (LIMA, 2013). Essa transição do atrasado ao moderno, no entanto, não logrou êxito.

A razão dualista viria a sofrer uma contundente crítica a partir dos escritos de Francisco de Oliveira, os quais sustentavam que a criação das economias pré-industriais – a exemplo da brasileira – se dava pela expansão do capitalismo mundial, como uma reserva de acumulação primitiva do sistema global. Logo, o subdesenvolvimento não corresponderia a uma forma de ser própria das economias pré-industriais, mas sim um produto da expansão capitalista, de modo que sua percepção como uma formação histórica singular estruturada sobre a oposição entre o atrasado e o moderno não se sustenta. O moderno e o atrasado, mantendo-se a terminologia, estariam relacionados simbiótica e organicamente, em uma unidade de contrários na qual o primeiro cresce e se alimenta do segundO (OLIVEIRA, 2003).

De toda sorte, no marco da Organização Internacional do Trabalho, a informalidade foi inicialmente apreendida por meio da ideia de setor, o qual estaria caracterizado por: *i)* propriedade familiar do empreendimento; *ii)* recursos próprios; *iii)* produção em pequena escala; *iv)* baixa barreira de entrada; *v)* uso intensivo do fator trabalho e de tecnologia adaptada; *vi)* aquisição das qualificações profissionais fora do sistema formal de educação; e, *vii)* participação em mercados competitivos e não regulamentados pelo Estado. O Programa Regional de Emprego para a América Latina e Caribe (PREALC), especificamente voltado à América Latina no âmbito do Programa Mundial de Emprego, acrescentava ainda a particularidade de se tratarem de atividades não organizadas, seja juridicamente ou nas relações capital-trabalho (CACCIAMALI, 2000).

Embora o presente texto não se destine a explorar as inúmeras abordagens teóricas do trabalho informal na América Latina, parece oportuno mencionar a influência exercida pela corrente liberal, aqui representada principalmente pelo peruano Hernando de Soto, para quem a informalidade correspondia a uma área sombria, na qual os indivíduos buscavam refúgio dos excessos legais, cujos custos superavam os benefícios. Deste modo, a informalidade não consistiria um problema em si, pois ela se resumiria a uma resposta espontânea e criativa das pessoas mais pobres diante da incapacidade do Estado – este sim, verdadeiro problema, destruidor das vocações empreendedoras – em satisfazer suas aspirações mais elementares (DE SOTO, 1987). Nesta égide, propõe-se uma revolução informal, com a transferência aos particulares das responsabilidades concentradas pelo Estado e a constituição de uma nova formalidade, simplificada, descentralizada e desregulamentada. Guardadas as devidas especificidades, a fim de não se incorrer em anacronismos, trata-se de um pensamento que encontra ampla reverberação nos discursos mais contemporâneos sobre a informalidade, em especial quando se pensa na difusão da ideia do trabalhador como "empresa de si mesmo" (DARDORT, LAVAL, 2016).

Apesar da diversidade de correntes destinadas à análise do fenômeno da informalidade no Brasil e na América Latina, e mesmo das divergências internas existentes entre os teóricos de cada escola, é possível afirmar que entre o fim dos anos 1960 até o início da década de 1980, a informalidade consistiu em uma categoria cognitiva em torno da qual se estabeleceu um debate relativamente estruturado, de modo que, embora seu significado dependesse mais dos consensos sobre aquilo que a informalidade *não era*, do que propriamente da unidade interna dos fenômenos que a compunham, é incontornável o reconhecimento do papel analítico desempenhado durante anos por este conceito (MACHADO DA SILVA, 2002).

Ocorre que as consequências do processo de reestruturação e flexibilização do capitalismo fizeram com que a informalidade, antes vista como um problema exclusivo da periferia do capitalismo, chegasse ao primeiro mundo, em especial a partir da década de oitenta, no contexto da reestruturação produtiva, desregulamentação mercantil e realocalização industrial. Para Luiz Machado da Silva, a perda de confiança na viabilidade histórica do pleno emprego, tendo os países centrais se tornado também eles mesmos objeto de análise da informalidade do trabalho – sendo que antes representavam parâmetro para as sociedades de capitalismo retardatário – culminou em um reenquadramento analítico e na diminuição da relevância cognitiva da informalidade (MACHADO DA SILVA, 2002).

De fato, novas teorizações sobre a informalidade surgiram na busca de ser incorporar ao conceito a nova dinâmica do capitalismo global. A própria Organização Internacional do Trabalho, frente às críticas à porosidade desta categoria, a revisitou durante as décadas de noventa e os anos dois mil, tendo em 2002 passado a adotar uma abordagem ampliada, preferindo o termo "economia informal" (OIT, 2002). Nesta nova definição, estão incluídos: *i)* os trabalhadores independentes típicos: ilustrados pelas microempresas familiares, pelos trabalhadores em cooperativa e pelos trabalhadores autônomos em domicílio; *ii)* os falsos autônomos: como os trabalhadores terceirizados e subcontratados, os falsos voluntários do terceiro setor e os trabalhadores de coperfraudes; *iii)* os trabalhadores dependentes "flexíveis" e/ou "atípicos": exemplificados pelos trabalhadores contratados temporariamente ou por tempo parcial, bem como pelos assalariados de microempresas, teletrabalhadores e os trabalhadores domésticos; *iv)* os microempregadores; *v)* os produtores para o autoconsumo; e, *vi)* os trabalhadores voluntários do terceiro setor e da economia solidária (KREIN, PRONI, 2010).

Inúmeros estudiosos das ciências sociais voltaram-se à reinterpretação da noção de informalidade. Este movimento não significou uma ruptura com a *velha* informalidade, mas sim a incorporação da desregulação econômica, da flexibilização das legislações laborais, da produção desterritorializada e da internacionalização dos mercados à categoria, que passa a engendrar frequentes relações com o formal, num *continuum* de fronteiras cada vez mais imprecisas (LIMA, RANGEL, 2019). Entre os numerosos trabalhos neste sentido, algumas contribuições são a seguir colacionadas, sem pretensões (ou possibilidade) de esgotamento da imensa literatura existente, mas sim no intuito de se apresentar panoramicamente como o conceito vem sendo interpretado.

i. Maria Aparecida Alves e Maria Augusta Tavares e a dupla face da informalidade: as autoras desenvolvem um conceito de informalidade abrangente, composto por três categorias, nas quais estão incluídas tanto as atividades informais tradicionais, quanto novas formas de trabalho precário. A primeira categoria da definição é a dos trabalhadores informais tradicionais, entre os quais estão aqueles que exercem atividades que requerem baixa capitalização, os desempregados que se ocupam de atividades ocasionais até conseguirem o retorno ao trabalho assalariado e as pequenas oficinas de reparação e conserto. Em segundo lugar estão os trabalhadores informais assalariados sem registro, apartados das importantes garantias legais, como o seguro-desemprego, e também estão excluídos do acesso das resoluções presentes nos acordos coletivos de suas categorias. Por fim, a terceira categoria é a dos trabalhadores informais por conta própria. Nela, os trabalhadores contam com a sua própria força de trabalho ou com a de familiares, podendo, inclusive, subcontratar força de trabalho assalariada, e costumam atender demandas por bens e serviços em áreas que não atraem investimentos de maior vulto (TAVARES, ALVES, 2006).

ii. Jacob Carlos Lima e a nova informalidade: o autor reúne em sua proposta figuras heterogêneas, as quais sugere terem em comum a vulnerabilidade (que não se restringe aos trabalhadores informais pobres ou pouco escolarizados), a instabilidade de rendimentos e a falta de acesso à proteção social. Assim, a nova informalidade abrange o autoemprego em empresas informais; os empregadores e os trabalhadores por conta própria; os prestadores de serviços eventuais; os trabalhadores terceirizados em empresas ou oficinais, sejam elas formais ou informais; os trabalhadores de empresas informais; os membros da família cujas atividades de trabalho não são remuneradas ou o são apenas casualmente; as diaristas; os trabalhadores domésticos; os industriais temporários; os trabalhadores por tempo parcial e os trabalhadores domiciliares (LIMA, 2013).

iii. Maria Cristina Cacciamali e o processo de informalidade: a autora desenvolve suas percepções sobre o setor informal com enfoque nas mudanças estruturais em ocorrência e seus efeitos, propondo a terminologia processo de informalidade. Sugere que, para o enfrentamento do ambiente altamente competitivo e tendo em vista os padrões definidos no mercado internacional, a redefinição nas regras das relações de assalariamento desponta como uma estratégia em vários países, orientada para a flexibilidade do trabalho e seu uso intenso em escala global. Neste contexto, são duas as consequências do processo de informalidade, sendo a primeira delas a reorganização do trabalho assalariado, expressada em novas formas mais vulneráveis de contratação do trabalho (a exemplo das cooperativas de trabalho, agências de trabalho temporário e locadoras de mão de obra); e a segunda correspondente ao autoemprego e a outras estratégias de sobrevivência, que permitem ao trabalhador auferir renda por conta própria ou em microempresas, por razões como a dificuldade de ingresso/reingresso no mercado de trabalho ou até mesmo por opção (CACCIAMALI, 2000).

iv. Eduardo Noronha e o trabalho informal, ilegal ou injusto: o autor propõe que a interpretação do fenômeno da informalidade e a percepção dos contratos laborais se deem a partir de três fontes e seus respectivos pares de conceitos: a perspectiva econômica, em que os contratos são formais ou informais; a ótica jurídica, que os racionaliza como legais ou ilegais e, por fim, a noção popular que os classifica como justos ou injustos. Identifica que no Brasil o principal debate se dá em torno do eixo da informalidade neoclássica em oposição à jurídica, considerando o enraizamento do conceito de contrato de trabalho existente e o modelo de sua legislação, que constituem solo fértil a tais abordagens. Embora ambos os eixos estejam centrados na questão da regulação das relações de trabalho, a versão neoclássica considera que o trabalho informal resultaria da busca de empresas pela redução de custos derivados da legislação trabalhista, ao passo que a jurídica reputa que o excesso de liberdade do mercado na regulação das relações de trabalho tem como resultado a erosão das intervenções legais imprescindíveis à garantia de condições de trabalho minimamente justas (NORONHA, 2003).

Feito este breve resgate teórico do conceito de informalidade, cabe agora analisar sua manifestação mais recente nas relações de trabalho brasileiras, sobretudo após a consolidação da reforma trabalhista de 2017, que tinha o tema em sua mira, diante de seu aumento pronunciado. É esta a tarefa que se cumpre a seguir.

DAS PROMESSAS NÃO CUMPRIDAS DA REFORMA TRABALHISTA DE 2017

A promulgação da Lei n. 13.467 de 2017 consolidou a reforma do trabalho no Brasil, inserida em um processo que vem ocorrendo no mundo todo, com recentes reformas de orientação neoliberal em países como a França, Espanha, Colômbia e México. No caso brasileiro, a ideia de uma ampla reforma da Consolidação das Leis do Trabalho já vinha sendo maturada desde os anos noventa, e em 2017 teve sua expressão singular, com amplas modificações sobre dimensões centrais das relações de trabalho. Entre as justificações do Projeto de Lei n. 6.787 de 2016, está a atualização de "mecanismos de combate à informalidade da mão de obra no país". De fato, entre os reformadores a informalidade do trabalho foi tema de destaque, como se vê no parecer da Comissão Especial da Reforma Trabalhista da Câmara dos Deputados:

> A preocupação desta Casa, ao examinar a proposição, não pode se restringir ao universo dos empregados formais, é preciso pensar naqueles que estão relegados à informalidade, ao subemprego, muitas vezes por que a sua realidade de vida não se encaixa na forma rígida que é a atual CLT. A legislação trabalhista brasileira vigente hoje é um instrumento de exclusão, prefere deixar as pessoas à margem da modernidade e da proteção legal do que permitir contratações atendendo as vontades e as realidades das pessoas.

Tal excerto corrobora a proposição formulada por Eduardo Noronha, e apresentada anteriormente neste texto, de que predomina no debate sobre a informalidade no Brasil a oposição entre as abordagens neoclássica e jurídica. Neste duelo, os reformadores alegam evitar a falência do mercado em razão da força da lei, ao passo que cabe aos juristas impedir o desfalecimento da lei devido à força do mercado (NORONHA, 2003). É evidente que para a Comissão, a causa da informalidade do trabalho residiria, justamente, nos excessos do texto celetista, perspectiva esta reiterada ao longo do parecer, veja-se: "escudada no mantra da proteção do emprego, o que vemos, na maioria das vezes, é a legislação trabalhista como geradora de injustiças, estimulando o desemprego e a informalidade". Uma das grandes promessas explícitas da reforma, portanto, é o combate a esta característica que se fez presente estruturalmente desde a origem do trabalho livre no país, como se buscou demonstrar na primeira parte deste artigo. Um dos mecanismos eleitos para tal fim foi a introdução do contrato de trabalho intermitentE (Artigo 433, § 3o, da Lei n. 13.467/2017).

Embora o parecer reconheça a dificuldade de prospecção quanto aos resultados decorrentes da adoção desta modalidade contratual, estima que, no período de dez anos, ela será capaz de gerar quatorze milhões postos de trabalho formais, sobretudo no comércio, além e alavancar a formalização de empregos informais existentes no setor. No entanto, pesquisa recente divulgada pelo Departamento Intersindical de Estatística e Estudos Socioeconômicos, na qual foram analisados os primeiros dados relativos a contrato de trabalho intermitente em 2018 obtidos por meio da Relação Anual de Informações Sociais do Ministério da Economia (RAIS/ME), revelou pouca adesão à modalidade, baixa geração de renda e o engavetamento de grande parte destes contratos. Dos oitenta e sete mil vínculos registrados na modalidade ao longo de 2018, onze por cento não gerou renda alguma ao trabalhador. Além disso, quarenta por cento dos trabalhadores intermitentes não trabalhou em dezembro daquele ano, o que contraria as expectativas relativas à adesão ao contrato pelo comércio (DIEESE, 2020).

Ainda, a promessa da redução da informalidade não apenas deixou de ser cumprida como, ironicamente, assistiu-se ao seu revés: a taxa de informalidade atingiu seu maior nível no Brasil desde 2016, segundo dados da Pesquisa Nacional por Amostra de Domicílios Contínua (PNADC) relativos ao ano de 2019. Divulgados em fevereiro do presente ano, os dados demonstram que, desde a reforma, houve efetivamente queda no desemprego. Entretanto, o aumento da ocupação foi sustentado na ampliação da informalidade, cuja taxa atingiu mais de quarenta e um por cento. Constatou-se um aumento de 1.819 milhão de pessoas ocupadas no Brasil, das quais um milhão está em ocupações informais, no entanto. Observou-se ainda que, diante do recrudescimento das atividades informais, o crescimento da população ocupada não vem sendo acompanhado pelo crescimento da população contribuinte.

Também de acordo com a Pesquisa Nacional por Amostra de Domicílios Contínua (PNADC), tem-se quanto ao perfil da população brasileira ocupada, por posição na ocupação e categoria do emprego no trabalho principal, no quarto trimestre de 2019:

● Empregado no setor privado, exclusive trabalhador doméstico - com carteira de trabalho assinada
● Empregado no setor privado, exclusive trabalhador doméstico - sem carteira de trabalho assinada
● Trabalhador doméstico - com carteira de trabalho assinada
● Trabalhador doméstico - sem carteira de trabalho assinada
● Empregado no setor público
● Empregador
● Conta própria
● Trabalhador familiar auxiliar

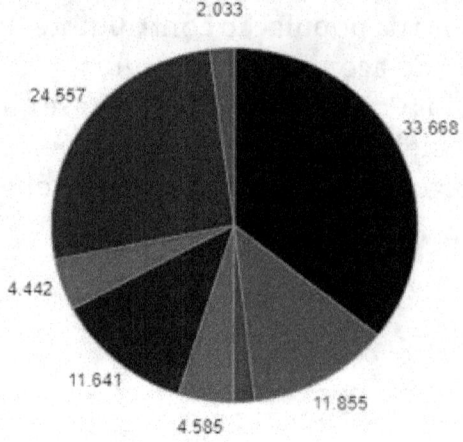

Fonte: IBGE - Pesquisa Nacional por Amostra de Domicílios Contínua trimestral

Cingindo-se a análise aos trabalhadores da iniciativa privada, tem-se que o trabalho no setor privado com carteira de trabalho assinada não representa a regra da inserção ocupacional no Brasil. E, ainda que se procedesse a um estudo exclusivo desta categoria, não se pode esquecer que ela própria está permeada por hibridismos, a exemplo dos contratos a termo, dos contratos em regime de tempo parcial e, mais recentemente, dos contratos intermitentes. Portanto, além de corresponder a uma porção cada vez mais diminuída da população ocupada, a categoria dos empregados no setor privado com carteira de trabalho assinada não exclui a existência de precarização.

Ainda, salta aos olhos a proporção assumida pelo trabalho por conta própria, uma categoria complexa e altamente heterogênea, que apresenta estreitos vínculos com a informalidade, como evidenciam vários dos autores mencionados anteriormente. Uma vez que, para o Instituto Brasileiro de Geografia e Estatística, são informais os trabalhadores por conta própria sem registro no Cadastro Nacional de Pessoas Jurídicas, tem-se que, segundo este critério, mais de setenta e nove por centro deste contingente está na informalidade – um número de proporções alarmantes. Além disso, no quarto trimestre de 2019, atingiu o maior valor da série histórica da pesquisa, que teve início em 2012.

Neste cenário, emerge o grave problema da crescente fuga dos sujeitos do Direito do Trabalho e sua privação de um sistema protetivo, em flagrante tensão com a posição nuclear destinada ao valor social do trabalho pela Constituição da República de 1988. Não por acaso, há um elevado número de ações de controle de constitucionalidade no Supremo Tribunal Federal relacionadas à Lei n. 13.467 de 2017. Ainda que inalterado o texto constitucional, a disparada da informalidade representa seu esvaziamento, ao excluir a maior parte da população economicamente ativa no país do sistema de garantias sociais que foi ali duramente instituído.

CONSIDERAÇÕES FINAIS

Quando da promulgação da Consolidação das Leis do Trabalho, sob a égide do processo civilizatório varguista, mais da metade dos trabalhadores brasileiros encontrava-se excluída de qualquer tipo de regulação ou proteção social. Este imenso contingente ocupava um local pouco visível ao Estado – o lugar da informalidade. Não se compreendia este fenômeno como um problema social, mas sim como uma questão de polícia: sobre as atividades informais, percebidas como marginais ou mesmo criminosas, incidiam intensas fiscalização e repressão (LIMA, RANGEL, 2019). Buscava-se a constituição de uma relação salarial no Brasil, que restou caracterizada por sua fragilidade. Apesar disso, o pleno emprego aparecia como uma possibilidade, uma promessa de inclusão mais ou menos distante para a população. Acreditava-se que a informalidade seria naturalmente superada quando o país alcançasse o desenvolvimento e, deste modo, o tema não ensejava maiores preocupações.

O prognóstico, contudo, não se concretizou. E então, a informalidade passou a imprimir objetos de estudo cada vez mais relevantes, cuja abordagem teórica requer esforços interdisciplinares e apresenta dificuldades conceituais e metodológicas expressivas, em especial após a reconfiguração das relações de trabalho decorrente da reestruturação produtiva, que tornou mais tênues os limites entre o *formal* e o *informal*. Olhando para tempos mais recentes, observa-se que o Brasil vivenciou um processo de redução significativa da taxa de informalidade, particularmente entre 2003 e 2013. Entretanto, a reversão desta tendência se inicia modestamente a partir 2016 e tem um aumento pronunciado nos anos seguintes – quando já vigente a Lei n. 13.467 de 2017 (CARDOSO, AZAIS, 2019). No ano passado, a Pesquisa Nacional por Amostra de Domicílios Contínua revelou que a taxa de informalidade bateu recorde em vinte estados brasileiros (LOSCHI).

É importante situar a ampla presença da informalidade nas relações de trabalho como uma tendência mundial, embora em diferentes proporções, a depender a região. De acordo com a Organização Internacional do Trabalho, em 2018, mais de sessenta e um por cento da população ocupada do mundo estava na informalidade, o que equivale a cerca de dois bilhões de pessoas. No Brasil, a taxa de informalidade encontrada segundo a metodologia do relatório foi de quarenta e seis por cento (OIT, 2018). Em um evidente descolamento entre as dimensões política e econômica, os reformadores brasileiros atribuíram às garantias constitucionais e legais do trabalho a responsabilidade pro problemas que são próprios da dinâmica do capitalismo, como o desemprego e a informalidade. O sacrifício da reforma seria recompensado com a expansão do trabalho formal, promessa esta que não se cumpriu.

REFERÊNCIAS BIBLIOGRÁFICAS

ANTUNES, Ricardo. **O privilégio da servidão**: o novo proletariado de serviços na era digital. São Paulo: Boitempo, 2018.

BIAVASCHI, Magda Barros. **O direito do trabalho no Brasil – 1930-1942**: a construção do sujeito de direitos trabalhistas. São Paulo: LTr, 2007.

BRASIL. Câmara dos Deputados. **Projeto de lei n. 6.787 de 22 de dezembro de 2016**. Autor: Poder Executivo. Disponível em: <https://is.gd/Nysb5X>. Acesso em: 29 de fevereiro de 2020.

BRASIL. *Lei n. 13.467, de 13 de julho de 2017. Altera a Consolidação das Leis do Trabalho (CLT), aprovada pelo Decreto-Lei nº 5.452, de 1º de maio de 1943, e as Leis n. 6.019, de 3 de janeiro de 1974, 8.036, de 11 de maio de 1990, e 8.212, de 24 de julho de 1991, a fim de adequar a legislação às novas relações de trabalho.* **Diário Oficial da União**, *Brasília, DF, n. 134, 14 de julho de 2017. Seção 1, p. 1.*

BRASIL. **Parecer da Comissão Especial da Reforma Trabalhista da Câmara dos Deputados do Projeto de Lei n. 6.787 de 2016.** Disponível em: <https://is.gd/k4I3mZ>. *Acesso em: 29 de fevereiro de 2020.*

CACCIAMALI, Maria Cristina. Globalização e processo de informalidade. **Economia e Sociedade**, Campinas, n. 14, p. 153-174, 2000.

CARDOSO, Adalberto. **A construção da sociedade do trabalho no Brasil**: uma investigação sobre a persistência secular das desigualdades. 2ª ed. Rio de Janeiro: Amazon, 2019.

CARDOSO, Adalberto; AZAÏS, Christian. Reforma trabalhista e seus mercados: uma comparação Brasil-França. Caderno CRH (UFBA), Salvador, v. 32, n. 86, p. 307-323, maio/ago. 2019.

CASTEL, Robert. **As metamorfoses da questão social**: uma crônica do salário. Petrópolis: Vozes, 1998.

DARDORT, Pierre; LAVAL, Christian. **A nova razão do mundo**: ensaio sobre a sociedade neoliberal. São Paulo: Boitempo, 2016.

DE SOTO, Hernando. **El otro sendero:** la revolución informal. Cidade do México: Editorial Diana, 1987.

DIEESE. Contratos intermitentes na gaveta. **Boletim Emprego em Pauta**, janeiro de 2020. Disponível em: <https://is.gd/G8InN1>. *Acesso em: 29 de fevereiro de 2020.*

*FERREIRA, António Casimiro. **Sociedade de austeridade e direito do trabalho de exceção**. Porto: Vida Económica, 2012.*

FERREIRA, Antonio Casimiro. Para uma concepção decente e democrática do trabalho e dos seus direitos: (Re)pensar o direito das relações laborais. In: SANTOS, Boaventura de Sousa (organizador). **A Globalização e as Ciências Sociais**. 3ª ed. São Paulo: Cortez, 2005. p. 257-297.

KOWARICK, Lúcio. **Trabalho e vadiagem:** a origem do trabalho livre no Brasil. 2ª ed. Rio de Janeiro: Paz e Terra, 1994.

KREIN, José Dari; PRONI, Marcelo W. **Economia informal**: aspectos conceituais e teóricos. Brasília: OIT Brasil, 2010.

IVO, Anete Brigo Leal. **Viver por um fio**: pobreza e política social. São Paulo: Annablume; Salvador: CRH/UFBA, 2008.

LAMOUNIER, Maria Lúcia. **Formas da transição da escravidão ao trabalho livre**: a Lei de Locação de Serviços de 1879. 177 f. Dissertação (Mestrado) - Instituto de Filosofia e Ciências Humanas, Universidade Estadual de Campinas, Campinas, São Paulo, 1986.

LIMA, Jacob Carlos. "Nova Informalidade". In: IVO, Anete Brito Leal (Org). **Dicionário temático desenvolvimento e questão social**: 81 questões contemporâneas. São Paulo: Annablume, 2013. p. 330-336.

LIMA, Jacob Carlos; RANGEL, Felipe. Dimensões da nova informalidade no Brasil: considerações sobre o trabalho em polos industriais e no comércio popular. In: RODRIGUES, Iram Jacome (organizador). **Trabalho e ação coletiva no Brasil**: contradições, impasses e perspectivas (1978-2018). São Paulo: Annablume, 2019. p. 15-32.

LOSCHI, Marília. **Desemprego cai em 16 estados em 2019, mas 20 tem informalidade recorde.** Disponível em: <https://is.gd/QJkL15>. Acesso em 29 de fevereiro de 2020.

MACHADO, Sidnei. **A noção de subordinação jurídica.** São Paulo: LTr, 2009.

MACHADO DA SILVA, Luiz. Da Informalidade à Empregabilidade (Reorganizando a Dominação no Mundo do Trabalho). Caderno CRH (UFBA), Salvador, v. 15, n. 37, p. 81-109, jul./dez. 2002.

MELLO, João Manuel Cardoso de. **Capitalismo tardio.** 8ª ed. São Paulo: Brasiliense, 1991.

NERY, Tiago. "CEPAL – Noção de Desenvolvimento". In: IVO, Anete Brito Leal (organizadora). **Dicionário temático desenvolvimento e questão social**: 81 questões contemporâneas. São Paulo: Annablume, 2013. p. 44-52.

NORONHA, Eduardo. Informal, ilegal, injusto. Percepções do mercado de trabalho no Brasil. **Revista Brasileira de Ciências Sociais**, São Paulo, v. 18, n. 53, p. 111-178, out. 2003.

NUN, José. El futuro del empleo y la tesis de la masa marginal. **Desarollo Económico**, vol. 38, n. 152, p. 985-1004, jan./mar. 1999.

OLIVEIRA, Francisco de. **A economia brasileira**: crítica à razão dualista. São Paulo: Boitempo, 2003.

OLIVEIRA, Lucy. O trabalho "em tempos de crise": enquadramentos da mídia sobre a Reforma Trabalhista no Brasil. In: Seminários FESPSP – Incertezas do trabalho, 2017, São Paulo. **Anais dos Seminários de Pesquisa da FESPSP**, 2017.

ORGANIZAÇÃO INTERNACIONAL DO TRABALHO. **Decent work and the informal economy.** Geneva: ILO, 2002.

ORGANIZAÇÃO INTERNACIONAL DO TRABALHO. **Women and men at the informal economy**: a statistical picture. Geneva: ILO, 2018.

PREBISCH, Raúl. O Desenvolvimento Econômico da América Latina e alguns de seus principais problemas. In: BIELSCHOWSKY, Ricardo (organizador). **Cinquenta anos de pensamento na Cepal.** v. 1. Rio de Janeiro: Record, 2000.

QUIJANO, Aníbal. Notas sobre o conceito de marginalidade social. In: PEREIRA, Luiz (organizador). **Populações "marginais".** São Paulo: Duas cidades, 1978 p. 19-26.

SANTOS, Wanderley Guilherme. **Cidadania e justiça:** Rio de Janeiro: Campus, 1979.

TAVARES, Maria Augusta; ALVES, Maria Aparecida. A dupla face da informalidade do trabalho. In: ANTUNES, Ricardo (organizador). **Riqueza e miséria do trabalho no Brasil.** v. 1. São Paulo: Boitempo, 2006.

THEODORO, Mário. As características do mercado de trabalho e as origens do trabalho informal no Brasil. In: LACCOUD, Luciana (organizadora). **Questão social e políticas sociais no Brasil contemporâneo.** Brasília: IPEA, 2005. p. 91-125.

O DESCASO COM A PREVIDÊNCIA NO OCASO DO ESTADO SOCIAL: A DES-PREVIDÊNCIA SOCIAL

Marco Aurélio Serau Junior
Professor da Universidade Federal do Paraná, nas áreas de Direito do Trabalho e Direito Previdenciário. Doutor e Mestre em Direitos Humanos pela Universidade de São Paulo.

Nesta obra que procura retratar o ocaso do Estado Social (modelo que, no Brasil, talvez sequer tenha existido por completo), desejo tratar de um fenômeno novo, que parece não ter sido ainda devidamente apreendido pela doutrina de Direitos Sociais, um cenário que tenho denominado de políticas públicas de des-previdência social (SERAU JR., 2020).

Existe um certo consenso doutrinário sobre a impossibilidade de se admitir qualquer retrocesso no nível dos direitos fundamentais sociais.

O ordenamento jurídico brasileiro vem observando nos últimos tempos, porém, não somente várias situações de *retrocesso social direto*, mas também diversas formas veladas e sub-reptícias de diminuição do nível geral dos direitos sociais.

Obviamente que isso ocorre em um quadro mais abrangente: políticas neoliberais e ultraliberais; políticas de austeridade fiscal e orçamentária; precarização ampla dos direitos trabalhistas, advento do *infoproletariado* (ANTUNES, 2018), etc.

No campo previdenciário, objeto específico deste artigo, esta estratégia de restrição do nível de proteção ocorre a partir de alguns eixos distintos, mas que podem ser interligados.

Há uma primeira estratégia que podemos definir como uma *excessiva burocratização dos direitos previdenciários*, de modo que se tornem restritivos ou mesmo regressivos - Um grande exemplo dessa excessiva burocratização pode ser localizado nas alterações efetuadas pela Lei 13.846/2019 nos artigos 38-A e 38-B da Lei 8.213/91, a partir de onde se passa a exigir um cadastramento mais rigoroso dos segurados especiais no CNIS – Cadastro Nacional de Informações Sociais. No mesmo sentido as alterações impostas ao artigo 106, do mesmo diploma legal, a respeito da prova da atividade rural Esse nível extremamente rigoroso de comprovação da atividade rural exercida pelos segurados especiais é incompatível com a realidade do campo brasileiro, onde prevalecem a precariedade e informalidade, e, assim, através de um mecanismo burocrático, impede-se o exercício de um direito fundamental.

Em segundo lugar, e esse é o mote específico deste artigo, identificamos a criação e implementação de *políticas públicas ativas movidas e destinadas à redução do nível da cobertura previdenciária*.

Esta percepção, que ainda carece de maior reflexão e elaboração teórica para ser cunhada em termos mais consistentes, será demonstrada a partir da ilustração de recentes alterações legislativas já postas em curso, bem como mediante a exemplificação de novas práticas administrativas do INSS – Instituto Nacional do Seguro Social, que ocuparão os tópicos seguintes.

O marco teórico adotado para a elaboração desta pesquisa reside na concepção de que os direitos previdenciários são direitos fundamentais (SERAU JR., 2020).

A inserção dos direitos previdenciários na gramática de direitos fundamentais impõe determinadas consequências em termos de estrutura jurídica do modo de implementação e gestão destes direitos, os quais serão tratados nos tópicos adiante.

A IDEIA DA VEDAÇÃO AO RETROCESSO SOCIAL.

Se os direitos previdenciários são direitos fundamentais sociais (SERAU JR., 2020), conforme adotado neste artigo, algumas consequências são impostas para sua adequada hermenêutica. Dentre elas cuidar do tema da vedação do retrocesso social.

A literatura constitucional e também a doutrina pertinente aos direitos sociais e direitos previdenciários costumam tratar do tema da *vedação ao retrocesso social*.

Segundo esta ideia ou princípio, os direitos fundamentais sociais, uma vez implementados, não admitiriam redução no nível de guarida pelo ordenamento jurídico. Atente-se para a lapidar lição de Jorge Miranda (2000):

> Os direitos económicos, sociais e culturais carecem, todos ou quase todos, de normas legais concretizadoras ou conformadoras para atingirem as situações da vida. Verifica-se uma integração dinâmica das normas constitucionais e das normas legais, de tal sorte que os direitos sociais só se tornam plenamente actuantes através de direitos derivados a prestações.
> Logo, não é possível eliminar, pura e simplesmente, as normas legais e concretizadoras, suprimindo os direitos derivados a prestações, porque eliminá-las significaria retirar eficácia jurídica às correspondentes normas constitucionais. Nisto consiste a regra do não retorno da concretização ou do não retrocesso social, fundada também no princípio da confiança inerente ao Estado de Direito.

Sarlet (2004) coloca o tema da proibição de retrocesso dentro de uma perspectiva da eficácia protetiva dos direitos fundamentais, notadamente dos direitos sociais, em relação ao legislador infraconstitucional, indicando que esse óbice possui "íntima relação com a noção de segurança jurídica", visto que são resguardadas as situações jurídicas consolidadas e apenas se permitem efeitos prospectivos.

No âmbito do Direito Internacional de Direitos Humanos o princípio do não retrocesso social também se encontra consagrado: "Consequentemente, cristalizou-se, no plano internacional, a chamada *proibição do retrocesso* ou *efeito cliquet*, pelo qual é vedado aos Estados que diminuam ou amesquinhem a proteção já conferida aos direitos humanos" (RAMOS, 2012).

A vedação do retrocesso social também é derivada da cláusula de desenvolvimento progressivo prevista em tratados internacionais sobre direitos sociais, a exemplo do art. 2.1 do PIDESC – Pacto Internacional de Direitos Sociais, Econômicos e Culturais, bem como no art. 1º do Protocolo de Direitos Sociais, Econômicos e Culturais da Convenção Americana de Direitos Humanos.

Por esse tipo de previsão, os "Estados comprometem-se a adotar medidas, conforme os recursos disponíveis, para atingir, *progressivamente,* a plena efetividade dos direitos protegidos" (RAMOS, 2012).

Além disso, deve-se notar que "o conceito de *progressividade* abarca dois sentidos: por um lado, sugere-se a *gradualidade* da plena efetividade; de outro, impõe-se o dever ao Estado de garantir o *progresso,* ou seja, veda-se consequentemente o *regresso,* o amesquinhamento dos direitos sociais já concretizados no momento da ratificação de tais tratados" (RAMOS, 2012).

Por fim, deve-se ter em conta que há um certo limite máximo a proibição de retrocesso social, consubstanciada na ideia de que a supressão de determinado nível legislativo seria inadmissível por ofensivo à própria condição de dignidade da pessoa humana:

> Além disso, mediante a supressão pura e simples do próprio núcleo essencial legislativamente concretizado de determinado direito social (especialmente dos direitos sociais vinculados ao mínimo existencial) estará sendo afetada, em muitos casos, a própria dignidade da pessoa, o que desde logo se revela inadmissível, ainda mais em se considerando que na seara das prestações mínimas (que constituam o núcleo essencial mínimo judicialmente exigível dos direitos a prestações) para uma vida condigna não poderá prevalecer até mesmo a objeção da reserva do possível e a alegação de uma eventual ofensa ao princípio democrático e da separação de poderes" (SARLET, 2004).

Ao que se vê, parece haver certo consenso doutrinário, a

partir dos diplomas constitucionais e internacionais, acerca da inadequação de retrocesso no nível dos direitos fundamentais sociais.

O ordenamento jurídico brasileiro, porém, tem observado nos últimos anos um elevado nível de retrocesso no nível dos direitos previdenciários.

Além do *retrocesso social* direto, em que frontalmente são subtraídos direitos fundamentais, também são observadas algumas formas veladas e sub-reptícias de diminuição do nível geral dos direitos sociais.

De fato, a doutrina de Direito Constitucional admite a possibilidade da identificação de diversas dimensões do tema da proibição do retrocesso social (SARLET, 2004).

Partindo dessa premissa, nossa pretensão é defender a ideia de que, além das perspectivas bem conhecidas do retrocesso social, vislumbra-se também um novo e diferente viés, que identificamos como *políticas públicas ativas de retrocesso social*.

Estas se encontram presentes especialmente no segmento do Direito Previdenciário, mas nada obsta que esse tipo de medida possa configurar um balão de ensaio; um arranjo normativo gestado no Direito Previdenciário para ser utilizado em todos os demais campos dos direitos sociais.

Trataremos deste tema no próximo tópico.

POLÍTICAS DE *DES-PREVIDÊNCIA SOCIAL*.

Para discutirmos o que estamos definindo como *políticas de des-previdência* é necessário apresentar, inicialmente, um conceito elementar de *políticas públicas*.

Para esse mister podemos utilizar com bastante segurança o conceito jurídico trazido por Maria Paula Dallari Bucci (2006):

> Política pública é o programa de ação governamental que resulta de um processo ou conjunto de processos juridicamente regulados – processo eleitoral, processo de

planejamento, processo de governo, processo orçamentário, processo legislativo, processo administrativo, processo judicial – visando coordenar os meios à disposição do Estado e as atividades privadas, para a realização de objetivos socialmente relevantes e politicamente determinados.

As políticas públicas, ressalte-se, normalmente são direcionadas aos objetivos de efetivação dos direitos sociais:

> Atualmente a função do Estado é promover o bem-estar social, e para tanto necessita inúmeras atuações e intervir nas áreas econômicas, sociais e culturais. Para concretizar esses direitos prestacionais, os governos se utilizam das políticas públicas. (VALLE, 2016)

Valendo-nos destes conceitos, é possível identificar que estejam em curso uma série de ações integradas, mobilizadas pelo próprio INSS e pela Procuradoria Federal Especializada, com o objetivo nítido de cessar o número de benefícios previdenciários e, eventualmente, cobrar valores pagos aos segurados através de executivos fiscais.

A diminuição do nível de cobertura da Previdência Social, inclusive com a retração daquele já existente (em termos de cessação de benefícios já implementados) parece ser a *agenda-setting* governamental (CAPELLA, 2007).

É certo que a Administração Pública tem o poder-dever de anular seus atos que porventura estejam em desacordo com a lei, conforme movimento que é conhecido como *autotutela administrativa*.

Segundo Di Pietro (2002):

> Enquanto pela tutela a Administração exerce controle sobre outra pessoa jurídica por ela mesma instituída, pela autotutela o controle se exerce sobre os próprios atos, com a possibilidade de anular os ilegais e revogar os inconvenientes ou inoportunos, independentemente de recurso ao Poder Judiciário.
> É uma decorrência do princípio da legalidade; se a Administração Pública está sujeita à lei, cabe-lhe, evidentemente, o controle da legalidade.

De fato, ainda que se considere que "os meios contenciosos sejam os mais adequados para discutir a legalidade dos atos administrativos", pois se pressupõe "uma divergência, uma oposição de interesses, uma contestação de razões", consente a doutrina que "antes de se iniciar essa fase do exame da legalidade do ato, deve dar-se à Administração a possibilidade de rever a sua decisão para, no caso de vir a reconhecer que errou, poder ela própria desfazer o erro" (CAETANO, 1977).

A autotutela administrativa, por estes e outros argumentos, efetivamente se encontra respaldada no ordenamento jurídico brasileiro, conforme se vislumbra das Súmulas 346 - "A Administração pública pode declarar a nulidade dos seus próprios atos" - e 473 - "A Administração pode anular os seus próprios atos, quando eivados de vícios que os tornem ilegais, porque deles não se originam direitos; ou revogá-los, por motivo de conveniência ou oportunidade, respeitados os direitos adquiridos, e ressalvada, em todos os casos, a apreciação judicial" - do Supremo Tribunal Federal.

O fenômeno que aqui identificamos como *políticas públicas de des-previdência social* consistem em algo diverso da simples vocação administrativa para a autotutela.

Vislumbra-se que há uma pré-disposição e certeira mobilização de recursos públicos no sentido de *diminuir o nível da proteção social*.

Este movimento pode ser identificado através de algumas alterações legais postas em andamento recentemente.

O maior exemplo desse argumento reside na denominada *Operação Pente-Fino*, que foi trazida pelas Medidas Provisórias 739/2016 e 767/2017, mas ganhou relevância sem precedentes com a Medida Provisória 871/2019 – convertida na Lei 13.846/2019.

Esse último diploma legal não apenas indica a existência de um programa especial de revisão dos benefícios previdenciários e assistenciais concedidos pelo INSS, mas estipula um bônus econômico para os servidores envolvidos nessa empreitada (arts. 2º e 3º, da Lei 13.846/2019):

> Art. 2º Para a execução dos Programas de que trata o art. 1º desta Lei, ficam instituídos, até 31 de dezembro de 2020:
> I - o Bônus de Desempenho Institucional por Análise de Be-

nefícios com Indícios de Irregularidade do Monitoramento Operacional de Benefícios (BMOB); e

II - o Bônus de Desempenho Institucional por Perícia Médica em Benefícios por Incapacidade (BPMBI).

§ 1º A implementação e o pagamento do BMOB e do BPMBI ficam condicionados à expressa autorização em anexo próprio da lei orçamentária anual com a respectiva dotação prévia, nos termos do § 1º do art. 169 da Constituição Federal.

§ 2º A concessão do BMOB e do BPMBI poderá ser prorrogada por ato do Ministro de Estado da Economia, e a prorrogação do BMOB ficará condicionada à implementação de controles internos que atenuem os riscos de concessão de benefícios irregulares.

§ 3º Os valores do BMOB e do BPMBI poderão ser revistos por ato do Ministro de Estado da Economia, com periodicidade não inferior a 12 (doze) meses, até o limite da variação do Índice Nacional de Preços ao Consumidor Amplo (IPCA), aferido pela Fundação Instituto Brasileiro de Geografia e Estatística (IBGE), ou de outro índice que vier a substituí-lo, no mesmo período.

Art. 3º O BMOB será devido aos servidores públicos federais ativos que estejam em exercício no INSS e concluam a análise de processos do Programa Especial.

§ 1º As apurações referentes aos benefícios administrados pelo INSS poderão ensejar o pagamento do BMOB.

§ 2º A análise de processos de que trata o caput deste artigo deverá representar acréscimo real à capacidade operacional regular de realização de atividades do INSS, conforme estabelecido em ato do Presidente do INSS.

§ 3º A seleção dos processos priorizará os benefícios mais antigos, sem prejuízo dos critérios estabelecidos no art. 9º desta Lei.

O art. 4º, da Lei 13.846/2019, estabelece quais serão os valores a serem pagos aos servidores públicos responsáveis por essas atividades, e o art. 5º, do mesmo diploma legal indica que não se trata de pagamento por serviço extraordinário, mas um incentivo econômico para uma demanda administrativa diversa, que consiste especificamente no Pente Fino:

> Art. 4º O BMOB corresponderá ao valor de R$ 57,50 (cinquenta e sete reais e cinquenta centavos) por processo integrante do Programa Especial concluído, conforme estabelecido em ato do Presidente do INSS na forma prevista no art. 3º desta Lei.

> § 1º O BMOB somente será pago se as análises dos processos ocorrerem sem prejuízo das atividades regulares do cargo de que o servidor for titular.
> § 2º Ocorrerá a compensação da carga horária na hipótese de as atividades referentes às análises dos processos serem desempenhadas durante a jornada regular de trabalho.
> § 3º O BMOB gerará efeitos financeiros até 31 de dezembro de 2020 e poderá ser prorrogado, a critério da administração pública federal, nos termos do § 1º do art. 1º e do § 2º do art. 2º desta Lei.
>
> Art. 5º O BMOB não será devido na hipótese de pagamento de adicional pela prestação de serviço extraordinário ou de adicional noturno referente à mesma hora de trabalho.

Além da campanha de revisão dos benefícios considerados como irregulares, motivando sua cessação administrativa, criou-se todo um aparato processual direcionado à cobrança dos valores recebidos pelos segurados e dependentes em virtude da concessão destes benefícios.

A Medida Provisória 780/2017 incorporou à Lei 8.213/91 o § 3º, do art. 115, que tem a seguinte redação:

> § 3º Serão inscritos em dívida ativa pela Procuradoria-Geral Federal os créditos constituídos pelo INSS em decorrência de benefício previdenciário ou assistencial pago indevidamente ou além do devido, inclusive na hipótese de cessação do benefício pela revogação de decisão judicial, nos termos da Lei nº 6.830, de 22 de setembro de 1980, para a execução judicial.

Posteriormente, a Lei 13.846/2019 trouxe o § 4º ao mesmo art. 115 da Lei 8.213/91, autorizando a cobrança mediante execução fiscal desses valores de benefícios previdenciários e assistenciais tidos como indevidos também de terceiros que, porventura, soubessem ou devessem saber da origem ilícita do benefício:

> § 4º Será objeto de inscrição em dívida ativa, para os fins do disposto no § 3º deste artigo, em conjunto ou separadamente, o terceiro beneficiado que sabia ou deveria saber da origem do benefício pago indevidamente em razão de fraude, de dolo ou de coação, desde que devidamente identificado em procedimento administrativo de respon-

sabilização.

Esses dois dispositivos legais são complementados por um arranjo administrativo, de duvidosa constitucionalidade e legalidade, contido ela Portaria Interministerial Conjunta INSS/SRF 02/2018:

> Art. 2º Nos casos em que restar obstaculizado ou infrutífero o procedimento previsto no art. 1º, o INSS deverá promover a cobrança dos valores de forma administrativa, salvo se houver decisão judicial que a proíba.
> (...)
> § 2º A cobrança administrativa consistirá na notificação do segurado para promover a devolução dos valores recebidos indevidamente, instruída com a respectiva Guia de Recolhimento da União - GRU, preenchida com o valor apurado/a ser parcelado.
> (...)
> § 4º Não haverá instrução, nem a necessidade de oportunizar prazo para defesa no âmbito do processo administrativo de cobrança, resguardando-se a eficácia preclusiva da coisa julgada formada pelo processo judicial já transitado em julgado, no bojo do qual o segurado já pôde exercer o seu direito à ampla defesa e ao contraditório, em feito conduzido pelo Poder Judiciário de acordo com a legislação processual civil, que culminou na formação de um título executivo judicial apto a ser exigido, na forma do art. 515, I, do Código de Processo Civil/2015.
>
> Art. 3º Não sendo possível ou restando infrutífera a cobrança na forma prevista nos arts. 1º e 2º, será promovida a inscrição do débito em Dívida Ativa por meio da Equipe Nacional de Cobrança - ENAC, da Coordenação Geral de Cobrança da Procuradoria Geral Federal - CGCOB/PGF, com a consequente adoção das demais medidas previstas na legislação para a cobrança do débito, salvo se houver decisão judicial que impeça o ressarcimento.

Essas disposições da mencionada Portaria Conjunta AGU/INSS nº 2/2018 obviamente ofendem ao princípio constitucional do devido processo legal, por dispensarem processo administrativo para apuração do débito pretendido pelo INSS.

Essas alterações legais no art. 115 da Lei 8.213/91 representam uma contra-ofensiva em relação à jurisprudência firmada pelo STJ no sentido da inviabilidade da utilização da execução fiscal para cobranças de benefícios previdenciários indevidos, por ausência de liquidez e certeza do crédito (recurso especial repetitivo nº 1.350.804/PR), bem como em relação ao descabimento da cobrança de valores relativos a benefícios assistenciais (recurso especial repetitivo nº 1.401.560/MT).

O que se percebe é que houve uma mobilização legislativa, no sentido de direcionar a atuação judicial do INSS para a cobrança de certos valores de crédito que correspondem a benefícios previdenciários cessados.

Estas duas novas estruturas administrativas, de revisão e cessação de benefícios e de cobrança de valores, tomadas em conjunto, permitem vislumbrar a colocação em prática da concepção que vislumbramos neste artigo: há em curso não somente um evidente retrocesso social, mas uma verdadeira política pública ativa de restrição do atual nível de proteção social.

Por outro lado, também deve ser mencionado um fenômeno que já foi capturado pela literatura de Ciência Política a respeito da Alta Administração pública e seu papel na formulação de políticas públicas e da agenda governamental:

> Também influenciam a agenda os indivíduos nomeados pelo presidente nos altos escalões da burocracia governamental, como ministros e secretários-executivos de ministérios. Além de inserirem novas ideias na agenda, esses atores podem ajudar a focalizar uma questão já existente. A alta administração, de forma geral, é central ao processo de *agenda-setting*, embora, de forma semelhante à atuação presidencial, tenha menor controle sobre o processo de seleção de alternativas e de implementação. (CAPELLA, 2007, p. 33)

No caso brasileiro, é possível identificar que a Alta Administração (Advocacia Geral da União, Ministério da Economia, Peritos Médicos Federais, dentre outros) relacionada à questão previdenciária parece estar exercendo um papel predominante na formulação dessa política pública de *des-previdência*.

CONSIDERAÇÕES FINAIS

Este artigo toma como premissa teórica e metodológica a concepção de que os direitos previdenciários são direitos fundamentais. Essa tomada de posição enseja a necessidade de tratamento do tema do *retrocesso social*, que é vedado pelas normas constitucionais e de Direito Internacional de Direitos Humanos.

Ainda assim, é certo que o retrocesso social vem ocorrendo no ordenamento jurídico brasileiro, a partir de diversas reformas constitucionais e infraconstitucionais, bem como através de posturas administrativas.

Além disso, também podemos identificar uma perspectiva diferente, que ainda não foi devidamente apreendida pela doutrina: está em curso não somente uma campanha de retrocesso social, nos moldes que a doutrina analisa em termos já consagrados; há também *políticas públicas ativas de redução do nível de proteção social*.

Essas ditas *políticas públicas ativas de redução do nível de proteção social*, que denominados de *políticas de des-previdência social*, são estruturadas a partir de dois eixos centrais: a) mobilização de serviços, estrutura e recursos públicos visando a cessação de benefícios previdenciários e assistenciais já concedidos aos segurados e demais beneficiários; b) mobilização de serviços, estrutura e recursos públicos para a cobrança dos valores recebidos pelos beneficiários, correspondentes aos benefícios que foram cessados.

Nossa pretensão, portanto, foi demonstrar que, além das perspectivas bem conhecidas pela doutrina a respeito do retrocesso social, vislumbra-se também um novo e diferente viés, que identificamos como *políticas públicas ativas de retrocesso social*.

O maior exemplo desse argumento reside na denominada *Operação Pente-Fino*, que foi trazida pelas Medidas Provisórias 739/2016 e 767/2017, mas ganhou relevância sem precedentes com a Medida Provisória 871/2019 – convertida na Lei 13.846/2019.

Por fim, deve-se ter em consideração que, apesar de, atualmente, as políticas públicas ativas de retrocesso social estejam presentes especialmente no segmento do Direito Previdenciário, nada obsta que esse tipo de medida possa configurar um balão de ensaio, isto é, um arranjo normativo que esteja sendo gestado no Direito Previdenciário para utilização em todos os demais campos dos direitos sociais.

Referências

ANTUNES, Ricardo. **O privilégio da servidão**: o novo proletariado de serviços na era digital. São Paulo: Boitempo, 2018.

BUCCI, Maria Paula Dallari. O conceito de política pública em direito. In: BUCCI, Maria Paula Dallari (org.). **Políticas Públicas:** reflexões sobre o conceito jurídico. São Paulo: Saraiva, 2006.

CAETANO, Marcelo. **Princípios fundamentais do Direito Administrativo**. Rio de Janeiro: Forense, 1977.

CAPELLA, Ana Cláudia N. Perspectivas teóricas sobre o processo de formulação de políticas públicas. **Revista Brasileira de Informação Bibliográfica em Ciências Sociais**, ANPOCS, 2007.

DI PIETRO, Maria Sylvia Zanella. **Direito Administrativo**. 14 ed. São Paulo: Atlas, 2002.

MALTA, Maria de Mello. Políticas de Austeridade e ataque aos direitos sociais: agenda liberal conservadora para novos espaços de sobreacumulação (Prefácio). In: MELLO, Lawrence Estivalet de; CALDAS, Josiane; GEDIEL, José Antônio Peres. **Políticas de austeridade e direitos sociais**. Curitiba: Kayguangue, 2019.

MIRANDA, Jorge. **Manual de Direito Constitucional**. 3 ed. Tomo IV. Coimbra: Coimbra Editora, 2000.

RAMOS, André de Carvalho. **Teoria Geral dos Direitos Humanos na ordem internacional**. 2 ed. São Paulo: Saraiva, 2012.

SARLET, Ingo Wolfgang. **A eficácia dos direitos fundamentais**. 4

ed. Porto Alegre: Livraria do Advogado, 2004.

SERAU JR., Marco Aurélio. **Seguridade Social e direitos fundamentais**. 4ª ed. Curitiba: Juruá, 2020.

VALLE, Nathália do. Embrionamento de Políticas Públicas. In: GOMES, Camila Paula de Barros; GOMES, Flávio Marcelo; FREITAS, Renato Alexandre da Silva (org.). **Ensaios sobre políticas públicas**. Birigui: Boreal, 2016.

DIREITO COLETIVO DO TRABALHO E LAWFARE: O ESTADO POLÍCIA E A POLÍTICA PÚBLICA PARA O DIREITO SINDICAL BRASILEIRO

Almir Antonio Fabricio de Carvalho

Advogado. Especialista em Direito do Trabalho e Direito Previdenciário pela Escola da Associação dos Magistrados do Paraná – EMATRA IX. Especialista em relações do trabalho pela Universidade de Castilla-La Mancha/Espanha.

O modelo de direito coletivo do trabalho estabelecido atualmente se encontra sob ataque de uma agenda neoliberal. As atuais reformas laborais, dentre elas a reforma trabalhista, trouxeram inúmeras modificações na estrutura, custeio e funcionamento do movimento sindical, ocasionando diminuição na representatividade e sobrevivência financeira dos sindicatos. Isso é decorrente da uma guinada de um modelo constitucional socialdemocrata para o encontro de um modelo de aspiração nitidamente liberal. O movimento sindical e os direitos trabalhistas (individuais e coletivos), sofrem com esta guinada neoliberal, sendo considerados como inimigos e barreiras de um "avanço" econômico. Dentro deste contexto, o aparato estatal é utilizado pelos atores políticos para enfrentamento do movimento sob o signo do inimigo, com marca nítida de um Estado de Polícia. As mudanças na legislação social vem ocorrendo de forma acelerada, o ataque ao movimento sindical e ao direito coletivo do trabalho, o custeio sindical, o fim do fundo de amparo ao trabalhador, a incorporação do Ministério do Trabalho e Emprego nas mãos de um ministro que é o maior expoente de utilização e prática do lawfare dão conta do que se espera de politica pública para o Direito Sindical.

O sistema de direito coletivo do trabalho, tal como construído e delineado, é um empecilho para o avanço neoliberal. Por tal motivo, atualmente, empreende-se uma guerra legal, utilizando-se do processo de usar a violência e o poder inerente à lei para produzir resultados políticos (*lawfare*). Nesse sentido há influência do *lawfare* na própria erosão da democracia, quando ultrapassa a judicialização e adentra na esfera politica para influenciar eleições e processos de criações de leis (COMAROFF, COMAROFF, 2006) para seu desmonte e transformação. Isso porque há necessidade de implementação de um modelo em que as práticas neoliberais encontrem guarida. Diante disto, o trabalho pretende trazer algumas concepções de *lawfare* e a partir destas concepções enquadrar tais práticas no que vem ocorrendo com os direitos sociais, especificamente com o direito coletivo do trabalho.

LAWFARE

O *lawfare* é uma forma de guerra assimétrica na qual a lei é usada como arma de guerra, ou seja, seria o emprego de manobras jurídico-legais como substituto de força armada, visando alcançar determinado objetivo político (NOVO). Em outras palavras é uma forma de utilizar o sistema jurídico para dar aparência de legalidade a determinada alteração e/ou criações legais com o intuito de perseguir inimigos políticos.

Trata-se do uso da lei (*law*) como instrumento de guerra e destruição do outro (*warfare*), em que não se respeita os procedimentos legais e os direitos do indivíduo que se pretende eliminar. Tal prática é planejada de forma a ter toda uma aparência de legalidade, com a ajuda da mídia, além dos agentes perpetradores (NOVO). "É o uso estratégico do Direito para fins de deslegitimar, prejudicar ou aniquilar um inimigo" (ZANIN MARTINS, ZANIN MARTINS, 2019).

O termo atraiu mais enfoque com os escritos de Charles Dunlap Jr., que definiu a expressão como o uso da lei como uma ferramenta de guerra, tendo, posteriormente, o mesmo autor redefinido o termo para o uso do direito para se atingir um objetivo operacional, em troca da guerra tradicional (DUNLAP JR, 2019).

Na esfera política se traduz, segundo John Comaroff, no processo de usar a violência e o poder inerente à lei para produzir resultados políticos. Uma das formas mais frequentes da sua utilização se dá pelo afastamento de um adversário pelo uso abusivo do sistema jurídico em substituição aos processos eleitorais constitucionalmente vigentes (COMAROFF; COMAROFF, 2006). O autor ainda aponta a influência do *lawfare* na própria corrosão da democracia, quando ultrapassa a judicialização e adentra na esfera politica para influenciar eleições e processos de criações de leis.

Desta forma, o uso do sistema legal está sob o arbítrio das propensões dos agentes detentores do poder político com o intuito de validar as guerras por si travadas (BRAMBILA, CARVALHO). A lei se torna, assim, gradativamente, uma poderosa e prevalente arma de guerra (KITTRIE, 2016).

O *lawfare* é instrumentalizado e politizado para atingir efeito tático, operacional ou estratégico. Na seara política e das leis é uma expressão que faz referência ao fenômeno do uso abusivo e superficial do direito como meio de chegarem ao escopo militar, econômico ou político, eliminando, deslegitimando ou incapacitando um inimigo (BARROS FILHO et all, 2017).

Acontece que o *lawfare* debatido neste trabalho ocorre dentro de uma racionalidade neoliberal, em que tudo passa a ser mercantilizado, sendo até mesmo os direitos sociais negociáveis. Essa racionalidade ocupou o Estado, as instituições, as pessoas e inclusive o Direito, fazendo com que as garantias fundamentais passassem a ser percebidas como obstáculos para a eficiência do mercado e do Estado (CASARA, 2019).

Este avanço neoliberal se insere dentro de um debate contextualizado a partir de uma ascensão em escala global, refletida em nossa variações nacionais, que balizou uma intensa lógica de financeirização da economia, minoração da participação do Estado na proteção dos direitos sociais e diminuição destes direitos sociais, como é o caso da reforma trabalhista (MACHADO, 2017).

Essa escalada neoliberal trouxe uma crise estrutural, especialmente a partir da crise de 2008, que fez com que fortalecesse discursos ideológicos de empreendedorismo, de resistência do controle estatal, de um enfraquecimento sindical e de diminuição de direitos laborais (ALVES, 2018).

Somado a estes fatos tem-se que o discurso ideológico passa a ser um discurso dominante a partir do momento em que as instituições, os meios de comunicação em massa, a jurisprudência predominante, a opinião pública e a indústria cultural compram a ideia e passam a defender qualquer prática que seja adotada para conseguir o fim almejado. Estes atores políticos, na convicção de que a conduta adotada é a correta, fazem com que independa de guardar relação com valores constitucionais, fazendo, a título de exemplo, com que um juiz alcance sucesso midiático e prestígio político ao adotar medidas que dificulte a aplicação de direitos fundamentais, violem o devido processo legal e legitimem tal conduta arbitrária.(CASARA, 2019).

Partindo desta concepção percebe-se que o movimento sindical passou a ser tratado como inimigo deste projeto neoliberal, percepção esta que será tratada no capítulo seguinte.

MOVIMENTO SINDICAL E O DIREITO COLETIVO DO TRABALHO COMO INIMIGO

O movimento sindical e os direitos trabalhistas (individual e coletivo), sofrem com esta guinada neoliberal, sendo considerados como inimigos e barreiras de um "avanço" econômico.

Assim o Direito do Trabalho fundisse com as exceções aprofundando a flexibilização dos direitos e legalizando práticas sociais ilegítimas (FERREIRA, 2011). Momento este que faz com que contratos leoninos são legalizados, que práticas extracontratuais ilegais passam a ser direito e o direito do trabalho tem que negar a função antropológica e sociológica que lhe é inerente (SUPIOT 2007).

Desta forma, a estrutura sindical brasileira a partir das recentes reformas modificaram e enfraqueceram a atuação sindical, demonstrando que a reforma trabalhista brasileira ocorrida no ano de 2017, bem como, os demais projetos de lei e medidas provisórias envolvendo o direito coletivo do trabalho sindical, visaram atacar a atuação sindical por meio do *lawfare*.

Mas não é só, o movimento sindical é tratado como inimigo, sendo declaradamente considerado pelo atual governo como tal (cf. SUDRÉ, 2019; ELIAS, 2019; VILELA, 2019). Por diversas vezes o atual presidente Jair Bolsonaro faz menções depreciativas do movimento sindical, quando do fim da Medida Provisória (MP) 873 Bolsonaro fez a seguinte declaração:

> Isso dá aproximadamente R$ 3 bilhões por ano nas mãos dos sindicatos do Brasil. Em que pese os bons sindicatos, outros nós sabemos o que vão fazer com esse dinheiro, para fazer piquete, fazer greve, queimar pneu, parte vai para o MST [Movimento dos Trabalhadores Rurais Sem Terra] invadir propriedade. É lamentável essa decisão por parte de alguns líderes, deixar caducar [a MP] por falta de indicação dos integrantes. (VILELA, 2019)

Dessa maneira, o *lawfare* também se utiliza da mídia como transmissora das imputações ao alvo da perseguição.

Neste caso os meios de comunicação são importantes ferramentas para enfraquecer ou diminuir o adversário político com o qual o *lawfare* está sendo manejado (SANTORO, TAVARES, 2017). A mídia é condição importante, pois através dela as pessoas se sentem participantes dos acontecimentos, visto que estão simbolicamente distantes. Assim, em que pese não criar os acontecimentos, auxilia na sua constituição, provocando e direcionando um engajamento e/ou posicionamento público dos indivíduos. Ela direciona a opinião para alcançar o efeito pretendido (DOSSE, 2013).

Na esfera legislativa, a Reforma Trabalhista, atacou de maneira contundente o movimento sindical, estrangulando seu custeio e possibilitando a criação de comissões autônomas ao sindicato para negociações coletivas, o que tende a criar confusão quanto à representatividade e descentralizar e esvaziar as negociações (KREIN, 2018). Ainda, gerou alterações estruturais, alterações no conteúdo (menos proteção dos direitos trabalhistas) e regulação das condições de trabalho na negociação coletiva (ALBUQUERQUE, 2011).

Além destes pontos negativos, os efeitos da terceirização impactam diretamente no movimento sindical, uma vez que as alterações trazidas pela lei de terceirização afetam a forma de organização da classe trabalhadora, tornando-a mais heterógena, fragmentada e complexificada (ANTUNES, 1994).

Diante disto, o trabalhador terceirizado ou subcontratado não tem motivação e/ou temem (por receio de perderem o emprego) filiar-se ou participar do movimento sindical, já que seu vínculo de emprego é débil, seu emprego é curto ou esporádico e não tem nenhuma garantia de poder continuar trabalhando com o mesmo empregador (HOLDCROFT, 2013).

Estes pontos, ligado ao fato de que a reforma trabalhista constitui um processo de disputa política, tendo a mídia um importante papel neste convencimento da população, levam a analisar o Direito Coletivo do Trabalho como inimigo, sendo vítima de um Estado polícia, vez que o escopo principal do direito coletivo é deslegitimado por práticas de *Lawfare*.

O convencimento passa também pela inserção de conceitos e concepções que venham a servir como arma para o enfraquecimento e destruição do inimigo, o próprio conceito de "modernização" das leis do trabalho, conforme observa o dossiê do Centro de Estudos Sindicais e Economia do Trabalho (CESIT), oculta um passado que, mais uma vez, se ancora no presente. A primazia do negociado sobre o legislado, o desmonte da CLT e o ataque ao sindicalismo se tornaram à agenda política em nome da defesa da segurança jurídica, do combate ao ativismo jurídico e em prol da justiça social (CESIT, 2017). Logo, a tese da segurança jurídica é um subterfúgio para ocultar os interesses de quem a defende. O objetivo da reforma foi eliminar os entraves que a regulação pública do trabalho coloca à precarização, bem como a do enfraquecimento da atuação sindical (CESIT, 2017).

Recentemente um novo ataque por meio de mecanismos legais foi feito ao Direito Coletivo do Trabalho, que por meio da Medida Provisória n. 873/2019 promoveu significativa alteração no regime de custeio das entidades sindicais, ao modificar as regras pertinentes previstas na Consolidação das Leis do Trabalho (CLT) e na Lei n. 8.112/90 (RJU).

Sem adentrarmos ao mérito da MP 873/19 – que atualmente perdeu sua vigência – é importante registrar que tal medida provisória com tamanha repercussão entre os trabalhadores, empresas e movimento sindical não respeitou qualquer regra procedimental materializada na iniciativa de prévia de consulta ou diálogo social, medidas essas preconizadas pela Organização Internacional do Trabalho (consulta tripartite, proteção ao salário e fomento à negociação coletiva) nos diversos diplomas internacionais ratificados pelo Brasil (Convenção 144 da OIT - art. 2.1), vez que sequer houve comunicação prévia de tal intento junto aos representantes de trabalhadores e empregadores, e o pior, nem mesmo foi instalado o Conselho Nacional do Trabalho no âmbito do Ministério da Economia. Este atropelo legal interpreta e aplica o sistema legal segundo convicções não sustentadas na letra da lei, acelerando processos, passando distante do devido processo (CARVALHO, FONSECA,

2019).

Ademais, o texto constitucional, especificamente no artigo 62 da Constituição, conquanto autorize a atividade legislativa em caráter primário pelo Poder Executivo, não o fez de maneira livre e incondicionada. Claros são os termos da norma constitucional ao estabelecer que as medidas provisórias somente poderão ser editadas quando presentes um estado de relevância e urgência.

Fica ainda o indício de *lawfare*, inclusive, pelo fato de ter sido publicada em plena sexta-feira à noite - véspera de carnaval de 2019 – e aproximadamente 30 dias antecedentes ao desconto da contribuição sindical. Assim, a Medida Provisória fora formatada de modo a produzir desestabilização do movimento sindical com o enfraquecimento do financiamento da sua atividade.

Dito isto a reforma trabalhista realizada no ano de 2017 e os consequentes retrocessos que tal reforma trouxeram para todo o direito laboral, especialmente, para o direito coletivo do trabalho, bem como o continuo uso de meios legais, midiáticos e o ativismo judicial, levam o presente trabalho a propor que o Direito Coletivo do Trabalho e o Movimento Sindical é vítima de *Lawfare*.

RUMOS DO MODELO SINDICAL

Conforme exposto anteriormente, o modelo de direito coletivo do trabalho se encontra sob ataque de uma agenda neoliberal, isto decorre de uma mudança de um modelo constitucional socialdemocrata para um modelo de pretensões liberais. Mas se o país se tornar totalmente liberal, quais os rumos e modelos que o sistema sindical brasileiro irá seguir? E quais as políticas públicas que serão adotadas?

Partindo deste argumento e tendo como claro que nosso modelo constitucional socialdemocrata vem sendo desmantelado, bem como a grande influência estadunidense nas políticas econômicas do atual governo, nos faz surgir outro questionamento: modelo estadunidense de direito sindical que surgiu e foi formado em bases liberais poderia ser adotado no Brasil? Para isto se faz necessário ter uma breve noção do que é o sistema sindical estadunidense e se este modelo, ante a atual conjuntura político-econômica, pode ser adaptado ou implantado no Brasil.

Importante frisar que o sistema estadunidense tem origem anglo-saxã, no qual é característico, portanto, a limitação de normas, com o individualismo típico de sua sociedade e cultura. Neste contexto, as relações laborais são predominantemente contratuais, seja no âmbito individual ou no coletivo. Sem contar é claro com a organização dos Estados-membros que com sua autonomia legislativa estabelecem suas linhas normativas (DIAS, 2014). Portanto, os Estados Unidos possuem a *National Labor Relations Act* (NRLA), de 1935, lei esta garantidora da liberdade sindical, que ao lado de outras duas leis formaram a base do sistema sindical e laboral estadunidense até a presente data (LIMONCIC, 2003). A NLRA se trata de uma lei federal, a qual dentro do confederalismo dos EUA, sua constitucionalidade se aplicaria ao comércio interestatal e ao comércio exterior. Assim, há temas em que a lei não se aplica, uma vez que prevalecerá a lei estadual, se existir. Desta forma, temos na NLRA uma lei concisa e econômica que se limita a garantir a organização sindical, sem adentrar em formalidades como a criação de sindicatos. Diante disto, conclui-se que o objetivo da NLRA é estabelecer uma instância que coordene as ações dos trabalhadores visando a solução dos conflitos por meio da negociação coletiva, afastando assim a intervenção estatal (DIAS, 2014).

Outra importante característica do modelo sindical dos EUA foi atribuir a apenas um sindicato o direito de representar certa classe de empregados nas negociações coletivas. O que temos aqui não se refere a unicidade sindical, haja visto que o sistema estadunidense é regido pela pluralidade sindical, mas que quem está capacitado para negociar é aquele sindicato a que se atribui o credenciamento para a negociação. Além disto, também fica proibido de ocorrerem negociações individuais, sob o argumento que são contrárias aos interesses da sociedade (SARCEDO, 2011).

Sinteticamente, em que pese a liberdade sindical ser meramente instrumental, utilizada como mecanismo de concentração e articulação da negociação coletiva, podendo-se considerar que o modelo estadunidense está em conformidade com os preceitos da liberdade sindical. Ao lado desta retificação, a *collecttive bargaining* não tem como principal objetivo a emancipação dos trabalhadores, mas primordialmente de oferecer melhores condições de competitividade e lucratividade para as empresas.

Este cenário foi e é influenciado pela estrutura ideológica da sociedade estadunidense, tendo na grande crise de 1929, a intervenção governamental surgida na tentativa de regular o conflito capital e trabalho, por meio de barganha das normas a época criadas. Além disto, a estrutura do mercado de trabalho e a mobilidade vertical da força de trabalho prejudicada, influenciaram na expectativa de ascensão social, inspirando assim, a ideologia estadunidense naquele momento (DAMICO).

As características do modelo sindical estadunidense somado ao momento neoliberal vivenciado no Brasil, faz com quem seja importante o estudo comparativa, para verificar o intuito de aproximar o Direito Sindical ao modelo estadunidense e distanciá-lo de um modelo em conformidade com a Constituição de 1988. Assim, uma das questões de destaque é se a atual agenda neoliberal brasileira é capaz de incorporar os preceitos do modelo sindical estadunidense. Desse tipo de elogio

Por óbvio que o modelo sindical brasileiro difere em muito do modelo estadunidense, a começar pela concepção e aplicação da Liberdade Sindical. Lá temos um modelo de pluralidade sindical (com as limitações e controles acima citados), aqui temos o modelo de unicidade sindical.

Sem opinar por qual modelo seria mais adequado para o País, é fato que a unicidade sindical facilita a vida de caciques sindicais, na medida em que não permite concorrência de outras entidades, já no tocante a um possível pluralismo haverá fragmentação e, consequentemente, enfraquecimento dos sindicatos.

Na atual conjuntura politica, bem como sem esquecer também o contexto em que foi criado o modelo sindical brasileiro e se realmente este modelo esta fadado ao fim, não podemos esquecer que o modelo estadunidense é consequência de uma estrutura liberal deste seus primórdios, enquanto no Brasil a ruptura para o modelo neoliberal vem sendo feito de forma abrupta e sem nenhuma contrapartida para os menos privilegiados.

Os elementos de formação do Direito Coletivo do Trabalho, destacando a forma que se consolidou no Brasil, no qual se encontra uma possibilidade de afirmação de autonomia coletiva a partir da possibilidade de criação de novos direitos para os trabalhadores organizados a partir de instrumentos coletivos (Convenções e Acordos Coletivos do Trabalho), fonte estas autônomas. Sendo que o Direito Coletivo do Trabalho também se utiliza de fontes heterônomas, como as sentenças normativas. Todavia, esta autonomia sindical brasileira, sofreu limitações quando já em sua origem esteve atrelada aos princípios da unicidade sindical e a contribuição sindical compulsório (esta última extinta a partir da reforma trabalhista de 2017) (OPUSZKA, 2017).

CONCLUSÃO

Importante destacar que o avanço neoliberal a nível global apesar de ser similar ou idêntico em todo o mundo, seus efeitos diferem de país para país, visto que cada nação possuiu o seu estágio civilizatório, cada um passou ou passa por afirmação de sua democracia e o respeito aos direitos sociais e individuais não ocorrem da mesma forma.

Quando o trabalho reflete sobre um modelo estadunidense de direito coletivo, não significa que buscará adotar sua implantação total ou mesmo parcial, mas o que se esta buscando fazer é que se o Brasil se tornar um país de concepções neoliberais, o modelo de direito coletivo do trabalho que foi criado nestas bases pode ser aproveitado e/ou adaptado? Comparações internacionais exigem falar de divisão internacional do trabalho, assim, a análise é delicada e meramente exemplificativa.

Ainda, não se pode olvidar que o artigo busca demostrar que o Direito Coletivo do Trabalho está sob ataque do neoliberalismo, que tem no instituto do *lawfare*, uma de suas principais ferramentas. Também, deve-se ressaltar que uma das causas do avanço do neoliberalismo é exatamente a aversão que a sociedade criou do coletivo (dentre eles a concepção coletiva de proteção de direitos por meio do sindicalismo), se tornando uma sociedade individualista.

REFERENCIAL BIBLIOGRÁFICO

ALBUQUERQUE, Bruna Maria J. F. **Subcontratación y precarización del trabajo**: um estúdio comparativo de la norma laboral brasileña y española. 2011. 709 f. Tese (Doctorado en Derecho) – Facultad de Derecho - Universidad de Salamanca, 2011, p. 431.

ALVES, Giovanni. A era do trabalho hipermoderno – governo Temer e reforma trabalhista no Brasil. *In:* MURADAS, Daniela (Coord.). **Manipulação capitalista e o Direito do Trabalho.** Belo Horizonte: RTM, 2018.

ANTUNES, Ricardo. **Adeus ao trabalho?** Ensaios sobre as metamorfoses e a centralidade do mundo do trabalho. São Paulo: Ed. Cortez, 1994.

BARROS FILHO, Geraldo C.; FARIAS, Athena A.; OLIVEIRA, Gislene F.. **Considerações sobre o instituto do *Lawfare*.** Id on Line Rev. Psic. V.10, N. 33. Supl. 2. Janeiro2017. Edição eletrônica em <http://idonline.emnuvens.com.br/id>

BRAMBILA, Filipe C.; CARVALHO, Thiago F. **Lawfare:** O uso instrumental do direito como uma ferramenta de guerra política. Disponível em: <file:///Users/almircarvalho/Documents/Academico/sindicalismo%20americano/LAWFARE-%20O%20USO%20INSTRUMENTAL%20DO%20DIREITO%20COMO%20UMA%20FERRAMENTA%20DE%20GUERRA%20POLÍTICA%20%7C%20Filipe%20Cam.webarchive>. Acesso em: 3 set. 2019.

CARVALHO, Carlos A.; FONSECA, Maria G. C. **Violência em acontecimentos políticos: jornalismo e *lawfare* no caso Lula**. Galaxia (São Paulo, online), Especial 1 - Comunicação e Historicidades, 2019, p. 100-112. Disponível em: <http://dx.doi.org/10.1590/1982-25542019441720>. Acesso em 2 set. 2019.

CASARA, Rubens R. R. **Colonização do direito pela economia transformou garantias em mercadoria.** [Entrevista concedida ao Consultor Jurídico] Sérgio Rodas, Rio de Janeiro, 2019. Disponível em <https://www.conjur.com.br/2019-jun-02/entrevista-rubens-casara-juiz-criminal-rio-professor>. Acesso em: 5 ago. 2019.

CESIT. **Contribuição Crítica à Reforma Trabalhista**. Campinas: CESIT, UNICAMP, 2017. Disponível em: <http://www.cesit.net.br/wp-content/uploads/2017/06/Dossie-14set2017.pdf>. Acesso em: 4 abr. 2019.

COMAROFF, Jonh L.; COMAROFF, Jean. **Law and disorder in the postcolony**. Chicago: The University of Chicago Press, 2006.

_____. **Law and Disorder in the Postcolony.** by Review by: Giovanni Arrighi American Journal of Sociology Vol. 114, No. 2 (September 2008), pp. 562-564.

DAMICO, Flávio S. **O sistema de relações industriais norte-americano e sua implementação no Brasil**. Porto Alegre: ensaios

FEE.

DIAS, Carlos Eduardo O. **A efetivação jurisdicional da liberdade sindical**. Tese de Doutorado. São Paulo, Programa de Pós-Graduação em Direito do Departamento de Direito do Trabalho e Previdência Social, USP, 2014.

DOSSE, François. **Renascimento do acontecimento**: um desafio para o historiador: entre Esfinge e Fênix. São Paulo: Editora Unesp, 2013.

DUNLAP JR., Charles J. **Lawfare today:** a perspective. 2007. Disponível em: <https://scholarship.law.duke.edu/cgi/viewcontent.cgi?referer=https://www.google.com.br/&httpsredir=1&article=5892&context=faculty_scholarship> Acesso em: 02 set. 2019.

ELIAS, Juliana. **Bolsonaro proíbe cobrar contribuição sindical no salário:** entenda a mudança. UOL, 2019. Disponível em: <https://economia.uol.com.br/noticias/redacao/2019/03/05/governo-proibe-desconto-imposto-sindical-o-que-muda.htm?cmpid=copiaecola> Acesso em: 2 set. 2019.

FERREIRA, António C. **A sociedade de austeridade**: Poder, medo e direito do trabalho de exceção. Revista Crítica de Ciências Sociais [Online], Centro e Estudos Sociais da Universidade de Coimbra, v. 95, 2011, Disponível em <http://journals.openedition.org/rccs/4417>, Acesso em 7 set. 2019.

KITTRIE, Orde F. **Lawfare:** Law as a Weapon of War. Oxford: Oxford University Press, 2016.

KREIN, José Dari. O desmonte dos direitos, as novas configurações do trabalho e o esvaziamento da ação coletiva: consequências da reforma trabalhista. **Tempo Social, Revista de sociologia da USP**, v. 30, n. 1. p 77-104.

HOLDCROFT, Jenny. **La tendencia a la precarización del trabajo y sus consecuencias para la acción sindical.** In OIT. Boletín Internacional de investigación sindical: Enfrentar el desafío del trabajo precario: la agenda sindical. Oficina Internacional del Trabajo, Ginebra, vol. 5, n.1, 2013

LIMONCIC, Flavio. **Os inventores do New Deal. Estado e sindicato nos Estados Unidos dos anos 1930.** Tese de Doutorado. Rio de Janeiro, Programa de Pós-Graduação em História Social, da UFRJ, 2003.

MACHADO, Gustavo S. S. **Direito do trabalho como barricada**: sobre o papel tático da proteção jurídica do trabalhor. Tese de Doutorado. São Paulo, Programa de Pós-Graduação em Direito do Departamento de Direito do Trabalho e Previdência Social, USP, 2017.

NOVO, Benigno Núñez. *Lawfare*. Boletim Jurídico, Uberaba/MG, a. 13, no 1522. Disponível em: <https://www.boletimjuridico.com.br/doutrina/artigo/4551/lawfare> Acesso em: 4 abr. 2019.

OPUSZKA, Paulo Ricardo. OS FUNDAMENTOS DAS RELAÇÕES JURÍDICAS DE TRABALHO: direito do trabalho, direito ao trabalho, regulação das relações laborais, possibilidades e limites. *In*: OPUSZKA, Paulo Ricardo (org.). **Direito do trabalho e efetividade**: temas clássicos, problemas contemporâneos. Curitiba: CRV, 2017

SANTORO, E. R. e TAVARES, N. L. F. O uso do sistema penal como *lawfare* político. In: BASSO, A. B. et al. (coord.). **Criminologias e política criminal**. Florianópolis: Conpedi, 2017.

SARCEDO, Cristiana L. W. **Representatividade sindical e negociação coletiva.** São Paulo: LTr, 2011.

SUDRÉ, Lu. **Bolsonaro ataca sindicatos e tenta impedir organização popular contra suas políticas**. Brasil de Fato, 2019. Disponível em: <https://www.brasildefato.com.br/2019/03/06/bolsonaro-ataca-sindicatos-e-tenta-impedir-organizacao-popular-contra-suas-politicas/> Acesso em: 2 set. 2019.

SUPIOT, Alain (2006), *Homo Juridicus:* ensaio sobre a função antropológica do direito. Lisboa: Instituto Piaget, 2007.

VILELA, Pedro Rafael. **Bolsonaro lamenta fim da validade de MP que veda desconto sindical.** Agência Brasil, 2019. Disponível em: <http://agenciabrasil.ebc.com.br/politica/noticia/2019-06/bolsonaro-lamenta-fim-da-validade-de-mp-que-veda-desconto-sindical> , Acesso em: 2 set. 2019.

ZANIN MARTINS, Cristiano; ZANIN MARTINS, Vasleska T.; VALIM, Rafael. *Lawfare*, uma introdução. São Paulo: Editora Contracorrente, 2019.

NOVOS OBSTÁCULOS AOS DIREITOS DOS ANIMAIS: A TUTELA RETROCEDE, A BRUTALIDADE AVANÇA

Waleska Mendes Cardoso

Doutoranda do Programa de Pós-Graduação em Direito, Universidade Federal do Paraná. Mestra em Filosofia, Universidade Federal de Santa Maria. Especialista em Direito Socioambiental, Pontifícia Universidade Católica do Paraná. Graduada em Ciências Jurídicas, Universidade Federal de Santa Maria. Docente em Direito Ambiental, Direito dos Animais, Sociologia e Filosofia Jurídicas na Faculdade de Direito de Santa Maria. Pesquisadora do NUDMARX – UFSM. Vice-Presidente da Comissão de Defesa e Proteção dos Direitos dos Animais da OAB, subseção Santa Maria, RS.

O Direito, como construção social, altera-se conforme as pressões sociais, políticas, econômicas, refletindo, em certa medida, alguns avanços civilizacionais e cristalizando certas estruturas, práticas e valores culturais. A Constituição da República Federativa do Brasil, de 1988, é um documento político-jurídico de grande densidade valorativa e que consolida os avanços dos Direitos Humanos no Direito pátrio, reconhecendo sua fundamentalidade e centralidade no sistema jurídico brasileiro.

Foi também nesse mesmo texto que se elevou ao patamar constitucional, a tutela do meio ambiente e, mais especificamente, a proteção jurídica dos animais, enquanto pertencentes à fauna e enquanto seres sencientes individualmente considerados. Assim, a Constituição Federal deu ensejo à construção do Direito Animal no Brasil, Direito este que vem sendo consolidado e ampliado por meio de construções teóricas, jurisprudenciais e legislativas - Por conta da necessária autonomia didática da matéria, no âmbito do Direito, Vicente de Paula Ataíde Junior [ATAIDE JUNIOR, Vicente de Paula. Introdução ao Direito Animal brasileiro. Revista Brasileira de Direito Animal, Salvador, volume 13, número 03, p. 48-76, Set-Dez 2018, p. 50] teve por bem convencionar, considerando a simetria com outras matérias do Direito, o Direito Animal positivo como "o conjunto de regras e princípios que estabelece os direitos fundamentais dos animais não-humanos, considerados em si mesmos, independentemente da sua função ambiental ou ecológica" (grifos no original). Considero acertada essa opção, mas penso que as outras nomenclaturas associadas também possuem sua utilidade e força semântica, as quais podem ser usadas para tratar de temas atinentes a este ramo emergente. "Direito dos Animais", mais próxima ao original em inglês Animal Rights, é nomenclatura já consagrada no âmbito da Filosofia Moral, Política e do Direito para tratar da defesa dos animais como sujeitos de direitos. Segundo Sônia Felipe, "em 1982, Henry Salt publica Animal Rights. Pela primeira vez na história da ética e da filosofia política, um livro traz, explicitamente, em seu título, o termo direitos, relacionado a animais." (grifos no original) [FELIPE, Sônia T. Liberdade e autonomia prática: fundamentação ética da proteção constitucional dos animais. In: MOLINARO, Carlos Alberto; MEDEIROS, Fernanda Luiza Fontoura de; SARLET, Ingo Wolfgang; FENSTERSEIFER, Tiago (Org.). A dignidade da vida e os direitos fundamentais para além dos humanos: uma discussão necessária. Belo Horizonte: Fórum, 2008. p. 55-83. ISBN 978-85-7700-120-0, p. 65]. Talvez, e porque o Direito pretensamente proclama-se como campo científico autônomo, muito diferente da Filosofia do Direito – o que a meu ver é de todo descabido –, a diferenciação entre Direito Animal e Direito dos Animais faça algum sentido. Também é importante frisar a carga semântica que carrega o termo direitos dos animais (em minúsculas, para diferenciar o objeto de seu campo de estudo), porquanto o dos enfatiza a posição dos animais como sujeitos titulares de direitos nas relações com humanos. De mesmo modo, o termo "direitos animais" é bastante interessante do ponto de vista de sua semelhança estrutural com o termo direitos humanos. Direitos humanos são direitos que os humanos possuem "por serem" humanos, uma espécie de consagração de direitos naturais (direitos morais derivados da natureza racional do humano). Da mesma forma, direitos animais são direitos que os animais (incluindo aí os humanos), possuem por sua natureza animal, decorrentes de sua senciência. Nesse sentido, os direitos humanos são um tipo de direitos animais ou direitos dos seres sencientes. Acredito que certa padronização da nomenclatura seja interessante, mas uma perspectiva dogmática que arbitrariamente seleciona certos termos e veda o uso de outros é uma questão, a meu ver, contraproducente, uma vez que o jurista ficará mais preocupado em seguir e defender uma terminologia, do que ser claro em sua opção terminológica e usar os conceitos para o que eles realmente servem: para passar uma ideia.

Todavia, desde a ruptura político-jurídica ocorrida em agosto de 2016, com o golpe parlamentar perpetrado contra a Presidenta Dilma Rousseff, pelo julgamento de seu Impeachment, embora ausente o crime de responsabilidade, houve uma guinada à direita no âmbito dos poderes governamentais e na agenda política do país, deflagrando um processo de retrocessos dos direitos fundamentais e das conquistas democráticas e das lutas sociais.

Tal retrocesso também atinge os direitos dos animais. Nesse sentido, o presente capítulo objetiva apresentar e discutir os retrocessos no âmbito do Direito Animal no Brasil, os quais podem ser identificados desde a ruptura democrática de 2016, com o avanço do conservadorismo de costumes, do liberalismo econômico, da força política das agendas contrárias aos direitos humanos, ao meio ambiente e aos animais, em todos os Poderes instituídos.

Para tratar dos retrocessos ao Direito Animal, no entanto, é oportuno, inicialmente, apresentar este ramo emergente do Direito brasileiro, o que se faz nas primeira e segunda seções deste trabalho. Para os que já conhecem esse panorama, sugiro a leitura das seções 3 e 4. Em um primeiro momento, alguns conceitos elementares do Direito Animal devem ser esboçados e, na sequência, os seus marcos normativos e avanços legislativos e jurisprudenciais. Na terceira seção do trabalho, será feita uma breve reflexão acerca do avanço da violência, da brutalidade, da indiferença quanto ao sofrimento do outro, do diferente, bem como do agravamento da destruição da natureza e o ataque à ciência e à educação, como estratégias de deslegitimação e fragilização dos direitos humanos e dos direitos dos animais. Por fim, serão descritos os retrocessos ao Direito Animal ocorridos desde a virada à direita e explicitados os novos desafios aos juristas humanistas e animalistas para a (re)construção do patamar civilizacional expresso na Constituição.

A CONSTRUÇÃO DOS DIREITOS DOS ANIMAIS: ASPECTOS CONCEITUAIS

O Direito Animal é um ramo emergente do Direito brasileiro no qual são reguladas as relações dos humanos e dos animais não humanos de modo a proteger os interesses destes e conferir-lhes tutela por meio de direitos subjetivos. Esse ramo origina-se a partir da previsão constitucional de proteção à fauna e de proibição de submissão dos animais à crueldade, conforme se verá a seguir. É um ramo emergente do Direito composto por normas – princípios, regras – e conceitos que reconhecem direitos aos animais individualmente considerados, tutelando seus interesses em face dos interesses dos humanos. São, então, 30 anos do surgimento deste dispositivo constitucional que permitiu o desenvolvimento de novas legislações protetivas, um arcabouço normativo formado por leis e por decisões judiciais que vêm consolidando a tutela jurídica dos animais no país e construindo os chamados direitos dos animais.

Além disso, uma doutrina especializada vem também desenvolvendo conceitos e categorias para fazer avançar o Direito Animal como um ramo que hoje postula sua autonomia. Os juristas animalistas integram-se a um fenômeno amplo e global de reconhecimento dos direitos dos animais, que se inicia com as discussões no âmbito da Ética Animal (área da Filosofia que trata da inclusão dos animais no círculo de consideração moral), da Bioética e da Ecologia Holística. Nas searas da Filosofia Moral e do Direito, desenvolve-se o *Animal Rights* e o *Animal Law*, respectivamente, objetivando reconhecer os animais como sujeitos de direitos morais e jurídicos.

A seguir, apresentam-se conceitos, categorias e noções essenciais para a compreensão do Direito Animal, desenvolvidos pela Filosofia dos Direitos dos Animais e pela Ética Animal, os quais passaram a ser incorporados nos discursos dos juristas animalistas que desenvolvem a Dogmática do Direito Animal. E, na sequência, será apresentado o arcabouço normativo do Direito Animal, formado por legislações, jurisprudência e construção doutrinária.

A base teórico-conceitual que suporta a defesa dos direitos dos animais iniciou seu desenvolvimento há cerca de meio século. Os principais autores que impulsionaram a discussão sobre o tema e deram densidade argumentativa aos direitos dos animais foram Peter Singer, com a publicação de *Animal Liberation* (1975) e Tom Regan, com *The case for animal rights* (1983). As noções de senciência, interesses, sujeitos-de-uma-vida, valor inerente do indivíduo, direito moral, bem-estar são todos conceitos básicos do Direito Animal os quais serão apresentados nesta seção - É importante frisar que os conceitos elementares do Direito Animal, que ora postula sua autonomia no campo do Direito, têm natureza interdisciplinar, tendo em vista que se apropria dos ganhos teóricos do campo da Ética Animal, na Filosofia Moral e do Direito, que, por sua vez, relaciona elementos conceituais da Biologia, da Neurociência, da Primatologia, da Medicina Veterinária. Também com a chamada "virada política" dos Direitos dos Animais, com a publicação de Zoopolis (2011), o arcabouço conceitual ganha contornos da Filosofia Política e da Ciência Política, tratando de noções como soberania, autodeterminação, cidadania, entre outros.

Para Peter Singer, um utilitarista preferencial, uma ação acertada em termos éticos deve levar em consideração as preferências (os interesses preferenciais) dos indivíduos. Uma ação é falha moralmente quando os interesses dos indivíduos afetados pela ação são desconsiderados. E é ética uma ação quando satisfaz o maior número de interesses preferenciais dos indivíduos afetados. Nessa perspectiva, um indivíduo, para ser considerado moralmente, deve ser capaz de ter interesses.

Tradicionalmente, apenas os indivíduos humanos são considerados. Contudo, Singer postula que além dos humanos, grande parte dos animais também é capaz de interesses e, portanto, quando afetados pelas ações humanas, devem ser considerados. Isso porque, Singer considera que a senciência é o critério necessário e suficiente para a considerabilidade moral dos indivíduos, tendo em vista que é o critério necessário e suficiente para que um ser tenha interesses.

"A capacidade de sofrer e de sentir prazer é um pré-requisito para se ter algum interesse, uma condição que precisa ser satisfeita antes que possamos falar de interesse de maneira compreensível. Seria um contra-senso afirmar que não é do interesse de uma pedra ser chutada na estrada por um menino na escola. Uma pedra não tem interesse porque não sofre. Nada que lhe possamos fazer fará qualquer diferença para o seu bem-estar. A capacidade de sofrer e de sentir prazer, entretanto, não é apenas necessária, mas também suficiente para que possamos assegurar que um ser possui interesses – no mínimo, o interesse de não sofrer." (SINGER, 2004)

"Senciência envolve a capacidade para experiências sensoriais de um alguém que, além disso, percebe essas experiências em um nível consciente" (SENHORINHO, CARDOSO, 2017). O ser senciente é um indivíduo consciente capaz de experiências mentais. Possui uma unidade corporal e uma unidade mental "e é também um sujeito, que percebe o mundo a partir dos sentidos e da consciência e é capaz de valorizar [...] as experiências que tem" (SENHORINHO, CARDOSO, 2017). Segundo Naconecy (2006), o ser senciente "tem a capacidade de sentir, e [...] se importa com o que sente. 'Importar-se com' implica a capacidade de experimentar satisfação ou frustração (subjetiva)."

Singer defende o princípio da igual consideração dos interesses semelhantes, o qual determina que interesses semelhantes, independente de quem seja o seu portador, devem ser considerados com igual peso. O interesse em não sentir dor de um cachorro, vale tanto quanto o interesse de não sentir dor de um humano e nenhum desses interesses deve ser desconsiderado. "Não importa a natureza do ser, o princípio da igualdade requer que seu sofrimento seja considerado em pé de igualdade com sofrimentos semelhantes de qualquer outro ser" (SINGER, 2004). Assim, o critério da senciência, na Ética Animal, fundamenta a considerabilidade moral dos animais e, a depender da vertente teórica adotada, o reconhecimento de um status de sujeito de direitos morais e jurídicos aos animais (Como em Gary Francione, por exemplo).

É importante notar que em 2012, com a Declaração de Cambridge, a comunidade científica afirmou o estado do atual conhecimento científico acerca da consciência e dos estudos sobre a mente, declarando que todos os animais vertebrados e alguns outros invertebrados como polvos, por exemplo, possuem substratos neuroatômicos, neuroquímicos e neurofisiológicos de estados de consciência e que são capazes de comportamentos intencionais e de manifestar estados afetivos e emoções (LOW, 2020). Nesse sentido, a senciência foi reconhecida, cientificamente, como um fato biológico presente em humanos e outros animais e pode ser considerada a base moral da nossa igualdade e o fundamento da posse de direitos. -É essencial, para não incorrer em um tipo de falácia naturalista, deixar claros os argumentos que ligam a senciência (um fato natural) à posse de direitos, tendo em vista que é necessária a adoção de um tipo de premissa normativa para chegar-se a uma conclusão normativa. O caminho argumentativo pode se dar, mais ou menos, nesse sentido: 1. Todos os seres sencientes são capazes de experiências conscientes; 2. Todos os seres sencientes são capazes de sentir dor e 3. São capazes de julgar negativa ou positivamente esta experiência; 4. Todos os seres sencientes, por serem capazes de 1, 2 e 3, são capazes de experiências subjetivamente valoradas: importam-se com o que lhes acontece; 5. Pelo fato de todos os seres sencientes importarem-se com o que lhes acontece, /para respeitar estes seres/, também devemos considerar este fato (esta valorização subjetiva do outro) toda vez que nossas ações implicarem alteração nas experiências destes seres. A conclusão 5 pode ser defendida caso consideremos uma premissa normativa implícita que diz que devemos considerar com o mesmo peso o nosso interesse e as nossas experiências e o interesse e as experiências valorosas do outro. Seria um tipo de princípio (norma moral) da igual consideração dos interesses semelhantes, tal como proposta por Singer, ou o Princípio do Respeito de Regan. Também o argumento, para da considerabilidade moral (5) derivar a posse de direitos, pode se dar da seguinte maneira: 6. A senciência é uma capacidade de seres que são sujeitos e possuem interesses próprios e valor próprio; 7. Respeitar a individualidade, a subjetividade e os interesses desses seres é respeitar o seu valor inerente; 8. Os direitos morais são proteções que resguardam os interesses básicos dos sujeitos (que possuem valor inerente); 9. Os seres sencientes, por possuírem interesses básicos e valor próprio, são sujeitos de direitos e possuem direitos morais; logo, 10. Devemos respeitar os direitos morais dos seres sencientes.

A discussão enfrentada por Tom Regan é justamente sobre os critérios necessários para portar direitos morais básicos. Regan assevera que para que se aceite que todos (e somente) os seres humanos possuam direitos morais, é preciso que haja um critério que esteja presente (ou seja possuído) por todo e qualquer ser humano e somente pelos humanos e que seja relevante para justificar a posse de direitos, caso se queira defender que animais não têm direitos.

Capacidades ou atributos pretensamente exclusivos da espécie humana (algo como a capacidade de compor uma sinfonia ou de elaborar um teorema ou habilidades como inteligência e autonomia) não são compartilhados por todos os membros da espécie e/ou são moralmente irrelevantes para determinar deveres de respeito em relação aos indivíduos humanos. Para Regan, razão, autonomia ou intelecto/inteligência não são critérios válidos para afirmar se que animais não possuem ou possuem menor valor inerente que os humanos, porque isso excluiria do âmbito dos deveres morais os humanos que não satisfazem esses critérios (Trata-se do argumento dos casos marginais o qual postula que qualquer critério selecionado para fundamentar a posse de direitos para todos os humanos ou é exigente demais e falha em ser possuído por muitos humanos, deixando de fora inúmeros indivíduos da proteção por meio de direitos, ou é bastante elementar e, ao ser compartilhado por todos os humanos, também é compartilhado por inúmeros animais e, portanto, exige que estes também sejam reconhecidos como portadores de direitos. Para aprofundar, sugiro a leitura dos textos: DOSSENA, Luiz Felipe; CARDOSO, Waleska Mendes; GHIDOLIN, Clodoveo. O argumento dos casos marginais e o problema por ele suscitado nas concepções morais exclusivamente humanas. In: RODRIGUES; SPAREMBERGER; CALGARO (Orgs.). Direito Constitucional Ecológico. Porto Alegre; Editora FI, 2017 e TANNER, Julia. O argumento dos casos marginais. In Os 100 argumentos mais importantes da Filosofia Ocidental. Disponível em: https://filosofiaedireitosanimais.blogspot.com/2019/11/o-argumento-dos-casos-marginais.html. Acesso em: 08 jan. 2020).

As qualidades e características que são a base da nossa igualdade não são qualidades exclusivamente humanas e, assim, muitos animais também são seres capazes de direitos básicos. Regan defende que os humanos (e os outros animais) são um tipo de criatura consciente que experiencia a vida a partir de uma perspectiva subjetiva, são indivíduos que possuem um bem-estar que importa para eles, são seres capazes de querer e preferir coisas, de sentir coisas, de desejar e de ter expectativas (REGAN, 1986). E são essas as características que fazem com que todos os seres humanos (e também os animais) sejam semelhantes e que tenham uma importância moral (O gênio e a criança com retardo, o príncipe e o pobre, o cirurgião de cérebros e o vendedor de frutas, Madre Teresa e o mais inescrupuloso vendedor de carros usados, todos têm valor inerente, todos possuem igualdade e todos têm o mesmo e igual direito de serem tratados com respeito, de serem tratados de modo a não serem reduzidos ao status de coisas, como se eles existissem como recursos para outrem. Meu valor como um indivíduo é independente de minha utilidade para você. O seu valor não depende da sua utilidade para mim. Para nós dois, tratar o outro de maneira a falhar em demonstrar respeito pelo valor independente do outro é agir imoralmente, é violar os direitos individuais do outro." (Tradução livre) REGAN, Tom. (1986). A case for animal rights. In M.W. Fox & L.D. Mickley (Eds.), Advances in animal welfare science 1986/87 (pp. 179-189). Washington, DC: The Humane Society of the United States, p. 185-186. Disponível em: https://animalstudiesrepository.org/cgi/viewcontent.cgi?article=1003&context=acwp_awap. Acesso em: 08 jan. 2020.). "E todas essas dimensões da nossa vida, incluindo nossos prazeres e dores, nosso divertimento e sofrimento, nossa satisfação e frustração, [...] tudo isso faz diferença quanto à qualidade nossa vida enquanto vivida, enquanto experienciada, por nós enquanto indivíduos" (REGAN, 1986).

Esses chamados sujeitos-de-uma-vida ("indivíduos são sujeitos-de-uma-vida se eles possuem crenças e desejos; memória, e uma percepção do futuro que inclui o seu próprio; uma vida emocional, bem como sensações de prazer e dor; interesses de preferências e de bem-estar; a habilidade de dar início a uma dada ação em busca de seus desejos e objetivos; uma identidade psicológica ao longo do tempo; e um bem-estar individual no sentido de que sua vida experiencial ocorra bem ou mal para este ser, independentemente de sua utilidade para outros indivíduos, ou de ser alvo dos interesses de outrem." (Tradução livre) REGAN, Tom.

The Case for Animal Rights. 2ª ed. Berkeley and Los Angeles: University California Press, 2004), postula Regan, possuem um valor inerente, um valor individual como seres conscientes o qual independe do valor de utilidade que possam ter para os outros sujeitos. Tal valor inerente é o valor próprio do sujeito, uma dignidade. E, numa perspectiva kantiana como a de Regan, seres que possuem valor próprio são respeitados quando esse valor inerente é respeitado; são respeitados quando esses seres não têm o seu valor reduzido ao de meros objetos úteis a outrem. Nesse sentido, respeitar o valor do indivíduo é respeitá-lo como um sujeito que ele é. Independentemente de todas as diferenças individuais, o que nos torna iguais é nossa qualidade de sujeitos-de-uma vida. Todo o sujeito-de-uma-vida possui um direito moral de ser tratado com respeito, de ser tratado como um sujeito.

Assim, os direitos morais são uma forma ("Possuir direitos morais é ter um tipo de proteção que poderíamos imaginar como um sinal invisível dizendo: "Entrada proibida". O que esse sinal proíbe? Duas coisas. Primeira: os outros não são moralmente livres para nos causar mal: dizer isso é dizer que os outros não são livres para tirar nossas vidas ou ferir nossos corpos como bem quiserem. Segunda, os outros não são moralmente livres para interferir na nossa livre escolha: dizer isso é dizer que os outros não são livres para limitar nossa livre escolha como bem quiserem. Em ambos os casos, o sinal de 'entrada proibida' visa a proteger nossos bens mais importantes (nossa vida, nosso corpo, nossa liberdade), limitando moralmente a liberdade dos outros." REGAN, Tom. Jaulas Vazias: encarando o desafio dos direitos animais. Porto Alegre: Lugano, 2006, p. 47) de proteger os interesses individuais básicos do sujeito-de-uma-vida, de modo a garantir que seus interesses básicos não serão suplantados caso isso seja vantajoso para a comunidade ou traga um incremento no bem-estar geral. São a proteção contra a redução do indivíduo a mero meio para a satisfação dos outros ("Isso proibiria o tratamento desrespeitoso do indivíduo em nome do bem social, algo que a perspectiva dos direitos nunca permitirá, e isso de forma categórica." (tradução livre) REGAN, Tom. (1986). A case for animal rights. In M.W. Fox & L.D. Mickley (Eds.), Advances in animal welfare science 1986/87 (pp. 179-189). Washington, DC: The Humane Society of the United States, p. 186. Disponível em: https://animalstudiesrepository.org/cgi/viewcontent.cgi?article=1003&context=acwp_awap. Acesso em 08 jan. 2020), a forma de reconhecer a importância e o valor de seu possuidor.

Os direitos morais geralmente derivam de um direito moral (um meta-direito). Regan postula que todo o sujeito-de-uma-vida tem o direito de ser tratado com respeito ("Num sentido geral, os direitos discutidos neste capítulo (vida, liberdade e integridade física) são variações de um tema principal, que é o respeito. Eu mostro meu respeito por você respeitando esses direitos na sua vida. Você mostra seu respeito por mim fazendo a mesma coisa. O respeito é o tema principal, porque tratar um ao outro com respeito é exatamente tratar um ao outro de modo a respeitar os nossos outros direitos. Nosso direito mais fundamental, então, o direito que unifica todos nossos outros direitos, é nosso direito de sermos tratados com respeito." REGAN, Tom. Jaulas vazias: encarando o desafio dos direitos animais. Porto Alegre: Lugano, 2006, p. 51. Também em REGAN, Tom. The Case for Animal Rights. 2ª ed. Berkeley and Los Angeles: University California Press, 2004, p. 232), tem o direito de ser tratado como sujeito, reconhecendo-se seu valor inerente, sua dignidade. Direitos à vida, à integridade física e psíquica, à liberdade, protegem esses interesses específicos e derivam todos do direito de o sujeito-de-uma-vida ser tratado com respeito, de ser, em última instância, reconhecido como sujeito. Este é o mesmo raciocínio utilizado na Declaração Universal dos Direitos Humanos, quando determina que todo o humano tem direito de ser tratado como uma pessoa: "Artigo VI. Todo o ser humano tem o direito de ser, em todos os lugares, reconhecido como pessoa perante a lei".

Verifica-se que o fundamento dos direitos animais é o mesmo fundamento dos direitos humanos: a dignidade do sujeito. Embora a Declaração Universal dos Direitos Humanos reconheça que "todos os humanos nascem livres e iguais em dignidade e direitos" por conta de serem todos dotados de razão e consciência, sabe-se que nem todos os seres humanos possuem razão e sabe-se que tanto humanos quanto animais são seres conscientes e sencientes.

Assim, os direitos humanos que tutelam os interesses básicos dos humanos por reconhecê-los como sujeitos e os direitos animais que tutelam os interesses básicos dos animais por reconhecê-los como sujeitos são tipos ou espécies de direitos morais reconhecidos aos seres sencientes pelo fato de estes seres serem indivíduos conscientes, possuírem interesses, experienciarem o mundo e a vida de uma perspectiva subjetiva e importarem-se com o que lhes acontece, de modo a valorarem suas experiências como negativas ou positivas na medida em que afetam o seu bem-estar e qualidade de vida.

Também a noção de autonomia prática, cunhada por Steven Wise é considerada como critério para definir a linha que demarca os seres que devem ser considerados como titulares de direitos (morais e legais). Seres que possuem autonomia prática possuem "sensibilidade, consciência, percepção de si (self), desejo e intenção" (FELIPE, 2008). De acordo com Sônia Felipe

> Observação, atenção, memória e coordenação mental do próprio movimento no ambiente natural, ou seja, escolhas, são habilidades constitutivas dos animais aos quais Wise reconhece autonomia prática, e em relação aos quais propõe a proteção constitucional de duas liberdades, vinculadas ao gozo dessa autonomia: o não-aprisionamento, e o não impedimento físico para prover-se a seu próprio modo e prover os seus. (FELIPE, 2008)

Considerando os avanços da Filosofia dos Direitos dos Animais, as normas jurídicas no âmbito dos ordenamentos jurídicos nacionais passam a ter um novo fundamento e uma nova interpretação que considera o animal como um indivíduo singular, um sujeito insubstituível, um ser senciente cujos interesses merecem proteção por meio do Direito positivo. É nesse sentido que pode ser entendida a construção do Direito Animal brasileiro.

OS AVANÇOS DO DIREITO ANIMAL BRASILEIRO: ASPECTOS NORMATIVOS

Normas jurídicas que tutelam a fauna não são novidade no Brasil (Cf. DIAS, 2000; LEVAI, 2004; MEDEIROS, 2013). De acordo com Edna Cardozo Dias, o Decreto 16.590/1924 foi a primeira lei protetiva de abrangência nacional, ao proibir diversões públicas que causassem sofrimento (DIAS, 2000). Antes dela, em 1886, no Código de posturas de São Paulo, o artigo 220 estabelecia proibição aos condutores de carroça e outros profissionais que lidavam com equinos e muares, de dar aos animais castigos bárbaros e imoderados (LEVAI, 2004). Segundo Ana Conceição Barbuda Ferreira, em 1934, foi instituído o Decreto 24.645, "uma das mais célebres leis de proteção aos animais, estabelecendo, em seu art. 1º que todos os animais existentes no País são tutelados pelo Estado, para em seguida definir os maus-tratos contra os animais no art. 3º." (FERREIRA, 2014)

Além das referidas normas, a Lei 5.197, de 1967, a chamada Lei de Proteção à Fauna, regulamenta a caça. Em seu artigo 1º, proíbe, em todo o território nacional, a caça de animais silvestres, abrindo, em seguida, exceções, tais como particularidades regionais (MEDEIROS, 2013). No mesmo ano, o Decreto-Lei 221 tratou da pesca, legislando para a continuidade segura da atividade econômica; "a proteção desta lei restringe-se a garantir o equilíbrio do ecossistema aquático, para possibilitar a continuidade das atividades pesqueiras. Não se protege a vida do animal como um bem juridicamente relevante. Tutela-se o animal, como bem de valor econômico" (CARDOSO, 2008).

Em 1988, a Lei 7.679, proibia a pesca em período de reprodução. Esta lei foi revogada pela Lei 11.959, de 2009. O interesse de ambas as leis é garantir a manutenção dos ambientes aquáticos para a contínua "oferta" de peixes, para que sempre haja "produtos" à disposição dos homens. "Isso significa que, para a Lei 7.679/88, a proteção da vida aquática é relativa, porquanto não são os peixes e outros animais protegidos individualmente, mas a sua espécie é tutelada a fim de garantir maiores lucros nas explorações econômicas da pesca." (CARDOSO, 2008). Com a Lei 7.643, de 1987, "alcança-se uma evolução no quesito da pesca de cetáceos [...]. Finalmente restou terminantemente proibida a pesca ou qualquer forma de molestamento intencional de toda a espécie de cetáceo nas águas jurisdicionais brasileiras" (MEDEIROS, 2013).

Mas com o desenvolvimento das Teorias do Direito dos Animais e com a promulgação da Constituição em 1988, pode-se afirmar o surgimento de um novo campo normativo das relações sociais, o Direito Animal. Isso porque a Constituição Federal, ao tratar do tema do Meio Ambiente, não tutelou os animais apenas como um coletivo – fauna – mas como indivíduos sencientes.

Em seu artigo 225, *caput*, ela dispõe sobre o direito fundamental de todos ao meio ambiente ecologicamente equilibrado, essencial à sadia qualidade de vida. Dado o conceito totalizante e sistêmico de meio ambiente adotado pelo Direito brasileiro, no artigo 3º, inciso I da Lei 6.938, de 1981, humanos, os animais e outras formas de vida são elementos constitutivos da totalidade que é o meio ambiente, esse conjunto de interações de várias ordens que permite, abriga e rege a vida, em todas as suas formas.

Em conjunto com o *caput*, o §1º, inciso VII estabelece, no mínimo, três direitos aos animais, de forma que o texto do inciso VII possui 3 normas jurídicas: (1) determina ao poder público o dever de evitar a extinção das espécies; (2) de coibir práticas que coloquem em risco a função ecológica da fauna; e (3) de garantir que os animais não sejam submetidos à crueldade. Estas são garantias constitucionais que visam a proteger os animais diretamente e por si mesmos, "[...] protegendo as espécies, evitando tratamentos cruéis, está-se garantindo à vida e à integridade dos animais. Deste modo, a sadia qualidade de vida não se restringe apenas à espécie humana." (CARDOSO, 2008)

Ao proibir expressamente práticas que submetam os animais à crueldade, o ordenamento jurídico pátrio reconheceu a senciência dos animais, porquanto só podem ser vítimas de crueldades os seres sencientes. Além disso, a norma proibitiva da crueldade, ao atribuir deveres ao Poder Público e à coletividade, afirma a tutela jurídica dos interesses dos animais à sua integridade física e psíquica. Abriu-se a possibilidade de os animais seres tratados, no Direito brasileiro, como titulares de direitos fundamentais individuais e ambientais. - É bastante relevante a ressalva (que eu endosso) feita pelos juristas animalistas acerca da diferença existente entre as normas contidas no artigo 225, §1º, inciso VII da CF. Isso porque, é a partir da norma final deste inciso – a qual proíbe práticas que submetam os animais à crueldade – que se reconhece a senciência animal e, portanto, o animal como um indivíduo senciente titular do direito de não ser tratado com crueldade. Todavia, embora essa ressalva seja salutar e essencial para a autonomia do Direito Animal (como defende Vicente de Paula Ataíde Junior), não se deve considerar que os outros dispositivos não possam ou não devam ser lidos a partir da ótica do Direito Animal inaugurada no Direito brasileiro. Embora se compreenda a necessidade de ressaltar, em termos de disputa discursiva e interpretativa, o animal como sujeito, como indivíduo (e não como "mero componente" do meio ambiente), de modo a aproximar a lógica dos direitos animais aos direitos humanos, como assim o deve ser, não se pode olvidar que também os seres humanos não estão apartados do meio ambiente e que são eles também elementos do todo. Nesse sentido, a interpretação que reconhece que os animais são sujeitos de direitos, como indivíduos sencientes, não exclui o reconhecimento dos animais como parte da totalidade e como sujeitos de direitos ambientais. Isso inclusive é consonante ao respeito às cinco liberdades garantidas aos animais. Assim, extinção de habitats, poluição, manutenção de animais em condições ambientais de indignidade ofendem seus direitos fundamentais ambientais.

Sobre os outros direitos dos animais, a continuidade da vida e perpetuação da espécie são direitos tutelados com base no *caput* do artigo 225, parte final, combinado com a primeira parte do §1º, inciso VII. Ao determinar a proteção do meio ambiente para as presentes e futuras gerações, não há restrição do texto normativo quanto a sujeitos humanos. Nesse sentido, ao determinar que se evite a extinção das espécies, estabelece-se que os animais possuem direito à continuidade da existência. E, garante-se, por conseguinte, o seu direito ao meio ambiente equilibrado, porque é forma de vida integrante do meio ambiente e que necessita do equilíbrio ecológico para a manutenção da sua vida com qualidade. Tal a exegese possível do *caput* do artigo 225, combinado com a segunda norma do inciso VII do §1º do mesmo dispositivo.

Depois da Constituição, muitas leis federais, estaduais e municipais foram promulgadas seguindo o mandamento constitucional de vedação da crueldade contra os animais. A exemplo da Lei Federal 9.605, de 1998, a Lei dos Crimes Ambientais; a Lei Federal 11.794 de 2008, a qual regulamenta a experimentação com animais no país, bem como a Lei Estadual 11.140, de 2018, a qual institui o Código de Direito e Bem-estar Animal do Estado da Paraíba.

São inúmeras legislações que regulamentam as diversas relações entre humanos e animais no Direito brasileiro e as normas aqui explicitadas são apenas algumas das que compõem o conjunto normativo do Direito Animal. Todavia, o que importa considerar é a base constitucional do Direito Animal que condiciona toda e qualquer interpretação e aplicação das leis protetivas. As leis anteriores à Constituição, para serem consideradas recepcionadas pela ordem constitucional, bem como as normas promulgadas posteriormente à 1988, devem ser interpretadas também sob a nova lógica dos direitos dos animais. Nesse sentido, muitas decisões judiciais também vêm interpretando a legislação vigente e consolidando este ramo emergente.

Assim como existem diversas normas de Direito Animal, também inúmeros são os exemplos de decisões judiciais que compõe esse ramo emergente - Nas jurisdições estatais, bem como na Justiça Federal e nos Tribunais Superiores, várias demandas são judicializadas a fim de fazer valer o mandamento constitucional de proibição de crueldade contra animais e as legislações infraconstitucionais específicas, possibilitando a construção jurisprudencial do Direito Animal. São exemplos os processos que visam à proibição de realização de experimentos cruéis contra animais ajuizados em face de instituições de ensino e pesquisa, tais como as Universidades Federais brasileiras [Ação Civil Pública nº 5004455-51.2013.404.7102/RS em face da Universidade Federal de Santa Maria; Ação Civil Pública nº 5009684-86.2013.404.7200/SC em face da Universidade Federal de Santa Catarina; Apelação Cível em ACP nº 5000773-69.2014.4.04.7000/PR em face da Universidade Federal do Paraná], ações para reconhecer o direito à objeção de consciência de alunos que se recusam a realizar experimentos com animais como práticas didáticas [Ação Ordinária nº 2007.71.00.019882-0/RS em face da Universidade Federal do Rio Grande do Sul], ações para proibir a realização de eventos culturais cruéis com animais, tais como rodeios, vaquejadas, pega de porco, farras do boi, rinhas de galos [Ação Civil Pública nº: 320.01.2006.017365-4, Limeira/SP; Ação Direta de Inconstitucionalidade nº 2167515-36.2017.8.26.0000, Comarca de São Paulo; Ação Civil Pública nº 0801735-68.2019.8.14.0013, Capanema/PA; ADI nº 4.983/CE, STF; Apelação Cível em ACP nº 1.0000.18.045697-2/008, Comarca de Governador Valadares/MG; Ação Civil Pública Cível nº 1000849-81.2018.8.26.0338, Mairiporã/SP; Agravo de Instrumento em ACP nº 5011301-82.2019.8.21.7000/RS Agravo de Instrumento em ACP nº Nº 70082563149/RS; RE nº 153.531-8/SC, STF; ADI 1.856/RJ, STF; ADI nº70009169624, TJRS], tutela de animais domésticos de estimação, regulamentação de visitas; a obrigação de o Poder Público criar políticas públicas para respeitar os direitos e o bem-estar dos animais e também alguma proteção aos animais usados para consumo [Ação Ordinária nº Processo: 0200124-64.2018.8.19.0001, Rio de Janeiro/RJ; Ação Ordinária nº 0093840.65.2012.8.09.0051, Goiania/GO; REsp nº 1.713.167/SP, STJ; Apelação Cível em ACP nº 0000541-27.2014.8.24.0025, Gaspar/SC; ACP nº 70077014025, Torres/RS; ACP nº (65)0803940-36.2019.8.15.0371, Souza/PB; ACP nº 70081641870 Panambi/RS; ACP nº 9047407-20.2019.8.21.0001, Porto Alegre/RS; ACP nº1010977-33.2018.4.01.3300/SJBA], tutela de animais silvestres, nativos ou exóticos [Ação ordinária nº 5000587-10.2019.8.21.0066/RS; Ação Popular nº 001/1.17.0097352-6/RS; ACP nº 1.17.0012034-6/RS; Apelação em Ação Penal nº 70077524833/RS, Apelação em ACP nº 70076624451/RS], entre outras tantas.

Aqui, cumpre tratar apenas de algumas decisões paradigmáticas do reconhecimento da senciência e dos interesses dos animais, assim como da dignidade animal.

Dois julgados do Superior Tribunal de Justiça acolhem pedidos em favor dos direitos dos animais e fundamentam suas decisões em argumentos das teorias dos direitos dos animais como os apresentados neste artigo. O primeiro é o REsp nº 1.115.916/MG, o qual reconhece que os animais não são coisas e que a regra proibitiva de crueldade contra os animais justifica-se pela proteção dos animais eles mesmos, em função de sua natureza senciente e não por conta de um interesse humano no equilíbrio ecológico ("Não assiste razão ao recorrente, e o equívoco encontra-se em dois pontos essenciais: o primeiro está em considerar os animais como coisas, res, de modo a sofrerem o influxo da norma contida no art. 1.263 do CPC. O segundo, que é uma consequência lógica do primeiro, consiste em entender que a administração pública possui discricionariedade ilimitada para dar fim aos animais da forma como lhe convier. Não há como se entender que seres, como cães e gatos, que possuem um sistema nervoso desenvolvido e que por isso sentem dor, que demonstram ter afeto, ou seja, que possuem vida biológica e psicológica, possam ser considerados como coisas, como objetos materiais desprovidos de sinais vitais. Essa característica dos animais mais desenvolvidos é a principal causa da crescente conscientização da humanidade contra a prática de atividades que possam ensejar maus tratos e crueldade contra tais seres." BRASIL. SUPERIOR TRIBUNAL DE JUSTIÇA. Recurso Especial nº 1.115.916/MG, Rel. Ministro Humberto Martins, Segunda Turma. Julgado em 01/09/2009, DJe 18/09/2009, p. 10-11.). **E o segundo, o REsp 1.797.175/SP, o qual afirma em nossa ordem jurídica a existência de limitações aos direitos fundamentais humanos pelo reconhecimento dos direitos dos animais que resguardam seus interesses dos próprios animais** (Inserida nesse pensamento é que se faz premente a discussão: "[...] principalmente em relação aos animais não humanos, deve-se reformular o conceito de dignidade, objetivando o reconhecimento de um fim em si mesmo, ou seja, de um valor intrínseco conferido aos seres sensitivos não humanos, que passariam a ter reconhecido o status moral e dividir com o ser humano a mesma comunidade moral" (NAESS, Arne Apud: SARLET, Ingo Wolfgang; FENSTERSEIFER, Tiago. Direito constitucional ambiental: Constituição, direitos fundamentais e proteção do ambiente, 5. ed., p. 62, 2017). Em outras palavras, pode-se falar também de limitações aos direitos fundamentais dos seres humanos com base no reconhecimento de interesses não humanos. Observa-se que tais direitos são "[...] legitimados constitucionalmente, como é facilmente identificado na tutela dispensada à fauna e à flora através da vedação constitucional de 'práticas que coloquem em risco a função ecológica, provoquem a extinção de espécies ou submetam os animais a crueldade' (art. 225, § 1º, VII, [da Constituição Federal])" (SARLET, Ingo Wolfgang; FENSTERSEIFER, Tiago. Direito constitucional ambiental: Constituição, direitos fundamentais e proteção do ambiente, 5. ed., RT, p. 62, 2017). [...] Segundo a doutrina especializada, a própria ideia de um tratamento não cruel dos animais deve buscar o seu fundamento não mais na dignidade humana ou na compaixão humana, mas sim na própria dignidade inerente às existências dos animais não humanos." (grifou-se) BRASIL. SUPERIOR TRIBUNAL DE JUSTIÇA. Recurso Especial nº 1.797.175/SP, Rel. Ministro OG Fernandes, Segunda Turma. Julgado em 21/03/2019, DJe: 13/05/2019, p 10-12).

Por fim, cumpre mencionar também duas fundamentações com base nas teses animalistas que sintetizam de forma clara os argumentos jurídicos e filosóficos pelos direitos dos animais: Decisão interlocutória em ACP nº 9047407-20.2019.8.21.0001/RS e Decisão interlocutória em Ação Ordinária nº 5000587-10.2019.8.21.0066/RS. Na primeira, o julgador considerou ser dever do Poder Público desenvolver políticas que resguardem os direitos dos animais e fundamentou sua decisão a partir da matriz interpretativa animalista ("Assim, importa ter presente que a vedação de qualquer prática de objetificação ou coisificação (ou seja, tratamento como simples meio) não deve, em princípio, ser limitada apenas à vida humana, mas ter o seu raio de incidência ampliado para contemplar também outras formas de vida. Essa objetificação da vida animal (não humana), para ficarmos num exemplo estaria vedada diante do conteúdo normativo traçado pelo art. 225, §º 1º, inc. VI, da CF/88 (...). O alargamento da concepção kantiana para além do espectro humano conduz, portanto, ao reconhecimento de um fim em si mesmo inerente a outras formas de vida (ou à vida de um modo geral, seja humana, seja não humana), atribuindo-lhes um valor próprio e não meramente instrumental, ou seja, uma dignidade que que igualmente implica um conjunto de deveres (morais e jurídicos) para o ser humano (SARLET, Ingo Wolfang et FENSTERSEIFER, Tiago. Princípios do Direito Ambiental. 2 ed São Paulo: Saraiva, 2018 (2º tir), p. 72). A previsão do artigo 225, parágrafo 1º, inciso VII, na Constituição de

1988, pode ser considerada um marco para o reconhecimento, no Brasil, do valor intrínseco a todos os animais. A previsão constitucional permitiu uma interpretação que contemplasse a dignidade animal e viabilizou a construção jurisprudencial do conceito de não crueldade animal. [...] O reconhecimento da impossibilidade de tratamento cruel aos animais traz em si o reconhecimento de que são seres sencientes e possuidores de uma dignidade que precisa ser protegida. [...] Em suma, os cães comunitários são valorizados e têm um tratamento que respeita a dignidade animal. E no caso dos animais que utilizam as casinhas da Rua Ângelo Crivelaro, todos indicativos colhidos da documentação juntada com a inicial e da audiência da justificação apontam estar presentes cuidados que valorizam a dignidade animal, sem a existência de nenhum prejuízo ao interesse coletivo humano. Até, pelo contrário, há um fortalecimento da sociabilidade ambiental pela interação entre seres humanos e não humanos. Não bastasse isso, admitir-se a remoção dos equipamentos, sem uma justa causa, desborda a crueldade. Ficariam os cães sem abrigo e cuidados mínimos de humanos, sofrendo frio no inverno e calor escaldante no verão, pois a política pública para atendimento de animais que se encontram nas ruas é insuficiente para assegurar um acolhimento digno para os cães. (grifou-se)" TRIBUNAL DE JUSTIÇA DO RIO GRANDE DO SUL. Decisão liminar em Ação Civil Pública. Processo nº 047407-20.2019.8.21.0001. 10ª Vara da Fazenda Pública do Foro Central de Porto Alegre. Julgado em 02/09/2019, p. 01-02.). **Na segunda, o julgador considerou os interesses de bem-estar do animal para decidir** ("Porém, mesmo que se pondere a necessidade de exame do perigo de dano, é imperativo que se examine a questão sob o ponto de vista do bem-estar do animal. Primeiramente, Chico estava solto em uma propriedade com 170 hectares, ao contrário do cativeiro em que se encontra. É sabido que os animais se apegam àqueles que os alimentam e com quem convivem. Além disso, no local em que se encontra está sujeito a considerável estresse, decorrente do grande fluxo de turistas (foto 10), especialmente nesta época do ano. Não há dúvida, portanto, que a medida mais condizente com o seu bem-estar é o retorno imediato ao local que habitava. (grifou-se)" TRIBUNAL DE JUSTIÇA DO RIO GRANDE DO SUL. Decisão liminar Ação Ordinária. Processo nº 5000587-10.2019.8.21.0066. Vara Judicial da Comarca de São Francisco de Paula. Julgado em 18/11/2019, p. 05).

Tanto a dignidade animal, quanto a sua natureza de ser senciente são reconhecidas pelo Direito brasileiro e seus interesses de bem-estar estão protegidos por normas jurídicas. Pode-se dizer que, em cerca de 30 anos, muitos avanços foram feitos no sentido do reconhecimento dos direitos animais. Este avanço, entretanto, é fruto de uma luta dentro do campo jurídico para o reconhecimento da matriz interpretativa animalista e dos direitos animais. Tratando-se de uma disputa, por óbvio, há o posicionamento contrário (São também vários os exemplos, como RE 494.601/RS, o qual julgou constitucional lei gaúcha, a qual permitia a imolação de animais em rituais de religiões de matriz africana; a sentença de improcedência no ação nº 2009.51.01.009236-6 (SJRJ) que postulava objeção de consciência de aluna do curso de biologia para não participar das aulas com vivissecção; a Apelação Cível nº 0000516-26.2015.8.26.0412, da Comarca de Palestina/SP, em cujo Acórdão não se considerou crueldade a morte por trituramento de milhares de pintinhos machos descartados pela indústria avícola, entre tantos outros julgados que legitimam a objetificação e a exploração animal. Em se tratando de posição mais tradicional, prescinde-se de comentários) **também sendo disputado e muitos direitos (morais) dos animais são lesados, lesões justificadas e legitimadas judicialmente em vários momentos. Nesse sentido, a construção do**

Direito Animal é um desafio. Contudo, para além disso, dado o atual momento de recuo dos direitos fundamentais, em que direitos já há muito reconhecidos e consolidados, como direitos sociais, por exemplo, estão sendo extintos e suprimidos, esse retrocesso também é sentido no âmbito do Direito Animal, trazendo novos obstáculos ao reconhecimento dos direitos animais no país.

O RETROCESSO É CIVILIZACIONAL: A CULTURA DA BRUTALIDADE E DO OBSCURANTISMO É LOCAL E GLOBAL

Embora não seja o objeto deste trabalho, é importante entender que o conjunto de retrocessos nos direitos humanos e nos direitos animais não é fenômeno que ocorre exclusivamente no Brasil, nem mesmo se trata de uma exceção ou um "erro" de funcionamento do sistema social (FARIA, 2011). Ele está inserido num contexto político-econômico global e faz parte do funcionamento normal de um sistema que opera a partir de crises, por conta de suas contradições internas - Do mesmo modo que os direitos humanos e os direitos animais puderam se desenvolver nesse sistema fundado no individualismo, o qual coloca o indivíduo no centro da formação e razão de ser do Estado e da sociedade (inspiração contratualista e liberal), é este mesmo paradigma – a sociedade capitalista moderna – que faz avançar o neoliberalismo e o recuar os direitos individuais e coletivos em favor do capital e do mercado internacional.

No atual contexto da globalização e de financeirização do capital ("A integração dos mercados financeiros em escala global os tornou mais poderosos na formação das decisões e, com isso, sujeitou as economias nacionais às consequências de atos e acordos decididos fora de seus respectivos territórios. Evidenciando assim que os espaços tradicionalmente reservados ao direito positivo e à política legislativa já não coincidem com o espaço territorial e que os Estados nacionais enfrentam dificuldades crescentes para neutralizar os efeitos de fatores externos e para atuar como reguladores do sistema financeiro doméstico e globalizado, por meio de seus mecanismos político-normativos internos.". FARIA, José Eduardo. O Estado e o Direito depois da Crise. São Paulo: Saraiva, 2011 (Direito, desenvolvimento e justiça: direito em debate), p. 34), ocorre o enfraquecimento dos Estados, com a diminuição da capacidade para oferecer serviços e bens públicos por meio de políticas públicas e de regulação; a alteração de própria noção de soberania, por conta da perda de poder decisório sobre os processos econômicos que está concentrado nas mãos de agentes econômicos internacionais e também a fragilização das democracias ("[E]m consequência da crescente interdependência da atividade política, a situação de desordem no âmbito internacional exerce uma influência crescente no funcionamento das instituições democráticas e no exercício dos direitos fundamentais no interior de cada país. As condições da democracia interna tendem a depender cada vez mais das condições da democracia externa, além de uma crescente interdependência econômica e tecnológica." BRUM, Márcio Moraes. Pode o cosmopolitismo (jurídico) ser "emancipatório"? In SILVA, Maria Beatriz Oliveira da (coord.); BUENO, Igor Mendes; PALAR, Juliana Vargas; DE DAVID, Thomaz Delgado (orgs.). Direito, Marxismo e Meio Ambiente. Curitiba: Editora Prismas, 2019, p. 147), tendo em vista que as decisões mais importantes e impactantes na vida dos cidadãos são tomadas por cúpulas e por *"players"* levando em conta os interesses do mercado ("[Q]uanto mais o Estado perde capacidade de coordenação econômica e autonomia na formulação de novas estratégias de regulação, uma vez que elas passam a ser negociadas, definidas e ordenadas no âmbito de entidades internacionais e organismos multilaterais, mais ele tem pela frente a responsabilidade de lidar com as consequências locais da crise. E quanto maior é a chamada "crise social", menor é a capacidade do Estado de dispor de fontes de investimento e de linhas de financiamento para atender às demandas dos segmentos sociais mais pobres; menos possibilidades tem ele de formular estratégias compensatórias nos moldes das que foram postas em prática no período dos governos de inspiração social-democrata do pós-guerra, dadas as resistências dos agentes econômicos à utilização de transferências fiscais e às crescentes restrições à capacidade de endividamento do setor público." FARIA, José Eduardo. O Estado e o Direito depois da Crise. São Paulo: Saraiva, 2011 (Direito, desenvolvimento e justiça: direito em debate), p. 39.). Tais fenômenos geram, em contrapartida, hipervulneração ("Apesar dos limites de nossos processos democráticos e dos poucos avanços que tivemos nos últimos anos no sentido de termos um sistema político alicerçado na soberania popular e de construção de políticas públicas realmente emancipatórias, houve um reconhecimento institucional de sujeitos tradicionalmente "esquecidos" pelo Estado e pelos governos. Esse reconhecimento não foi por acaso, mas fruto de lutas e organização desses sujeitos nas últimas décadas, para não falar séculos. Basta lembrar a luta dos quilombos, dos povos indígenas, das comunidades LGBT, dos jovens e das mulheres. O golpe precisava deslegitimar esses sujeitos, suas lutas e demandas. Não é à toa que uma das primeiras medidas do governo golpista foi a extinção ou o esvaziamento de estruturas do Estado que possibilitavam certo tensionamento entre esses sujeitos e a definição de políticas públicas. O que melhor espelha isso é a extinção dos ministérios dos Direitos Humanos, da Igualdade Racial, das Políticas para as Mulheres, do Desenvolvimento Agrário; o fim do Ministério da Previdência Social (quem precisa de previdência é a classe trabalhadora); a militarização da questão indígena e o esvaziamento dos espaços de interlocução com a comunidade LGBT e as juventudes." MORONI, José Antônio. A desconstituição ética, moral, cultural e institucional do Estado. In Le Monde Diplomatique Brasil, março, 2007, pp. 08-09.) e violência às parcelas das populações locais já vulneráveis e excluídas, precarização das condições de vida e trabalho e faz crescer sentimento de impotência (e revolta) manejado em direção ao conservadorismo, aos nacionalismos e usados como força social pela extrema-direita. Do retorno do discurso do inimigo, do "nós" versus "eles", resultam o aumento do ódio contra o diferente, da xenofobia, da homofobia, da transfobia, da misoginia, da misantropia, do capacitismo, do racismo e do especismo, os quais legitimam as investidas de supressão de direitos humanos e animais.

E essa "crise" do capitalismo globalizado, rompida em 2008, teve repercussão na década seguinte no âmbito da economia brasileira. Tratada como conjuntural, a crise econômica brasileira foi a motivação perfeita para a ruptura político institucional (A aliança de golpistas pela via parlamentar com suspeitos da Operação Lava Jato veio através do rito e manto da "legalidade", pela farsa jurídica e impeachment sem mérito. O pior da tradição do país dos bacharéis termina com as ilusões "legalistas" da centro-esquerda, ou da ex-esquerda. Uma parte da análise da presidente destituída está correta: existe uma dimensão substantiva do Golpe, na agenda regressiva de direitos e um avanço repressivo sob um véu de "legalidade". ROCHA, Bruno Lima. A sessão final do golpe com nome de impeachment no Senado – epílogo da Operação Café Filho. Publica. 01/09/2016. In Instituto Humanitas Unisinos. Disponível em http://www.ihu.unisinos.br/559598-a-sessao-final-do-golpe-com-nome-de-impeachment-no-senado-epilogo-da-operacao-cafe-filho. Acesso em 30 dez. 2019) que ocorreu em 2016, com o Impeachment da Presidenta e que fez retornar a agenda política que perdeu nas urnas em 2014, a agenda neoliberal e de supressão de direitos ("No cenário doméstico, a meta estratégica de quem está golpeando e virando a mesa - por aplicar um impeachment sem mérito evidente - é destravar a liberdade absoluta de capital, transnacional de preferência, associado, nacional, diminuindo tanto o papel do aparelho de Estado na organização do capitalismo interno como também nas perdas de regulação e proteção sociais, trabalhistas e nos direitos de 4a geração. Concluindo, consumado o golpe semi-parlamentarista, está aberto o caminho para uma ampla revisão constitucional no sentido à direita, aplicando uma agenda regressiva, de perda de condições de vida, retomando a restauração (neo)liberal da década de '90 no século - a que foi ainda mais perdida do que a de '80." ROCHA, Bruno Lima. A sessão final do golpe com nome de impeachment no Senado – epílogo da Operação Café Filho. Publica. 01/09/2016. In Instituto Humanitas Unisinos. Disponível em http://www.ihu.unisinos.br/559598-a-sessao-final-do-golpe-com-nome-de-impeachment-no-senado-epilogo-da-operacao-cafe-filho. Acesso em 30 dez. 2019). Em continuação ao golpe, as eleições presidenciais de 2018 foram marcadas por nova investida de ilegalidades e desrespeito às garantias constitucionais. Com a condenação penal do candidato à Presidência com mais intenção de votos, e com a sua prisão como cumprimento de pena, mesmo que inconstitucional, ocorreu a sua impossibilidade de manter a candidatura. O resultado nas urnas foi a vitória de um candidato alinhado com o projeto neoliberal de extrema-direita, com uma campanha de incitação ao ódio às minorias, abuso de *fake news*, promessa de desmonte de Estado, que vêm se concretizando durante o primeiro ano do mandato eletivo.

A estratégia de governo segue a da campanha, a estratégia da confusão por excesso de informações absurdas e *fake news*. O desmonte de órgãos e ministérios de coordenação e gestão da educação, da cultura e do meio ambiente são acompanhados de discursos que desacreditam a ciência, desqualificam a educação pública (especialmente a educação superior) e os espaços de diálogos e construção democrática vão sendo fechados a cada dia.

No Congresso Nacional, a situação também não é animadora. É uma composição bastante conservadora, com grande força das bancadas "BBB" (do Boi, da Bíblia e da Bala). Nesse sentido, agora alinham-se as pautas do Legislativo e do Executivo federais, para a expansão da fronteira agrícola sobre terras indígenas e Amazônia, a fim de favorecer os setores do agronegócio; para a fragilização da laicidade do Estado e a inserção de pautas religiosas e conservadora de costumes ("defesa" da família tradicional heterossexual, silenciamento dos discursos sobre gênero, liberdade sexual, autonomia da vontade e planejamento familiar) e para liberação da comercialização e do porte de armas e a legalização da caça.

No Poder Judiciário, embora haja certa independência para concretizar direitos humanos e animais, como se viu na primeira seção deste trabalho, nota-se que o próprio golpe político institucional teve apoio do Poder Judiciário, seja na análise jurídica do "mérito" do Impeachment da Presidenta, seja no prosseguimento arbitrário e ilegal da Operação Lava Jato e da condenação do ex-Presidente Lula, seja mantendo a possibilidade de prisão como cumprimento de pena a partir da condenação penal em segunda instância quando convinha manter o preso político encarcerado, seja alterando o posicionamento quando as circunstâncias políticas não mais exigiam a sua prisão.

Por fim, cumpre ressaltar o avanço do discurso anti-ciência, o ataque às Universidades Públicas e aos institutos de pesquisas científicas no país e a prevalência do discurso contrário ao "politicamente correto" como estratégias de governo, que fragilizam a democracia e a manutenção dos direitos humanos e animais (e de um nível mínimo de civilidade) pelo fato de descreditarem de forma irresponsável informações cientificamente confiáveis (produzidas por procedimentos metodológicos que permitem a conferência e a validação dos estudos e resultados) e dar força a opiniões e senso comum desprovidos de validação e de qualquer comprometimento com busca pela verdade, impossibilitando o diálogo construtivo e o desenvolvimento de pautas de interesse público. O descrédito à ciência é especialmente problemático para os direitos animais, que possui fundamentos embasados cientificamente.

OS RETROCESSOS AO DIREITO ANIMAL: NOVOS OBSTÁCULOS AO RECONHECIMENTO DOS DIREITOS ANIMAIS

Aqui serão detalhados os retrocessos ao Direito Animal implementados no contexto do golpe político institucional, do Bolsonarismo e da guinada ao conservadorismo da extrema direita nos poderes constituídos. Nota-se que o atual período ainda comporta avanços na luta pelos direitos dos animais, com algumas vitórias, tais como a proibição, em legislações municipais e estaduais, da queima de fogos de artifício com estampidos (GAZETA DO POVO); a criação de políticas públicas municipais e estaduais em favor dos animais, como a criação de hospitais públicos (DONIZETE, 2019), por exemplo; entre outras (COSTA, 2020) (A própria aprovação do Código de Direito e Bem-estar animal do Estado da Paraíba é grande exemplo disso. Embora também seja exemplo da difícil luta e dos obstáculos conservadores que os animalistas têm pela frente, porquanto a lei está com sua eficácia suspensa, por conta de uma decisão liminar solicitada por entidades que se opõe aos direitos dos animais). E que o período anterior não significou univocidade em termos de agenda ambientalista (MELLO-THÉRY, 2019), nem em relação ao reconhecimento dos direitos dos animais, havendo muitas manifestações contrárias e decisões conservadoras, em especial aquelas que afetam o agronegócio e as indústrias baseadas na exploração animal.

Em 06 de outubro de 2016, o STF havia julgado inconstitucional a lei cearense que pretendia regulamentar a Vaquejada no estado. A decisão, por maioria, considerou que a prática, embora cultural, era intrinsecamente cruel e contrária à Constituição, portanto, nenhuma regulamentação poderia ser feita de modo a sanar esse vício e pretender legalizar a prática. Como efeito *backlash*, já bastante discutido (cf. FERREIRA, 2018; LIMA, CARDOSO, 2019; LIMA, 2018), o Congresso Nacional aprovou duas novas normas jurídicas a fim de legalizar a prática: a Lei Federal nº 13.364, de 29 de novembro de 2016, que eleva a vaquejada, o rodeio e outras práticas à condição de manifestação cultural nacional e patrimônio cultural imaterial e a Emenda Constitucional nº 96, de 06 de junho de 2017, a qual inseriu o parágrafo sétimo no artigo 225 da Constituição para determinar, em forma de exceção, que práticas desportivas que utilizem animais, desde que sejam manifestações culturais registradas como patrimônio cultural imaterial brasileiro não serão consideradas cruéis. A Emenda foi aprovada em tempo recorde, sob pressão da classe dos vaqueiros.

É importante notar o papel fundamental de resistência do Instituto do Patrimônio Histórico e Artístico Nacional (IPHAN). A referida autarquia federal opôs-se à aprovação da Lei 13.364/2016, porquanto é o IPHAN que possui competência para declarar e registrar um bem como integrante do patrimônio cultural (material ou imaterial) brasileiro. Esse e outros detalhes reforçam a tese de que a aprovação da Lei Federal combinada com a aprovação da EC96/17 padecem de diversos vícios de constitucionalidade (LIMA, CARDOSO, 2019) sendo alguns deles já arguidos em Ação Direita de Inconstitucionalidade nº 5.728, ainda em tramitação no Supremo Tribunal Federal. Essa resistência do IPHAN aos interesses da bancada ruralista (os quais são também interesses do atual governo federal - Cabe lembrar aqui o apoio de Bolsonaro aos rodeios e a aprovação da Lei Federal n 13.922/2019, que institui o Dia Nacional do Rodeio no dia 04 de outubro, o mesmo dia já consagrado como o dia dos animais, em homenagem a São Francisco de Assis. BRASIL. Lei n 13.922, de 04 de dezembro de 2019. Institui o Dia Nacional do Rodeio no dia 04 de outubro. Disponível em: http://www.in.gov.br/en/web/dou/-/lei-n-13.922-de-4-de-dezembro-de-2019-231562024. Acesso em 20 jan.2020. A lei configura clara afronta aos defensores dos direitos dos animais. E também a Lei Federal n. 13.873, de 18 de setembro de 2019, a qual alterou a Lei n. 13.364/2016 para incluir a prova de laço como manifestação cultural e bem integrante do patrimônio cultural imaterial, entre outras medidas. [Disponível em: https://www2.camara.leg.br/legin/fed/lei/2019/lei-13867-26-agosto-2019-789015-publicacaooriginal-158950-pl.html].), e outras possíveis razões (De acordo com a ex-presidente do IPHAN, Jurema Machado, em entrevista à Tribuna, "Na conjuntura política, estamos vendo a substituição indiscriminada de cargos de chefias nos estados por indicações políticas. Essa é uma situação esdrúxula em se tratando do Iphan", comenta Jurema, assumindo que, quando aumentaram as pressões pelo impeachment de Dilma Rousseff, houve substituições em superintendências, "mas em menor escala". [...] [o IPHAN] Não é uma instituição sobre a qual se viu críticas no sentido de corrupção ou troca de favores. E corrupção ali é fácil, não só com obras, mas, sobretudo, com licenças inadequadas. Esse tipo de situação não se vê ali. Há uma equipe muito qualificada. Se essa tendência de se substituir indiscriminadamente especialistas por cargos políticos continuar, vai dar um baque no instituto". MORAIS, Mauro. 'Nosso tempo é o da substituição', diz arquiteta Jurema Machado. Tribuna de Minas. Public. 29/09/2019, às 07:00. Disponível em: https://tribunademinas.com.br/noticias/cultura/29-09-2019/nosso-tempo-e-o-da-substituicao-diz-arquiteta-jurema-machado.html. Acesso em: 21 jan. 2020.), custaram caro à autarquia que teve cortes de 72% de seu orçamento, bem como técnicos substituídos por pessoas sem qualificação técnica, além da vinculação do instituto ao Ministério da Cidadania, com a extinção do Ministério da Cultura, por medida do atual governo (ANGIOLILLO, FIORATTI, 2019).

Outro caso de retrocesso ao Direito Animal no contexto do golpe institucional ocorreu no caso do conflito judicial sobre a embarcação e o transporte de gado vivo em navios para exportação a países do outro lado do Oceano Atlântico. O caso do Navio Nada foi judicializado em janeiro de 2018, para impedir o embarque de animais no Navio Nada, o qual embarcaria e exportaria 27 mil indivíduos bovinos para a Turquia. As operações de embarque durariam 05 dias (de 26 a 31 de janeiro). Em 31 de janeiro concedida uma liminar determinando a retenção do navio até que uma inspeção fosse realizada. A inspeção realizada em 01 de fevereiro constatou maus-tratos e condições degradantes e, em 02 de fevereiro, foi determinada, liminarmente, a suspensão da exportação de gado vivo e o desembarque dos 27 mil indivíduos do navio.

A decisão (Ação Civil Pública nº 5000325-94.2017.4.03.6135) foi importante para o Direito Animal, tanto em termos argumentativos, por considerar os animais como sujeitos de direitos, quanto por enfrentar um oponente poderoso, o Agronegócio. Tão poderoso que tão logo a liminar impedindo a partida do navio fora publicada, o então Presidente da República Michel Temer mobilizou-se, junto ao então Ministro do Meio Ambiente Blairo Maggi, para reverter a situação e a Ministra Grace Mendonça, da AGU, requereu a suspensão da liminar concedida (PIMENTEL, 2018). Em 04 de fevereiro de 2018 (domingo), às 19:50, foi concedida liminar liberando o navio e determinando o imediato início da viagem. A decisão foi confirmada em decisão definitiva pelo TRF3 e considerou a importância da atividade econômica para o país e que o transporte de gado vivo não estaria proibido pelo país. O setor ruralista já está se organizando para evitar empecilhos na exportação de gado vivo.

Verifica-se que toda a interpretação conservadora do *status quo* vai ler a norma constitucional de vedação de crueldade contra os animais de forma bastante restrita, limitada, inclusive, por normas infraconstitucionais e mesmo por atos normativos do Poder Executivo, como no caso de Portarias e Instruções Normativas.

Além de tais retrocessos por conta do ganho de força política de caráter conservador, também o ano de 2019 foi trágico para o meio ambiente e, em especial, para os milhões de indivíduos animais residentes e migrantes no Brasil. Com uma agenda antiambientalista, o Executivo Federal iniciou o ano promulgando um Decreto para alterar a estrutura dos ministérios, outro para limitar e extinguir comissões, conselhos, colegiados no âmbito da Administração Pública Federal e outro para reduzir, significativamente, a representação de interesses ambientais nos assentos do CONAMA, fragilizando as bases da democracia e violando o princípio da participação e a defesa do meio ambiente. Além disso, os nomes para chefiar os ministérios são de pessoas com histórico de conflitos, polêmicas e ilegalidades nos temas referentes às pastas, tais como o ministro do meio ambiente Ricardo Salles. Não bastasse isso, também fragilizou as estruturas administrativas do Ibama e do ICMBio, desautorizando fiscalizações e autuações ambientais. Vale lembrar também o Decreto nº 9.760, de 11 de abril de 2019 que determina a realização de "conciliação ambiental" em infrações administrativas ambientais, prevendo descontos, parcelamento ou conversão de multa por prestação de serviços ambientais.

Sobre a liberação do porte de armas e a tentativa de legalização das atividades de caça no país, a fim de "facilitar a vida para a categoria dos caçadores e atiradores", inúmeros Decretos foram promulgados ao longo do ano, todos questionados por ambientalistas e juristas acerca da sua constitucionalidade. Em 15 de janeiro, foi promulgado o Decreto nº 9.685, dispondo sobre o registro, a posse e a comercialização de armas de fogo e munição, entre outras questões. No artigo 1º, dispunha sobre a alteração de alguns dispositivos do Decreto nº 5.123, de 1º de julho de 2004. Dentre eles, o parágrafo 7º do artigo 12 incluía como "efetiva necessidade" dentre outros, (III) residir em área rural; (IV) residir em área urbana com elevados índices de violência; (V) titulares ou responsáveis legais de estabelecimentos comerciais ou industriais e (VI) colecionadores, atiradores e caçadores, devidamente registrados no Comando do Exército. No artigo 30, inserir-se-ia o parágrafo 4º para permitir às entidades de tiro desportivo e às empresas de instrução de tiro fornecer munição a seus associados e clientes para uso exclusivo nas dependências da instituição. Na sequência, este Decreto foi revogado pelo Decreto nº 9.785, de 07 de maio de 2019, o qual, por sua vez, foi revogado pelo Decreto nº 9.844, de 25 de junho de 2019, que também foi revogado pelo ora em vigor Decreto nº 9.847, também de 25 de junho de 2019, demonstrando, mais uma vez as arbitrariedades e inconstâncias desse governo. Somam-se a ele os Decretos nº 9.845, de 25 de junho de 2019 sobre a regulamentação da aquisição, cadastro, registro e posse de armas de fogo e de munição, o Decreto nº 10.030, de 30 de setembro de 2019, sobre o Regulamento de produtos controlados e o e o Decreto nº 9.846, também de 25 de junho de 2019, que regulamenta a aquisição, o cadastro, o registro e a posse de armas de fogo e munição para caçadores, colecionadores e atiradores.

Em 17 de setembro de 2019, foi promulgada a Lei 13.870, a qual altera o artigo 5º da Lei 10.286/2003, inserindo o parágrafo 5º para considerar a permissão de posse de arma por residentes em área rural em toda a extensão do imóvel rural.

Um projeto de lei tramita no Congresso Nacional, o PL 3723/2019, para inserir, dentre outros tantos, os artigos 21A a 21AK (37 novos artigos), regulamentando o registro, o porte e a comercialização de armas de fogo, bem como a atividade de colecionamento, tiro esportivo e apostilamento de armas de caça, facilitando a legalização da caça no país. Segundo exposição de motivos do projeto, apresentada por Onyx Lorenzoni, "passa-se a permitir o porte de arma de fogo aos caçadores e colecionadores registrados junto ao Comando do Exército e a outras categorias a serem previstas em regulamento" (Presidência da República, Exposição de motivos nº 00035/2019 C.Civil/PR).

Ainda sobre a caça, foi aprovada a Instrução Normativa nº 12, de 25 de março de 2019 do IBAMA, facilita o procedimento para registrar caçadores de javalis no país, e permite a utilização de cães e armas brancas para a caça. Nota-se que, de acordo com a IN, o uso de cães para a caça estaria em conformidade com o bem-estar animal. O curioso é como impelir um animal a atacar outro, levando, muitas vezes, um deles ou ambos à morte, ou, na melhor das hipóteses, ferindo e estressando os animais pode ser considerada prática legal num país em que a Constituição veda práticas cruéis e que, por inúmeras vezes, já definiu como inconstitucionais práticas que envolvam o confronto entre animais, como nos casos de rinhas de galos, canários e cães. A caça de javalis bastante questionável ("Hoje existem 44.408 registros ativos no Ibama para controle do javali. Rio Grande do Sul e São Paulo são os estados onde há mais controladores de fauna exótica no Brasil. Os registros de armas de fogo do tipo Colecionadores, Atiradores e Caçadores (CAC) no Exército está crescendo: de 2016 para 2017 a quantidade de armas nessa categoria pulou de 35.042 para 57.886, um aumento de 65%. O número de javalis abatidos também está em ascensão: foi de 1.345 em 2013, quando a caça passou a ser permitida, para 8.146 em 2016, data do último levantamento do Ibama. Apesar do aumento, a caça ainda está longe de resolver o problema dessa espécie invasora no Brasil. "A gente ainda está um pouco aquém em relação a quantidade de bichos que tem na natureza", afirma Carlos Salvador, biólogo consultor do Plano Javali, do Ibama. O pesquisador destaca, além do baixo número de controladores registrados, a frequência com que esses caçadores empreendem ações de manejo. "Um caçador é pouco para uma região muito contaminada e, se ele vai só de final de semana ou caça 3, 4 vezes ao ano, ele não vai dar conta da reprodução da espécie."." FIGUEIREDO, Patrícia. Permissão para caça do javali com cães, armadilhas e armas agora pode ser solicitada em processo digital. G1. Public. 24/04/2019, às 05:00. Disponível em: https://g1.globo.com/natureza/desafio-natureza/noticia/2019/04/24/permissao-para-caca-do-javali-com-caes-armadilhas-e-armas-agora-pode-ser-solicitada-em-processo-digital.ghtml. Acesso em: 21 jan. 2020.) em termos de eficiência ("Ainda assim, a caça com uso de cães e a caça de espera são as principais técnicas utilizadas no Brasil (Rosa et al. 2016, 2018), porém não há informações disponíveis sobre eficiência e demais implicações pertinentes. [...] Cabe ressaltar, entretanto, que o efeito do uso de cães na dispersão e ocupação de nicho dos javalis não é consenso. Embora alguns autores tenham observado que a área de vida dos suídeos aumenta com esse tipo de atividade cinegética (Maillard & Fournier 1995, Calenge et al. 2002), outros notaram que, apesar desse aumento, a área core dos animais não se altera (Calenge et al. 2002). Há estudos, ainda, que não apontaram mudanças na área de vida (McIlroy & Saillard 1989, Keuling et al. 2008), e outros que observaram apenas um efeito imediato, ou seja, os javalis apresentam comportamento de fuga após a atividade, mas retornam à área de vida normal entre um dia a até seis semanas (Sodeika & Pohlmeyer 2003, Keuling et al. 2013). [...]Galleti & Sazima (2006), em estudo sobre o impacto de cães ferais em um fragmento de Mata Atlântica na região Sudeste do Brasil, apontam que esses animais provocam consequências negativas graves sobre a fauna silvestre, predando, sobretudo, mamíferos, que chegam a constituir 75% de suas presas. Além disso, cães são transmissores de mais de 60 zoonoses e responsáveis por cerca de 99% das 55 mil mortes por raiva no mundo por ano (Knobel et al. 2005). Outro fator problemático a ser considerado é a disseminação de doenças que podem ser transmitidas para a fauna nativa. Animais domésticos são geralmente mais resistentes, graças a séculos de melhoramento genético e administração de vacinas e antibióticos, ao contrário das espécies silvestres (Holsback et al. 2013, Fornazari & Langoni 2014). [...] De fato, o uso de cachorros pode aumentar em até 40% as injúrias dos animais-alvo que não são abatidos (Godwin et al. 2013); porém, não encontramos dados publicados sobre a quantidade de cães de caça que sofreram injúrias por javalis ou outros animais selvagens." ROSA, Clarissa Alves da; FERNANDES-FERREIRA, Hugo; ALVES, Rômulo Romeu Nóbrega. O Manejo do Javali (Sus Scrofa Linnaeus 1758) no Brasil: Implicações Científicas, Legais e Éticas das Técnicas de Controle de uma Espécie Exótica Invasora. Biodiversidade Brasileira, 8(2): 267-284, 2018 , p. 270-274) **para controle populacional, mais parece uma simples autorização para entretenimento do que propriamente uma ação racional de manejo, e é indiscutivelmente lesiva aos direitos (morais, fundamentais) dos javalis. A caça com o uso de cães é cruel também contra o cachorro e, portanto, essa normativa é claramente inconstitucional** (Segundo Rosa, Fernandes-Ferreira e Alves, "os canídeos também podem ser utilizados para captura direta dos animais, quando são chamados de cães de agarre, e podem ser utilizados em conjunto ou não com cães farejadores e de batida (Caley & Ottley 1995, Godwin et al. 2013). O uso em conjunto de cães de batida e de agarre é o método mais empregado no Brasil para essa atividade (Rosa et al. 2016, 2018)" ROSA, Clarissa Alves da; FERNANDES-FERREIRA, Hugo; ALVES, Rômulo Romeu Nóbrega. O Manejo do Javali (Sus Scrofa Linnaeus 1758) no Brasil: Implicações Científicas, Legais e Éticas das Técnicas de Controle de uma Espécie Exótica Invasora. Biodiversidade Brasileira, 8(2): 267-284, 2018) **Ademais, a caça de animais silvestres nativos, a qual permanece proibida no território brasileiro** (Embora haja projeto de lei para a sua liberação no país. "Segundo o texto do projeto, tal mudança seria necessária para conter algumas espécies consideradas invasoras e que oferecem perigos à produção agropecuária. O argumento trouxe o apoio da bancada ruralista. O texto reduz as multas e a prisão para quem for pego caçando irregularmente, prevê a criação de áreas de reserva para caça e espaços para a comercialização." O projeto também tem apoio do setor armamentista. "Fernando Fernandes, presidente da Confederação de Tiro e Caça do Brasil (CTCB), apoia a modificação." AUGUSTO, Otávio. Proibida desde 1967, caça de animais pode ser liberada pela Câmara. Correio Braziliense. Public. 16/07/2019, às 14:37. Disponível em: https://www.correiobraziliense.com.br/app/noticia/brasil/2018/07/19/interna-brasil,696001/proibida-desde-1967-caca-de-animais-pode-ser-liberada-pela-camara.shtml. Acesso em: 21 jan. 2020.), **também é facilitada pela facilitação da caça do javali e pela concessão de porte de armas para caçadores e colecionadores.**

Além do retrocesso em relação à caça, também a liberação recorde de agrotóxicos. Foram 439 novos químicos aprovados, muitos deles proibidos na Europa por seu risco can-

cerígeno. O uso intensivo de agrotóxicos desequilibra o meio ambiente, é responsável por doenças crônicas e pela morte de animais, como abelhas e aves, entre outros.

Também outra medida que afeta os direitos dos animais é a aprovação da Lei 13.830, de 13 de maio de 2019, que regulamenta a prática de equoterapia. A lei possui 6 artigos (sendo um deles o referente à data de entrada em vigor) e não explicita cuidados com os cavalos usados na prática, nem suas condições de bem-estar, nem suas condições de trabalho. O artigo 5º da lei restringe-se a determinar que "o cavalo utilizado em equoterapia deve apresentar boa condição de saúde, ser submetido a inspeções veterinárias regulares e ser mantido em instalações apropriadas." Além dela, também a Lei 13.854, de 08 de julho e 2019 pode ser considerada outro obstáculo para os direitos dos animais, uma vez que institui a Política Nacional de Incentivo à Ovinocaprinocultura. Ambas as leis mantêm o animal na condição de coisa utilizável e favorecem sua exploração econômica por parte de setores privilegiados na sociedade brasileira.

Mas, sem dúvida, um grande obstáculo aos direitos animais e certamente aos direitos humanos merece uma referência, embora seu estudo deva ser aprofundado em trabalho próprio. Trata-se do Decreto nº 9.830, de 10 de junho de 2019, que pretende regulamentar os artigos 20 a 30 do Decreto-Lei nº 4.657/42 (Lei de Introdução às normas do Direito brasileiro, recentemente alterada pela Lei nº 13.655/2018). O artigo 3º do novo decreto limita a interpretação do direito com base em "valores jurídicos abstratos" às consequências práticas da ação, considerando-se como valor abstratos "aqueles previstos em normas jurídicas com alto grau de indeterminação ou abstração". Considerando que em geral os direitos humanos são implementados com base na sua fundamentação valorativa – a dignidade humana – altamente abstrata e indeterminada e que os direitos animais seguem a mesma lógica, qualquer decisão que busque avançar o reconhecimento e a implementação desses direitos fica condicionada à "possibilidade concreta", o que equivale dizer "econômica" de realização. É a total e final subordinação da lógica jurídica e humanista à lógica da economia, no âmbito da administração pública, sepultando as funções prestativas do Estado, seguindo-se a receita do neoliberalismo.

Por fim, a desídia e a omissão e demora de mobilização em situações de "desastres" que ocorreram no país em 2019, além da tentativa sempre constante, nos discursos públicos, de eximir-se, o governo Federal, da sua responsabilidade, ou de negar a gravidade dos eventos (FERRANTE, 2019), fizeram agravar os danos ambientais. De tais eventos, que provocaram a morte de milhares de animais, destruíram ecossistemas que levarão décadas para talvez se recomporem, ressalta-se já no início de 2019 a ruptura da barragem de minério em Brumadinho, em que os animais que agonizavam presos na lama após o desastre foram executados por atiradores de helicóptero (QUINTINHO, 2019), embora houvesse decisão judicial para que fossem resgatados.

Ressalta-se também o aumento das queimadas em diversos biomas do país, como Amazônia, Cerrado, Pantanal e Mata Atlântica, em que além da destruição ecossistêmica que permite a vida, milhares de animais foram mortos carbonizados ou por inalação de fumaça. Nota-se que a questão das queimadas não foi agravada apenas por um problema de omissão por parte do Estado, mas também um comportamento ativo de incentivar, ainda que no plano discursivo (o simbólico tem poder de legitimação), o desmatamento e as queimadas, uma vez que "a proteção ambiental é entrave para o desenvolvimento econômico".

Para finalizar tragicamente o ano, o incidente de óleo no litoral brasileiro. A demora no reconhecimento e na declaração de desastre nacional e na ativação do plano de contingencia foram responsáveis pelo agravamento do desastre. O óleo atingiu 11 estados e lesou áreas ambientais extremamente relevantes para a reprodução da vida (arrecifes de corais, mangues, áreas de desova de tartarugas, por exemplo, além de ser encontrado também em cursos de água doce no interior dos territórios). Só as mortes computadas pelo Ibama, chegam a 112 indivíduos vertebrados (IBAMA). Adiciona-se a esse número os animais que seguirão sendo contaminados e os que foram a óbito sem serem registrados.

Foram quatro anos intensos, cheios de alterações que talvez só poderão ser entendidas daqui a bastante tempo. Quando as condições de vida de humanos e animais no Brasil forem tão precárias e as proteções institucionais fragilizadas não funcionarem, teremos condições de saber se tais obstáculos eram intransponíveis ou não. A nós, juristas e acadêmicos, cabe mapear as alterações, refletir sobre suas implicações e lutar para impedir a degradação do patamar civilizacional definido pela Constituição.

CONCLUSÃO

São incontáveis os retrocessos e riscos aos direitos fundamentais perpetrados pelos governos alinhados ao projeto neoliberal. Desde a ruptura institucional de 2016, as forças políticas conservadoras, em especial às representativas dos grandes interesses econômicos, acolhidas pelo Poder Executivo e pelas bancadas congressistas do boi, da bala e da bíblia, fizeram avançar uma série de medidas que antes eram contidas pelas decisões jurídicas com filtro constitucional.

Os direitos animais, direitos fundamentais titularizados pelos animais enquanto seres sencientes sujeitos de direitos, que estão em processo de construção e consolidação desde 1988 no país, seja por avanços legislativos, seja por avanços dogmáticos e jurisprudenciais, passaram a sofrer ameaças mais severas e novos obstáculos surgiram à afirmação de direitos básicos que respeitem a dignidade do animal.

Este trabalho buscou sistematizar alguns desses retrocessos que constituem desafios aos juristas animalistas na luta pelos direitos animais, mas, mais grave que isso, constituem ameaça e lesão direta aos direitos e interesses mais básicos e vitais de milhares de seres sencientes no Brasil.

REFERÊNCIAS

ATAIDE JUNIOR, Vicente de Paula. Introdução ao Direito Animal brasileiro. Revista Brasileira de Direito Animal, Salvador, volume 13, número 03, p. 48-76, Set-Dez 2018.

BRUM, Márcio Moraes. Pode o cosmopolitismo (jurídico) ser "emancipatório"? In SILVA, Maria Beatriz Oliveira da (Coord.); BUENO, Igor Mendes; PALAR, Juliana Vargas; DE DAVID, Thomaz Delgado (Orgs.). Direito, Marxismo e Meio Ambiente. Curitiba: Editora Prismas, 2019.

CARDOSO, Waleska Mendes. A tutela jurídica dos animais e a quebra do paradigma antropocêntrico. Monografia (Bacharel em Direito). Universidade Federal de Santa Maria. Santa Maria. 2008.

DIAS, Edna Cardozo. A tutela jurídica dos animais. Belo Horizonte: Mandamentos, 2000.

DOSSENA, Luiz Felipe; CARDOSO, Waleska Mendes; GHIDOLIN, Clodoveo. O argumento dos casos marginais e o problema por ele suscitado nas concepções morais exclusivamente humanas. In: RODRIGUES; SPAREMBERGER; CALGARO (Orgs.). Direito Constitucional Ecológico. Porto Alegre; Editora FI, 2017.

FARIA, José Eduardo. O Estado e o Direito depois da Crise. São Paulo: Saraiva, 2011 (Direito, desenvolvimento e justiça: direito em debate).

FELIPE, Sônia T. Liberdade e autonomia prática: fundamentação ética da proteção constitucional dos animais. In: MOLINARO, Carlos Alberto; MEDEIROS, Fernanda Luiza Fontoura de; SARLET, Ingo Wolfgang; FENSTERSEIFER, Tiago (Org.). A dignidade da vida e os direitos fundamentais para além dos humanos:

uma discussão necessária. Belo Horizonte: Fórum, 2008.

FERREIRA, Ana Conceição Barbuda Sanches Guimarães. A proteção aos animais e o Direito. Curitiba: Juruá, 2014.

FERREIRA, Ana Conceição Barbuda Sanches Guimarães. Direito Animal em Xeque: Precedentes Judiciais e Reação Legislativa. Curitiba: Juruá, 2018.

LEVAI, Laerte Fernando. Direito dos animais. Campos do Jordão: Mantiqueira, 2004.

LIMA, Etiely Lopes. Da inconstitucionalidade à constitucionalidade: um estudo do processo de constitucionalização do rodeio, da vaquejada e demais expressões culturais no Brasil. 2018, fls. 77. Monografia (Graduação em Direito), Faculdade de Direito de Santa Maria – FADISMA, Santa Maria, 2018.

LIMA, Etiely Lopes; CARDOSO, Waleska. O procedimento de constitucionalização e o controle de constitucionalidade diante da aprovação da Lei 13.364 e da Emenda Constitucional 96/17, pp 179-208. NEDEL, Nathalie Kuczura; SCHIRMER, Candisse (Orgs.). Temas emergentes e relevantes de Direito Constitucional. Vol. VI. Rio de Janeiro: Editora Multifoco, 2019.

LOW, Philip et all. The Cambridge Declaration on Consciousness. Cambridge, UK, July 7, 2012, In Francis Crick Memorial Conference on Consciousness in Human and non-Human Animals, Churchill College, University of Cambridge. Disponível em: http://fcmconference.org/. Acesso em: 08 jan. 2020.

MEDEIROS, Fernanda Luiza Fontoura de. Direito dos Animais. Porto Alegre: Livraria do Advogado, 2013.

MELLO-THÉRY, Neli Aparecida de. Perspectivas ambientais 2019: retrocessos na política governamental, Confins [En ligne],

501 | 2019, mis en ligne le 09 septembre 2019. Disponível em: http://journals.openedition.org/confins/21182. Acesso em 21 jan. 2020.

MIRANDA, Gabriel Medeiros; PRESGRAVE, Ana Beatriz Ferreira Rebello. O Controle Judicial do Impeachment: Dilemas e a Experiência Brasileira. Revista Direito Público, Edição Especial, v. 12, pp. 247-278, 2019. Seção 2 – Constitucionalismo, Direitos Fundamentais e Reformas. Disponível em: https://www.portaldeperiodicos.idp.edu.br/direitopublico/article/view/3330. Acesso em: 30 dez. 2019.

NACONECY, Carlos Michelon. Ética & animais: um guia de argumentação filosófica. Porto Alegre: EDIPUCRS, 2006.

PEIXOTO NETO, Adwaldo Lins. Da (i)legitimidade do processo de Impeachment no presidencialismo brasileiro: uma análise a partir do precedente Collor – teríamos aprendido algo com o passado? RDFG –Revista de Direito da Faculdade Guanambi, v.5, n. 2, p. 248-268, julho-dezembro 2018. Disponível em: http://177.38.182.246/revistas/index.php/Revistadedireito/article/view/244/123. Acesso em: 30 dez. 2019.

REGAN, Tom. (1986). A case for animal rights. In M.W. Fox & L.D. Mickley (Eds.), Advances in animal welfare science 1986/87 (pp. 179-189). Washington, DC: The Humane Society of the United States. Disponível em: https://animalstudiesrepository.org/cgi/viewcontent.cgi?article=1003&context=acwp_awap. Acesso em: 08 jan. 2020.

REGAN, Tom. Jaulas vazias: encarando o desafio dos direitos animais. Porto Alegre: Lugano, 2006.

REGAN, Tom. The Case for Animal Rights. 2ª ed. Berkeley and Los Angeles: University California Press, 2004.

ROCHA, Bruno Lima. A sessão final do golpe com nome de impeachment no Senado – epílogo da Operação Café Filho. Public. 01/09/2016. In Instituto Humanitas Unisinos. Disponível em http://www.ihu.unisinos.br/559598-a-sessao-final-do-golpe-com-nome-de-impeachment-no-senado-epilogo-da-operacao-cafe-filho. Acesso em 30: dez. 2019.

ROSA, Clarissa Alves da; FERNANDES-FERREIRA, Hugo; ALVES, Rômulo Romeu Nóbrega. O Manejo do Javali (Sus Scrofa Linnaeus 1758) no Brasil: Implicações Científicas, Legais e Éticas das Técnicas de Controle de uma Espécie Exótica Invasora. Biodiversidade Brasileira, 8(2): 267-284, 2018.

SENHORINHO, Jean; CARDOSO, Waleska. A ética e a senciência: cruzamentos, limites e afastamentos. In: MEDEIROS, Fernanda Luiza Fontoura de [et al] (Orgs.). Direitos Animais: a questão da experimentação. Florianópolis: FUNJAB, 2017.

SINGER, Peter. Libertação Animal. Tradução Marly Winckler. Revisão Técnica Rita Paixão. Porto Alegre: Lugano, 2004.

TANNER, Julia. O argumento dos casos marginais. In Os 100 argumentos mais importantes da Filosofia Ocidental. Disponível em: https://filosofiaedireitosanimais.blogspot.com/2019/11/o-argumento-dos-casos-marginais.html. Acesso em: 08 jan. 2020.

LIBERAÇÃO DE AGROTÓXICOS NO BRASIL: UMA CONSTANTE VIOLAÇÃO AOS DIREITOS HUMANOS DIANTE DA OMISSÃO NA GESTÃO DE RISCOS

Dayane Campos Souza

Advogada. Bacharela em Direito pela Universidade Federal do Paraná. Graduanda do curso de Ciência Contábeis da Universidade Federal do Paraná.

A utilização de agroquímicos no campo é fenômeno antigo (SHERPARD, 1951), mas foi a partir da Segunda Guerra Mundial que a produção massiva de agrotóxicos e o intenso desenvolvimento de tecnologias visando a melhoria da produção rural ganharam destaque, implicando no que foi denominado "Revolução Verde" (RIBAS, MATSUMURA, 2009).

O desenvolvimento da indústria química e dos compostos agroquímicos estão intensamente relacionados aos conflitos bélicos, os quais ao se findarem, fez com que as indústrias químicas, já bastante desenvolvidas, tivessem o setor agrícola como seu principal mercado (LUTZENBERGER, 1985).

Foi o caso do dicloro-difenil-tricloetano (DDT), um dos principais compostos utilizados nas lavouras atualmente, o qual foi desenvolvido com a finalidade de evitar que as tropas estadunidenses contraíssem malária enquanto lutavam no Pacífico, por meio do controle do mosquito (PERYEA). Não foi diferente com o 2,4-D, sendo um dos compostos do "agente laranja", utilizado pelos Estado Unidos na Guerra do Vietnã com o objetivo de desfolhar as densas florestas daquele território, o qual, ainda hoje, verifica diversos casos de morbidez decorrentes da contaminação por essa substância.

O mesmo ocorreu com diversos outros compostos, os quais, com o fim dos conflitos bélicos, principalmente a partir da década de 40, foram amplamente introduzidos na agricultura, principalmente nos países subdesenvolvidos, como o Brasil, atualmente o maior consumidor de agrotóxicos do mundo (FAO).

A nova visão paradigmática difundida pela indústria química alterou a agricultura tradicional promovendo o aumento da produtividade e a redução de custos, além de resolver o problema da falta da mão de obra em decorrência do acentuado processo de êxodo rural verificado nas últimas décadas do século XX.

Tais prerrogativas tornaram o mercado de agrotóxicos bastante atrativos para o setor agrícola, no entanto, apesar dos benefícios, a implementação desses novos compostos promoveu intensos desiquilíbrios e riscos tanto ao meio ambiente como à saúde da população, alguns, até hoje, desconhecidos.

Nesse sentido, tendo em vista a magnitude de danos que podem ser ocasionados por tais substâncias, o texto Constitucional, em seu art. 225 §1º inc. V, atribuiu ao Poder Público a prerrogativa de zelar pela qualidade de vida da população e do meio ambiente, conforme se extrai do artigo supramencionado: "controlar a produção, a comercialização e o emprego de técnicas, métodos e substâncias que comportem risco para a vida, a qualidade de vida e o meio ambiente"; de forma que sejam realizadas periodicamente análises da gestão de riscos das substâncias liberadas, a fim de evitar danos gravíssimos e irreversíveis para esta e para as próximas gerações.

No entanto, apesar da previsão constitucional atribuindo a responsabilidade de zelo ao Poder Público, da vigência de normas infraconstitucionais regulando a matéria e das recomendações de órgãos nacionais e internacionais, o governo brasileiro vem expandido a liberação de agrotóxicos de maneira deliberada e sem a devida análise de riscos, configurando um intenso atentado contra os direitos humanos, uma vez que a utilização de tais substâncias sem os estudos adequados implicam em severas consequências, muitas irreversíveis, à saúde e ao meio ambiente.

O CENÁRIO BRASILEIRO

Foi a partir da década de 90 que os agrotóxicos assumiram um papel central na produção agrícola nacional, mantendo o crescimento nos anos seguintes, e ultrapassando outros grandes produtores do ramo, de acordo com dados da *Food and Agriculture Organization of the United Nations – FAO*:

TABELA 3
Uso de pesticidas: quantidade total (em 1 mil toneladas) – médias móveis centradas (três anos)

	1991	1995	1999	2003	2007	2011	2015	2015 (1991=100)	Percentual sobre total mundial (2015)
Argentina	26	41	63	63	77	112	208	794	5,1%
Brasil	58	93	129	187	285	345	375	643	9,2%
Paraguai	3	11	7	15	25	35	27	806	0,7%
Uruguai	2	3	4	7	12	19	17	901	0,4%
África do Sul	17	18	26	27	27	27	27	162	0,7%
China	787	1.079	1.287	1.351	1.620	1.792	1.787	227	43,6%
Índia	73	60	47	40	26	50	56	77	1,4%
Canadá	29	32	42	35	45	66	76	257	1,8%
Estados Unidos	396	427	429	420	391	391	408	103	9,9%
México	27	27	27	16	47	52	46	171	1,1%
Japão	80	80	80	68	62	54	53	66	1,3%
Alemanha	31	29	33	35	41	43	47	152	1,1%
França	95	90	107	78	76	62	71	75	1,7%
Itália	93	80	82	88	78	68	61	66	1,5%
Reino Unido	30	34	35	31	22	17	19	62	0,5%
Mundo	**2.290**	**2.675**	**3.034**	**3.150**	**3.583**	**3.953**	**4.098**	**179**	-

Fonte: FAO.
Obs.: 1. Dados para o Brasil podem estar sendo subestimados, pois divergem do observado em dados do Instituto Brasileiro do Meio Ambiente e dos Recursos Naturais Renováveis (Ibama).
2. Dados da Rússia continham o mesmo valor para todos os anos e, por essa razão, foram descartados.

Fonte: Food and Agriculture Organization of the United Nations – FAO apud MORAES, Rodrigo Fracalossi de. Agrotóxicos no Brasil: Padrões de uso, política da regulação e prevenção da captura regulatória. Texto para discussão 2506 IPEA. 2019. p. 21. Disponível em: http://repositorio.ipea.gov.br/handle/11058/9371. Acesso em: 24.04.2020.

O consumo de agrotóxicos no começo dos anos 90 pelo Brasil era similar aos dos demais países da América Latina e correspondia a quase 15% do consumido pelos Estado Unidos, no entanto, em 2015, Brasil e Estados Unidos correspondem, cada um, a cerca de 10% de todo o consumo mundial da substância.

Dados apresentados pela Agência Nacional de Vigilância Sanitária (Anvisa) e do Observatório da Indústria dos Agrotóxicos da Universidade Federal do Paraná no 2º Seminário sobre Mercado de Agronegócios e Regulação em 2012 (CARNEIRO et all, 2015), demonstram que o mercado mundial de agrotóxicos cresceu 93%, enquanto o mercado brasileiro teve um aumento de 190%, assumindo a liderança dentre os mercados mundiais de agrotóxico.

A extensão e ampliação da utilização dessas substâncias nos campos brasileiros demandaram uma nova regulação estatal acerca destes compostos, de forma que os danos à saúde e ao meio ambiente fossem evitados.

É nesse contexto que a Lei dos Agrotóxicos (Lei nº 7.802/1989), passou a ser regulada pelo Decreto nº 4.074/2002, estabelecendo a necessidade de avaliação por três órgãos ideologicamente divergentes para que fossem concedidos o registro das substâncias agrotóxicas. Os aspectos agronômicos seriam verificados pelo Ministério da Agricultura, Pecuária e Abastecimento (Mapa), os impactos ambientais, pelo Ibama e os aspectos relacionados à saúde pela Anvisa, além de assegurar a elaboração obrigatória de análise de riscos dos compostos.

No entanto, o que parecia fornecer segurança ambiental e sanitária começou a apresentar lacunas, dentre elas a questão da durabilidade dos registros, os quais, após serem concedidos, permitindo a comercialização em território nacional e a aplicação na produção agrícola, são válidos por tempo indeterminado, dessa forma, a revogação ou a reavaliação dos agrotóxicos liberados depende de provocação.

Além disso, não há previsão normativa acerca da apresentação periódica de estudos sobre os riscos atrelados a aplicação dos agrotóxicos, nem pelas empresas produtoras das substâncias, nem por institutos governamentais, o que pode acarretar em danos extremos à saúde do produtor rural, consumidor e ao meio ambiente, uma vez que são expostos a substâncias cujo potencial ofensivo são desconhecidos.

Apesar do desenvolvimento de institutos de fiscalização e de análise de riscos, ao menos normativamente, como o Ibama e a Anvisa, os quais deveriam promover a conscientização acerca dos riscos e perigos dos agrotóxicos e promover incentivos à produção orgânica, observa-se no cenário brasileiro um assustador crescimento da aplicação de agrotóxicos nas lavouras. Ademais, o que mais chama atenção é a progressividade na quantidade de substâncias liberadas no Brasil, muitas delas proibidas em diversos países, inclusive países cuja legislação é muito mais branda que a brasileira, como no caso da China (CARNEIRO et all, 2015).

Nesse cenário, diante dos graves problemas de regulamentação e na contramão dos demais países do mundo, cada vez mais os agrotóxicos ganham espaço no mercado brasileiro.

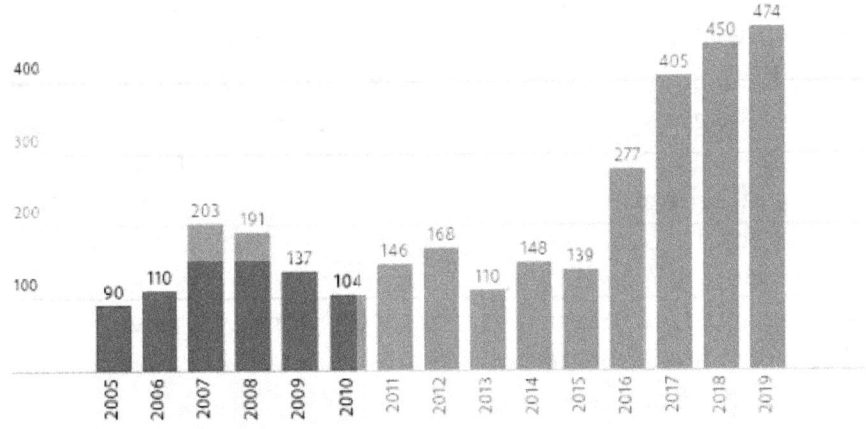

Fonte: Ministério da Agricultura, pecuária e Abastecimento apud MOREIRA, Matheus. Número de agrotóxicos liberados no Brasil em 2019 é o maior dos últimos 14 anos. Folha de São Paulo, 2019. Disponível em: https://www1.folha.uol.com.br/ambiente/2019/12/numero-de-agrotoxicos-liberados-no-brasil-em-2019-e-o-maio r -dos-ultimos-14-anos.shtml. Acesso em: 22.04.2020.

A partir da análise do gráfico, desprende-se que há uma tendência de crescimento à liberação de agrotóxicos no Brasil, principalmente a partir de 2015, no entanto, foi no ano de 2019 que mais aprovou essas substâncias chegando à concessão de quase 500 registros.

Dentre as novas substâncias legalizadas destacam-se o Sulfoxaflor, extremamente tóxico para abelhas; Florpirauxifen-benzil, Fluopiram e o Dinotefuran, esse que está em processo de reanálise nos Estados Unidos e nunca foi comercializado na União Europeia, visto ser extremamente prejudicial aos polinizadores.

Há de destacar ainda, substâncias que já estavam no mercado nacional, como o Clorotalonil, proibido na União Europeia em razão da possibilidade de alterações genéticas nos indivíduos; Glifosato, devido ao impacto na polinização e sua potencialidade cancerígena; Cloridrato de Cartape, não registrado no Estados Unidas, União Europeia, Canadá e Austrália, cuja Anvisa afirma que a proibição decorre de falta de interesse comercial ;e a Atrazina, devido a contaminação da água subterrânea (ANVISA, 2019). Trata-se de produtos altamente prejudiciais à saúde e ao meio ambiente e que continuam a serem comercializados e utilizados nas lavouras brasileiras, mesmo enquanto alguns passam por processo de revisão pela Anvisa.

Em vista dos evidentes riscos que a utilização dessas substâncias impõe, a interferência de Organizações Não Governamentais (ONG) e do Poder Judiciário tornou-se essencial. Desse modo, apesar do processo ainda estar em fase recursal, a 1ª Vara da Justiça Federal no Ceará (JFCE), em 19 de novembro de 2019, suspendeu o registro de 63 substâncias liberadas pelo Ato nº 82, de 25 de novembro de 2019 do Ministério da Agricultura. Dentre as quais, de acordo com o Greenpeace (2019), 22 continham substâncias não autorizadas na União Europeia e 25 são classificados como "extremamente" ou "altamente" tóxicos.

Além disso a ONG supracitada destacou "Em relação às liberações de 2019, de acordo com as informações disponíveis nos atos do diário oficial, 39% dos produtos estavam listados como altamente/extremamente tóxicos e 34% não tinha seu uso autorizado na União Europeia" (GREENPEACE BRASIL 2019).

Nesse contexto, importante abordar a alteração do Marco Regulatório dos Agrotóxicos da Anvisa, a qual passou a adotar o Sistema Globalmente Harmonizado de Classificação e Rotulagem de Produtos Químicos (Globally Harmonized System of Classification and Labelling of Chemicals – GHS), o qual, todavia, substituiu a sistemática estabelecida pela Portaria nº 03 de 16 de janeiro de 1992 e abrandou as normas de toxidade, atribuindo a gradação máxima apenas se o composto químico ocasionar morte horas após a ingestão ou contato com o produto.

Antes da alteração do Marco Regulatório, no Brasil, dentre os 2.300 agrotóxicos comercializados, 800 estavam locados como altamente tóxico, sendo que em relação aos aprovados de janeiro a setembro de 2019, 28% possuíam a gradação máxima. Com a mudança normativa, tem-se apenas 43 substância altamente tóxicas, e em relação aos aprovados em 2019 no período supracitado, o número reduz a apenas 6%, totalizando 9 compostos (GRIGORI, 2020).

Conforme já mencionado, para que a comercialização de um agrotóxico seja regularizada e registrada é necessário a aprovação do Ministério da Agricultura, Anvisa e Ibama, tendo isso em vista, destaca-se que além do recorde de concessão de registro, também foi em 2019 que houver recorde de solicitações de registros, atingindo o montante de 913 pedidos, sendo cerca de 60% foram concedidos a empresas internacionais, com destaque para os chineses da Adama (GRIGORI, 2020).

A situação é ainda mais problemática com a aprovação da Portaria nº 43 de 21 de fevereiro de 2020 do Ministério da Agricultura, a qual prevê a aprovação tácita de agrotóxicos mesmo sem a análise de seus compostos e possíveis riscos, se o pedido não for analisado no prazo previsto, o qual, varia conforme cada substância. Em outras palavras, trata-se da introdução de agrotóxicos sem qualquer estudo sobre os impactos e riscos no mercado brasileiro, o que comprova um extremo descaso com a saúde da população e ao meio ambiente, evidenciando intensas violações aos direitos humanos.

Além disso, a liberação de inúmeros agrotóxicos, a alteração na classificação do risco das substâncias e a aprovação automática de registros constituem elementos do Projeto de Lei que ficou denominado "Pacote Veneno", o qual, após pressão de diversos organismos nacionais e internacionais, não foi aprovado.

No entanto, o que temos observado é que aos poucos está se alterando a Lei dos Agrotóxicos, a qual é objeto de críticas pelos ruralistas, que defendem a implantação das medidas do referido pacote, principalmente em relação a atribuição exclusiva ao Ministério da Agricultura acerca da análise de concessões de registro dessas substâncias.

No mais, o rebaixamento da gradação de toxidade dos

agrotóxicos também possui implicações de natureza tributária, uma vez que ao reduzir a gradação dos compostos altamente tóxicos fica inviabilizada a taxação diferenciada, o que acaba por incentivar a utilização dessas substâncias.

 O Brasil ainda conta com o foi denominado "bolsa-agrotóxico", em referência aos inúmeros incentivos ficais destinados ao setor, acumulando um total de R$ 10 bilhões em isenções fiscais, o que, além de ir contra a tendência dos demais países, representa quatro vezes mais o orçamento destinada ao Ministério do Meio Ambiente (SOARES, CUNHA, PORTO, 2020). Tal conceito abarca também os investimentos do Banco Nacional de Desenvolvimento Econômico (BNDS) que emprestou R$ 358,3 milhões a empresas do setor de agrotóxicos, e da Financiadora de Estudos e Projetos (Finep) que transferiu R$ 390 milhões, com a finalidade de promover pesquisa e inovação neste mercado (BARBA et all, 2020).

 Diante de tantos benefícios, em 2016 foi proposta a Ação Direta de Inconstitucionalidade (ADI) 5553, no Supremo Tribunal Federal (STF), acerca do Decreto nº 7.660/2011 que concede isenção total de Imposto sobre Produtos Industrializados (IPI) aos agrotóxicos, e de duas cláusulas do Convênio 100/1997 do Confaz (Conselho Nacional de Política Fazendária), sendo a primeira referente a redução 60% da base de cálculo do Imposto sobre Circulação de Mercadorias e Serviços (ICMS) de agrotóxicos nas saídas interestaduais e a segunda que autoriza os entes federativos estaduais e o distrito federal a conceder a mesma redução nas operações internas envolvendo agrotóxico. A ADI entrou em pauta em fevereiro deste ano, todavia, foi adiada.

 Não há dúvidas que há uma extrema facilitação da entrada de agrotóxicos no Brasil, além de um estímulo por meio de isenções fiscais e de empréstimos a juros mais baixos, o que acaba por revogar a Lei dos Agrotóxicos em comissão especial. No entanto, além de violações jurídicas, estamos diante de violações aos direitos humanos, uma vez que é imprescindível estudos que analisem os riscos à saúde e ao meio ambiente, a fim de estabelecer limites seguros de exposição da população a estes compostos, caso contrário, haverá a disseminação de doenças e mutações nos seres humanos e animais.

A EXPANSÃO DO USO DE AGROTÓXICOS COMO FORMA DE VIOLAÇÃO DE DIREITOS HUMANOS

O meio científico desde o século passado chama a atenção da comunidade internacional acerca da utilização de agrotóxicos, o livro intitulado "Primavera Silenciosa" de Rachel Carson, retratou as severas e danosas consequências da utilização desses compostos:

> Os historiadores futuros bem poderão sentir-se admirados em face do nosso distorcido senso das proporções. Como poderiam seres inteligentes procurar controlar umas poucas espécies não desejadas, por meio de um método que pode contaminar todo o meio ambiente, e que corporifica ameaça de enfermidades e morte até mesmo para a sua própria espécie? (CARSON, 1964)

Já foram encontrados, mesmo que em baixas concentrações, resíduos de agrotóxicos em águas subterrâneas (RIBEIRO et all, 2007), além de ter sido constatado que tais substâncias interferem em processos biológicos do solo, afetando a oferta de nutrientes (CARLOS et all, 2013) e a biodiversidade.

Além dos impactos ambientais, há inúmeras consequências à saúde das pessoas. Um estudo realizado pela Organização da Nações Unidas (ONU) estimou que, anualmente, cerca de 200 mil pessoas morrem no mundo em decorrência de envenenamento com agrotóxicos, sendo em sua maioria trabalhadores e moradores rurais (ONU, 2012).

Já no Brasil, o Ministério da Saúde constatou que 84,2 mil pessoas foram infectadas após contato com agrotóxicos entre os anos de 2007 e 2015, ou seja, uma média de 25 intoxicações por dia (VASCONCELOS, 2018).

A Constituição assegura, em seu art. 196, que a saúde é um direito de todos e um dever estatal, devendo ser garantida por meio de políticas sociais e econômicas, de forma a coibir doenças, e tendo como prerrogativas a profilaxia e a recuperação. Nesse sentido, a omissão estatal acerca da análise dos riscos das substâncias liberadas, claramente afronta o preceito constitucional supracitado, uma vez que acaba por atentar contra a saúde pública.

Nesse mesmo sentido, em julho de 2019, a Anvisa publicou a Resolução da Diretoria Colegiada nº 294/19, dispondo sobre o indeferimento de licenças a compostos que impliquem, de forma conhecida ou presumidamente, em consequências mutagênicas, carcinogênicas, teratogênicas, em outras palavras é vetado a liberação de substâncias que afetem a saúde da população. No entanto, questiona-se: se a proibição de tais substâncias em outros países não configura, mesmo que presumidamente, risco a integridade ambiental e física dos indivíduos, e se não é realizada a gestão de riscos pelo governo, como será possível vetar a liberação das substâncias no mercado nacional como base nesta premissa?

Na mesma seara, manifestando preocupação quando ao uso progressivo de agrotóxicos, em 2015, o Instituto Nacional de Câncer José de Alencar Gomes da Silva (INCA) por meio da Nota de Posicionamento nº 10, chama a atenção da comunidade e dos órgãos governamentais para o risco que os agrotóxicos representam à saúde, em especial às mazelas relacionadas ao câncer, e defendendo maior rigor quando a regulação e o controle do uso de agrotóxicos.

No entanto, apesar de diversas evidências científicas sobre os riscos da utilização desenfreada de agrotóxicos e da liberação sem gestão de riscos dessas substâncias, o governo brasileiro insiste em flexibilizar a legislação e incentivar o uso desses compostos, sem analisar as consequências à saúde tanto dos trabalhadores rurais como dos consumidores.

Além do risco à saúde, deve-se prezar pela gestão de riscos ambientais, uma vez que a utilização de agrotóxicos deve-se pautar no desenvolvimento sustentável e no equilíbrio ambiental, consolidados no art. 225 da Constituição Federal, devendo considerar as necessidades atuais e futuras (COMISSÃO MUN-

DIAL..., 1991), e prezar por soluções que conciliem o desenvolvimento econômico e a preservação ambiental *latu sensu*.

No mesmo sentido na Conferência Rio/92 foi aprovado a Declaração do Rio sobre Meio Ambiente e Desenvolvimento que em seu Princípio 15 consolidou o Princípio da Precaução como sendo:

> Com a finalidade de proteger o meio ambiente, os Estados deverão aplicar amplamente o critério de precaução conforme suas capacidades. Quando houver perigo de dano grave ou irreversível, a falta de certeza científica absoluta não deverá ser utilizada como razão para que seja adiada a adoção de medidas eficazes em função dos custos para impedir a degradação ambiental (ONU, 1992).

Ademais, é importante frisar que há instituições governamentais tais como a Anvisa e órgãos vinculados ao Ministério do Meio Ambiente, como o CONAMA, que tem a finalidade de fiscalizar e analisar os riscos decorrentes da implementação de uma determinada substância, ou seja, trata-se entidades cujo objetivo é prezar pela segurança ambiental e social diante da utilização de agrotóxicos.

É sob esse viés que o Ibama, no ano de 2017, publicou a Instrução Normativa (IN) nº 02/2017, a qual vincula a concessão de registros de novos agrotóxicos ao seu uso adequado e de forma que não comprometa o ecossistema, em especial, as abelhas, os principais polinizadores.

Todavia, tais instituições, no atual cenário político, veem suas finalidades deturpadas, promovendo a facilitação da aprovação de novos compostos, violando preceitos constitucionais de garantia e promoção de direitos humanos e colocando em risco as atuais e futuras gerações.

Apesar de não poder desconsiderar que a implementação dessas substâncias permitiu o desenvolvimento do campo e aumentou a produção agrícola, houve diversas falhas no decorrer dos anos acerca da liberação dos agrotóxicos, principalmente em relação aos estudos de impacto, os quais são essenciais para atestar a segurança e a salubridade do contato com estas substâncias. Dessa forma, se evidencia a omissão estatal diante deste fenômeno, uma vez que não houve preocupação com as consequências dessas substâncias na saúde dos trabalhadores do campo, dos consumidores e no meio ambiente (GALT, 2008), nesse sentido:

> O aumento considerável no volume de agrotóxicos aplicados tem trazido uma série de transtornos e modificações para o ambiente, tanto pela contaminação das comunidades de seres vivos que o compõe, quanto pela sua acumulação nos segmentos bióticos e abióticos do ecossistema (biota, água, ar, solo, etc.) (FERREIRA et all, 2006).

É com base nessas premissas que se torna imprescindível a elaboração de relatórios de perigo, analisando os perigos dos agrotóxicos à saúde e ao ambiente, e o relatório de riscos, no qual se considera a exposição cotidiana a estes compostos, ainda mais tendo em vista que um terço dos alimentos consumidos pelo brasileiros está contaminado por agrotóxicos (ABRASCO, 2015).

A questão do agrotóxico no Brasil já foi objeto de análise por relatores da Organização das Nações Unidas, tendo sido enviado ao governo brasileiro, em junho de 2018, um comunicado manifestando preocupação acerca da flexibilização legislativa no que tange os agrotóxicos, uma vez que isso implicaria em violação aos direitos humanos de trabalhadores rurais, comunidades locais e consumidores dos alimentos produzidos com a ajuda de pesticidas (ONU, 2018).

No mesmo sentido da recomendação da ONU, observa-se uma tendência mundial à progressiva ampliação aos direitos humanos, ao meio ambiente sustentável e equilibrado e a primazia da saúde, de forma que se tem discutido, em parâmetros globais, a redução da poluição e da contaminação por agrotóxicos tanto do meio ambiente como de populações, inclusive em países com legislações mais brandas sobre a matéria, como já citado.

Portanto, tendo em vista um movimento brasileiro no

sentindo contrário a corrente mundial, conduta agravada tendo em vista as diversas recomendações de instituições nacionais e internacionais ressaltando a cautela sobre a liberação e uso destes compostos, juntamente com os registros em massa, inclusive de substâncias proibidas em diversos países, as omissões estatais e as violações a preceitos constitucionais acerca da gestão de riscos ambientais e de saúde é evidentemente as violações aos direitos humanos e a supremacia de interesses setoriais em detrimento da coletividade.

CONCLUSÃO

Não se pode olvidar que os agrotóxicos, ao surgirem num contexto bélico, tinham a finalidade de atuarem sobre os seres humanos, sendo utilizados como armas de guerras, em outras palavras, Carson enunciou:

> No decorrer do desenvolvimento de agentes utilizáveis durante a guerra, algumas das substâncias criadas em laboratório revelaram efeitos letais para os insetos. Essa descoberta não ocorreu por acaso, pois os insetos já vinham sendo amplamente utilizados nas experiências realizadas para testar agentes químicos capazes de causar a morte de seres vivos (CARSON, 1964).

Há de se estranhar que substância químicas inicialmente criadas para agir sobre os indivíduos sejam massivamente utilizados nos alimentos consumidos cotidianamente.

É nesse sentido, e sabendo dos extensos riscos vinculados aos agrotóxicos que cada vez mais o meio científico chama a atenção para a periculosidade dessas substâncias, todavia, o governo brasileiro vem promovendo a flexibilização de premissas consolidadas na Lei do Agrotóxico, como a vedação de substâncias teratogênicas, carcinogênicas e mutagênicas, e na Constituição Federal, como os princípios da prevenção e precaução.

Tal fato, atrelado a não obrigatoriedade de estudos e análise de riscos e perigos são um evidente descaso com a saúde pública e o meio ambiente, e não retratam nada menos que extrema violação aos direitos humanos, uma vez que os danos humanitários são imensuráveis e podem perdurar gerações, como já ocorre em alguns países, como no caso do composto do "agente laranja" no Vietnã.

Quanto aos incentivos fiscais, há quem defenda que são essenciais para manter o preço dos alimentos acessíveis, no entanto, carece de fundamentação tal assertiva, uma vez que a desoneração poderia ser atribuída diretamente aos preços dos alimentos, além do fato de que grande parte dos agrotóxicos são destinados a produção de *commodities*, os quais tem seus custos definidos pelo mercado internacional, ou seja, o fim dos benefícios fiscais implicam em menores lucros aos empresários do setor.

Dessa forma, observa-se um incentivo ao consumo de agrotóxicos por meio das desonerações fiscais, da flexibilização de leis ambientais, visando a redução da burocracia, da simplificação no processo de registro, atrelados, ainda, a ausência de estudo de risco e perigo, e a liberação de diversos compostos proibidos em muitos países, como Estados Unidos e União Europeia.

Assim, evidenciamos que o Brasil está na contramão dos demais países, o que, além de retratar um severo retrocesso jurídico, ambiental e social, é atentatório contra a dignidade e a integridade da própria população, configurando, claramente, intensas violações aos direitos humanos.

No mais, a vigência de institutos que priorizam o agronegócio nos leva a um entendimento de adoção do Estado de Exceção, o qual é definido por Agamben como uma lacuna na lei, ou seja, o estado de exceção apresenta-se como a abertura de uma lacuna fictícia no ordenamento, com o objetivo de salvaguardar a existência da norma e sua aplicabilidade à situação normal (AGAMBEN, 2004).

Nesse sentido, a liberação desenfreada e sem estudos sobre os riscos de quase 500 agrotóxicos só no ano passado, aliado a falta de revisão periódica dos que já possuem registro, a flexibilização normativa e as diversas desonerações fiscais claramente caracterizam a exceção, uma vez que se observa a suspensão do ordenamento vigente (AGAMBEN, 2004), haja vista que temos normas em vigor que não são aplicadas, e de outro lado, atos que não tem valor de lei, mas adquirem força. (AGAMBEN, 2004)

É claro que não podemos desconsiderar todos os avanços que essa tecnologia acarretou ao setor agrícola, principalmente em relação ao aumento de produção. Também, não podemos desconsiderar que, em relação a algumas substâncias, a segurança na utilização depende da quantidade do produto utilizado e do método de aplicação (RODGERS, 2001), no entanto, apesar dos benefícios, é necessário cautela, uma vez que as consequências podem ser irreparáveis e permanentes.

Permitir ou banir todos os agrotóxicos não é uma medida factível, a nossa realidade demanda a utilização desses compostos, todavia, devem ser ministrados e regulados minuciosamente, de forma a coibir danos irreversíveis à saúde e ao meio ambiente.

A introdução e o registro de todas e quaisquer substâncias que tenham seu uso regularizado no mercado interno brasileiro deve sempre prezar pela segurança do meio ambiente, do consumidor e do trabalhador do campo.

Nesse sentido, seria adequado, e consoante ao comportamento de diversos outros países, a adoção da revisão periódica do registro dos compostos, com base em novos estudos acerca dos riscos e impactos das substâncias, tendo que vista que no sistema atual, a reanálise do registro depende de provocação.

Além disso, deve-se prezar pela expansão da Resolução nº 294/19 da Anvisa, de forma que sejam proibidas substâncias em que não se possa concluir acerca da sua periculosidade em relação à saúde da população e ao ecossistema, e ainda, intensificar a fiscalização sobre as consequências do uso de agrotóxicos, tanto no âmbito da saúde como ambiental, e vetar a liberação de substâncias proibidas em outros países.

Junto à tais medidas, deve-se promover a diminuição de tais substâncias e desenvolver incentivos à produção orgânica e ecológica.

Todavia, enquanto tais premissas não são adotadas e diante um cenário extremamente viciado por interesses setoriais, a conta, mais uma vez, recai sobre os indivíduos, que veem as prerrogativas dos direitos humanos, representadas, neste caso, pela necessidade de gestão de riscos decorrentes do uso de agrotóxicos, superadas por interesses econômicos.

REFERÊNCIAS BIBLIOGRÁFICAS

AGAMBEN, Giorgio. **Estado de Exceção**. Tradução de Iraci D. Poleti. São Paulo: Boitempo, 2004.

AGÊNCIA NACIONAL DE VIGILÂNCIA SANITÁRIA – ANVISA.

ASSOCIAÇÃO BRASILEIRA DE SAÚDE COLETIVA (ABRASCO). **Dossiê Abrasco: Um alerta sobre os impactos dos agrotóxicos na saúde.** Organização de Fernando Ferreira Carneiro, Raquel Maria Rigotto, Lia Giraldo da Silva Augusto, Karen Friedrich, André Campos Búrigo. Rio de Janeiro: EPSJV; São Paulo: Expressão Popular, 2015.

BARBA, Mariana Della; JUNQUEIRA, Diego; GRIGORI, Pedro; AGÊNCIA PÚBLICA; REPÓRTER BRASIL. **Bolsa-agrotóxico': empresas recebem isenções de impostos de R$ 10 bilhões ao ano.** 2020. Disponível em: https://apublica.org/2020/02/bolsa-agrotoxico-empresas-recebem-isencoes-de-impostos-de-r-10-bilhoes-ao-ano/#Link2. Acesso em: 22.04.2020

BRASIL. [**Constituição** (1988)]. **Constituição** da República Federativa do Brasil: promulgada em 5 de outubro de 1988.

CARLOS, E. A.; ALVES, R. D.; QUEIROZ, M. E. L. R.; NEVES, A. A. J. B. **Simultaneous determination of the organochlorine and pyrethroid pesticides in drinking water by single drop microextraction and gas chromatography.** Chemical Society, v. 24, n. 8. 2013.

CARSON, Rachel. **Primavera silenciosa**. São Paulo: Melhoramentos. 1964.

COMISSÃO MUNDIAL SOBRE MEIO AMBIENTE E DESENVOLVI-

MENTO. **Nosso futuro comum**. Rio de Janeiro: Editora da Fundação Getúlio Vargas, 1991.

FERREIRA, A.P.; CUNHA, C.L.N.; WERMELINGER, E.D.; SOUZA, M.B.; LENZI, M.F.; MESQUITA, C.M.; JORGE, L.C. **Impactos de pesticidas na atividade microbiana do solo e sobre a Saúde de agricultores**. Revista Baiana de Saúde Pública, v. 32, n. 2, 2006.

FOLHA DE SÃO PAULO. **30% dos ingredientes de agrotóxicos liberados este ano são barrados da UE.** 2019.

FOOD AND AGRICULTURE ORGANIZATION OF THE UNITED NATIONS – FAO

GALT, R. E. **Beyond the circle of poison: Significant shifts in the global pesticide complex, 1976–2008** Global Environmental Change, v.18, n.4, 2008.

GREENPEACE BRASIL. **Justiça obriga MAPA a revogar licença de agrotóxicos.** 2019. Disponível em: https://www.greenpeace.org/brasil/blog/justica-obriga-mapa-a-revogar-licenca-de-agrotoxicos/. Acesso em: 24.04.2020.

GRIGORI, Pedro; AGÊNCIA PÚBLICA. **Um em cada 5 agrotóxicos liberados no último ano é extremamente tóxico.** 2020. Disponível em: https://apublica.org/2020/01/um-em-cada-5-agrotoxicos-liberados-no-ultimo-ano-e-extremamente-toxico/. Acesso em: 22.04.2020.

GRIGORI, Pedro; AGÊNCIA PÚBLICA. **Governo liberou registros de agrotóxicos altamente tóxicos.** 2019. Disponível em: https://reporterbrasil.org.br/2019/01/governo-liberou-registros-de-agrotoxicos-altamente-toxicos/. Acesso em: 22.04.2020.

LUTZENBERGER, José. **A problemática dos agrotóxicos**. 1985. Disponível em: http://www.fgaia.org.br/texts/index.html. Acesso em: 22.04.2020.

MINISTÉRIO DA AGRICULTURA, PECUÁRIA E ABASTECIMENTO – MAPA

MINISTÉRIO DA SAÚDE. **Relatório Nacional de Vigilância em Saúde de Populações Expostas a Agrotóxicos.** 2018.

MORAES, Rodrigo Fracalossi de. **Agrotóxicos no Brasil: Padrões de uso, política da regulação e prevenção da captura regulatória.** Texto para discussão 2506 IPEA. 2019. p. 21. Disponível em: http://repositorio.ipea.gov.br/handle/11058/9371. Acesso em: 24.04.2020.

MOREIRA, Matheus. **Número de agrotóxicos liberados no Brasil em 2019 é o maior dos últimos 14 anos.** Folha de São Paulo, 2019. Disponível em: https://www1.folha.uol.com.br/ambiente/2019/12/numero-de-agrotoxicos-liberados-no-brasil-em-2019-e-o-maio r -dos-ultimos-14-anos.shtml. Acesso em: 22.04.2020.

ORGANIZAÇÃO DAS NAÇÕES UNIDAS (ONU). **Declaração DO Rio Sobre Meio Ambiente E Desenvolvimento.** Tradução da Rio Declaration, United Nations Conference on Environment and Development, Rio de Janeiro, 1992. Disponível em: https://cetesb.sp.gov.br/proclima/wp-content/uploads/sites/36/2013/12/declaracao_ rio_ ma.pdf. Acesso em: 23.04.2020

ORGANIZAÇÃO DAS NAÇÕES UNIDAS (ONU). **Mudanças na lei de agrotóxicos no Brasil violariam direitos humanos, afirmam relatores da ONU.** 2018. Disponível em: https://nacoesunidas.org/mudancas-na-lei-de-agrotoxicos-no-brasil-violariam-direitos-humanos-afirmam-relatores-da-onu/. Acesso em: 23.04.2020.

PERYEA Francis J. **Historical use of lead arsenate insecticides, resulting soil contamination and implications for soil remediation. Washington State University.** Disponível em: http://natres.psu.ac.th/Link/SoilCongress/bdd/symp25/274-t.pdf. Acesso em: 22.04.2020.

RIBAS, P. P.; MATSUMURA, A. T. S. **A química dos agrotóxicos: impactos sobre a saúde e meio ambiente.** Revista Liberato, v. 10, n. 14, p. 149-158, jul. /dez., 2009.

RIBEIRO, M. L.; LOURENCETTI, C.; PEREIRA, S. Y.; MARCHI, M. R. R. **Contaminação de águas subterrâneas por pesticidas: avaliação preliminar.** Química Nova, v. 30, n. 3, jun., 2007

RODGERS, Kathleen E. **Immunotoxicity of pesticides.** In KRIE-

GER, Robert. Handbook of pesticide toxicology principles. San Diego: Academic Press, 2001. vol. 1.

SHERPARD, H.H. **The chemistry and action of insecticides**. 1st ed. McGraw-Hill, New York, NY, USA. 1951.

SOARES, Wagner Lopes; CUNHA, Lucas Neves da; PORTO, Marcelo Firmo de Souza. **Uma política de Incentivo fiscal a agrotóxicos no Brasil é injustificável e insustentável** - Relatório produzido pela Abrasco através do GT Saúde e Ambiente, com o apoio do Instituto Ibirapitanga. 2020. Disponível em: https://apublica.org/wp-content/uploads/2020/02/relatorio-abrasco-desoneracao-fiscal-agrotoxicos-12022020.pdf. Acesso em: 22.04.2020.

VASCONCELOS, Yuri. **Agrotóxicos na Berlinda.** Ed. 271, Revista Pesquisa Fapesp. 2018. Disponível em: https://revistapesquisa.fapesp.br/wp-content/uploads/2018/09/018-027_CAPA-Agrot%C3%B3xicos_271-1.pdf. Acesso em: 22.04.2020

GESTAÇÃO POR SUBSTITUIÇÃO: REFLEXÕES ACERCA DO DIREITO FUNDAMENTAL AO LIVRE PLANEJAMENTO FAMILIAR

Julia Hissai Yaegashi
Acadêmica de Direito na Universidade Federal do Paraná

À medida em que são feitos significativos avanços científicos no campo da Reprodução Assistida (RA), com o desenvolvimento e disseminação de técnicas como a fertilização in vitro, o congelamento de embriões, transplante uterino, seleção embrionária etc., quebram-se, mesmo que a lenta e gradualmente, barreiras éticas, morais e, por isso mesmo, culturais quanto ao uso de procedimentos laboratoriais com o fito de gerar um novo indivíduo.

A Reprodução Assistida, principalmente na última década, tornou-se uma alternativa a casais com dificuldade ou mesmo impossibilidade de conceber um filho a fazê-lo, de modo que, acompanhados de equipes médicas qualificadas para tanto, pudessem transpor o óbice da natureza.

No entanto, com o passar dos anos, o número de interessados na Reprodução Assistida aumentou, o que, evidentemente, não decorreu de incrível barateamento dos procedimentos laboratoriais – por mais que não se possa negar sua ocorrência em certa medida –, mas do surgimento de novas situações sociais nas quais a RA não é somente uma demanda, mas o instrumento para a realização de um sonho de composição da família com filhos biológicos.

Entre essas novas situações sociais, pode-se elencar, a título de exemplo, o casamento homoafetivo e a massiva inserção da mulher no mercado de trabalho (que, não raramente, abrem mão do tradicional papel da maternidade em prol do desenvolvimento de carreiras), as quais têm efeitos não somente na mudança do que se entende por família, mas também implicam consequências econômicas e demográficas.

Diante disso, a Gestação por Substituição (comumente referida como "barriga de aluguel") se torna importante aliada da Reprodução Assistida, pois permite que homens e mulheres que não querem ou não podem gestar também tenham filhos que carregam seu material genético e até mesmo de suas companheiras ou companheiros a despeito de desfavoráveis condições naturais ou sociais, figurando, assim, como relevante meio de realização pessoal e familiar.

A gestação por substituição passou, assim, a ser usada em diversos países do Globo, a exemplo da famosa *socialite* americana Kim Kardashian que, junto ao *rapper* Kanye West, já tem dois filhos gestados por outra pessoa.

O Brasil está, juntamente com os EUA, no restrito rol de países em que a prática é permitida, todavia, nestas terras tupiniquins, o procedimento pode ser realizado somente em mulheres com até quarto grau de parentesco com algum dos indivíduos que deram azo à gestação, as gestantes devem passar por exames físicos e psicológicos e não podem ser remuneradas pelo procedimento.

Em realidade, o assunto foi, até hoje, muito pouco tratado

juridicamente no Brasil, sendo possível elencar, com relevância, o Provimento 63/2017 do CNJ e a Resolução 2.168/2017 do Conselho Federal de Medicina.

A gestação por substituição, portanto, precisa ser objeto de discussão jurídica e legislativa, tendo em vista a utilidade social e pessoal do procedimento, sendo importantíssima ferramenta para o planejamento familiar dos particulares frente às novas necessidades e situações sociais específicas da Contemporaneidade.

Cumpre notar, ainda, que a família, seu conceito e o Direito de Família vêm sofrendo, há algumas décadas, substanciais modificações, especialmente quando se considera que, a partir da promulgação da Constituição Federal de 1988, adentraram, em nosso Ordenamento Jurídico e diretamente pela via do art. 226 de nossa Carta Maior, princípios como o da dignidade da pessoa humana, da paternidade responsável, do melhor interesse da criança, da proteção integral do menor etc.

Não somente isso, mas, também por meio da edição do Estatuto da Criança e do Adolescente (ECA, Lei 8.069/90), da Lei Maria da Penha (Lei 11.340/06), da Ação Direta de Inconstitucionalidade (ADI) 4277 e Arguição de Descumprimento de Preceito Fundamental (ADPF) 132, no julgamento das quais o Supremo Tribunal Federal (STF) decidiu equiparar a união homoafetiva à união estável (garantindo-lhe tutela estatal) etc., nota-se o grande valor que se atribuiu à família em nosso Estado Democrático de Direito e o declarado interesse do Estado por controlar, regular e assegurar a família.

Isso posto, é somente natural que se debata a regulamentação estatal, com seus limites e possibilidades, no que diz respeito à gestação por substituição, instrumento importante para a garantia da liberdade no planejamento familiar dos particulares, afinal, como se expôs acima, a sociedade moderna tem visto crescer o número de situações sociais diversas em que indivíduos que não podem ou não querem gestar ainda desejam ter filhos biológicos, tratando-se de uma demanda surgida na sociedade e que, portanto, urge por apreciação e proteção estatal.

DA LIBERDADE ENQUANTO PRINCÍPIO E O DIREITO FUNDAMENTAL AO LIVRE PLANEJAMENTO FAMILIAR

Antes de adentrar especificamente na liberdade e no direito fundamental ao livre planejamento familiar, insta refletir sobre a construção do direito de família contemporâneo e de que forma faz sentido que falemos de princípios tais quais este.

Pois bem.

Hodiernamente, a família é compreendida como um grupo social fundado na afetividade, a qual se refere ao "necessário e imprescindível respeito às peculiaridades de cada um de seus membros, preservando a imprescindível dignidade de todos" (RODRIGUES, 2009)

A eminente doutrinadora Maria Berenice Dias (2017, em estudo sobre o tema, escreve que o "fato é que a família, apesar do que muitos dizem, não está em decadência. Ao contrário, houve a repersonalização das relações familiares na busca do atendimento aos interesses mais valiosos das pessoas humanas: afeto, solidariedade, lealdade, confiança, respeito e amor".

Por isso mesmo, considerando-se a afetividade, a família, na Constituição Federal de 1988, assumiu formas nunca antes tuteladas para além do tradicional matrimônio indissolúvel entre um homem em uma mulher, passando a figurar, também, como união estável e como família monoparental.

A CRFB/88, portanto, especialmente com a redação de seu art. 226, promoveu significativa remodelagem do pensamento jurídico acerca da família, estabelecendo-a como instrumento e meio de desenvolvimento social e individual.

O Ordenamento Jurídico Brasileiro, assim, "afastou-se de um caráter neutro e indiferente socialmente, deixando de cuidar apenas da organização política do Estado, para engendrar-se nas necessidades humanas reais e concretas" (RODRIGUES, 2009), como demonstram os artigos 226 e 227 da CRFB/88, em se disciplina a organização da família, no Livro IV do CCB/02, que disciplina a família no códex civilista, e em outras leis que também demonstram a mudança de paradigma e a importância que se deu ao indivíduo tanto atomizado quanto inserido socialmente, como o Estatuto da Criança e do Adolescente e a Lei Maria da Penha (Lei 11.340/06, recentemente modificada pela Lei 13.827/19).

Nessa nova concepção de família estabelecida pela CRFB/88, fez-se necessário o desenho de alguns princípios constitucionais regentes do direito de família contemporâneo, entre os quais o princípio da dignidade humana, o da afetividade, da liberdade, da igualdade jurídica dos cônjuges e companheiros, do pluralismo das entidades familiares etc., relembrando que "os princípios constitucionais representam o fio condutor da hermenêutica jurídica, dirigindo o trabalho do intérprete em consonância com os valores e interesses por eles abrigados" (DIAS, 2017).

O livre planejamento familiar está inserido no princípio da liberdade, qual seja aquele que veda, ao Estado e a qualquer indivíduo, interferir na constituição e gerência do ente familiar, sendo descrito pelo Código Civil Brasileiro em seu art. 1.513.

Sobre isso, discorre Paulo Lôbo que "o princípio da liberdade diz respeito não apenas à criação, manutenção ou extinção dos arranjos familiares, mas à sua permanente constituição e reinvenção. Tendo a família se desligado de suas funções tradicionais, não faz sentido que ao Estado interesse regular deveres que restringem profundamente a liberdade, a intimidade e a vida privada das pessoas, quando não repercutem no interesse geral. (LÔBO, 2009, p.70)

O professor Arnaldo Rizzardo vai além e descreve a aplicação prática do princípio da liberdade no âmbito familiar, conforme se vê "desde que não afetados princípios de direito ou o ordenamento legal, à família reconhece-se a autonomia ou liberdade na sua organização e opções de modo de vida, de trabalho, de subsistência, de formação moral, de credor religioso, de educação dos filhos, de escolha de domicílio, de decisões quanto à conduta e costumes internos. Não se tolera a ingerência de estranhos – quer de pessoas privadas ou do Estado –, para decidir ou impor no modo de vida, nas atividades, no tipo de trabalho e de cultura que decidiu adotar a família. Repugna admitir interferências externas nas posturas, nos hábitos, no trabalho, no modo de ser ou de se portar, desde que não atingidos interesses e direitos de terceiros" (RIZZARDO, 2006, p. 15)

Como decorrência lógica disso, tem-se o surgimento do livre planejamento familiar enquanto direito fundamental, o qual, com supedâneo no art. 226, § 7º, da CRFB/88 e no art. 1.565, § 2º, do CCB/02, assegura a todo cidadão, não só ao casal, o planejamento familiar de forma livre, sendo vedado ao Estado, à sociedade ou a quem quer que seja estabelecer limites ou condições para o seu exercício no âmbito da autonomia privada do indivíduo.

Ora, sendo o livre planejamento familiar um direito fundamental efetivamente positivado – posto se tratar de garantia constitucional que visa a proteger o exercício da liberdade enquanto princípio e direito humano –, pode-se extrair dele duas informações: (1) a imposição da não interferência estatal e particular no planejamento familiar de cada uma; (2) a afirmação de que o indivíduo é livre para, em um exercício de autonomia privada, decidir seu planejamento familiar (QUARANTA, 2010), o que tem, evidentemente, implicações de cunho sexual, pessoal e até trabalhista.

Isso posto, o direito fundamental ao livre planejamento familiar tem grande importância ao direito de família contemporâneo, especialmente face à enorme complexidade do tecido social hodierno, o qual conta com fatores plurais que não se poderia sequer imaginar quando da outorga da CRFB/88 ou da aprovação do CCB/02, motivo pelo qual o livre planejamento familiar serve, para além de seu uso particular, para permitir que o direito se adapte e não fique preso a conceitos e ideias ultrapassadas que o tornariam obsoleto e inadequado ao seu destinatário principal (a sociedade).

DA GESTAÇÃO POR SUBSTITUIÇÃO

Gestação por substituição (comumente referida como "barriga de aluguel", doação temporária de útero, útero de substituição etc.) é um procedimento médico que, aliado a técnicas de Reprodução Assistida (RA), permite que um casal ou um indivíduo com alguma condição clínica que impossibilite ou contraindique a gestação proceda à implantação de embriões (fecundados in vitro) no útero de outra mulher, a qual, após a gestação e o nascimento, não terá quaisquer direitos ou sequer relação de filiação com o bebê. Em contrapartida, o casal que provocou a realização do procedimento terá todos os direitos e vínculos sobre a criança, recaindo, sobre eles, todos os encargos próprios da maternidade e paternidade (POLITANO, 2019).

Vale notar que a gestação pode ser homóloga ou heteróloga: aquela consiste no uso do material genético do próprio casal que provoca o procedimento para a formação do embrião a ser gestado, esta consiste na utilização de material genético de terceiro para a formação do embrião por existir alguma condição de infertilidade em algum dos membros do casal que provoca o procedimento.

São limitadas as tratativas jurídicas sobre o tema, podendo-se citar, relevantemente, o Provimento 63/2017 do CNJ e a Resolução 2168/2017 do CFM, a qual, apesar de não ser vinculante juridicamente, é o que tem regulado a realização dos procedimentos de gestação por substituição no Brasil, sendo, por isso mesmo, evidentemente cogente.

A Resolução 2168/2017 do CFM estabelece um conjunto de regras em respeito às quais a gestação por substituição poderá ser realizada, podendo-se citar: (1) a obrigatoriedade de que a gestante seja relacionada a algum dos membros do casal ou indivíduo que dá azo ao procedimento em até quarto grau de parentesco, sendo possível a excetuação dessa regra com a devida autorização do CFM; (2) a gestação não pode ser feita com intuito lucrativo ou comercial; (3) para que o médico possa realizar o procedimento, deve ser assinado um termo de consentimento livre e esclarecido assinado pelo casal e pela gestante contemplando os riscos, os aspectos legais da filiação etc.; (4) deve existir alguma condição genética ou clínica que impossibilite ou contraindique a gestação ao casal ou ao indivíduo; entre outros.

As condições supracitadas – apesar de carregarem evidente importância prática e até mesmo moral – são bastante significativas em seus efeitos no direito ao livre planejamento familiar, motivo pelo qual cumpre discorrer sobre elas.

Primeiramente, quanto à obrigatoriedade de que a gestante seja relacionada em até quarto grau a um dos membros do casal ou indivíduo que provoca o procedimento, tem-se uma determinação que está em harmonia com a Lei 9.434/97, a qual versa "sobre a remoção de órgãos, tecidos e partes do corpo humano para fins de transplante e tratamento e dá outras providências", a qual também determina que somente é capaz de voluntaria e gratuitamente dispor de seus tecidos, órgãos e partes do corpo vivo aquele que tem até quarto grau de parentesco consanguíneo com quem vai receber o material ou com seu cônjuge, consoante art. 9º da referida lei.

A razão prática para tal determinação é que, se a mulher que gestará o filho tem relação de proximidade com aqueles que querem ver a criança gestada, menores são as chances de haver algum tipo de pagamento ou contrapartida pela gestação (proibição de que se falará adiante) por haver uma relação de afetividade entre as partes que assim possibilitaria.

Ocorre que, diferentemente da doação de órgãos – em que há uma lista de espera para doação organizada pelo Sistema Nacional de Transplantes em função da qual o indivíduo pode receber o órgão de que precisa mesmo que não possua nenhum cônjuge ou parente em até quarto grau que possa cedê-lo –, quando se trata de gestação por substituição, não existe nenhuma lista ou nenhum lugar em que o casal possa se cadastrar para quiçá encontrar alguém que possa gerar seu filho. A obrigatoriedade de que a gestante seja relacionada em até quarto grau a um dos membros do casal ou indivíduo que provoca o procedimento é extremamente restritiva e limitativa e significa que, caso não possuam nenhuma parente consanguínea em até quarto grau, não poderão realizar o procedimento a despeito do motivo pelo qual desejem fazê-lo.

É verdade que o CFM excetua essa obrigatoriedade quando estabelece que, sob autorização do Conselho Federal, pessoas além desse limite poderão gestar para o casal ou indivíduo (pensa-se, nesse caso, em amigas muito próximas, madrinhas ou pessoas de íntimo relacionamento que estariam dispostas a se submeterem ao procedimento), todavia, não se pode desconsiderar que a Resolução 2.168/17 do CFM somente fixa que "demais casos estão sujeitos à autorização do Conselho Federal de Medicina", não delimitando quais as hipóteses em que poderia ser feita tal excetuação, sob que critérios tais requerimentos seriam analisados, em que prazo deveria ser dada a resposta pelo deferimento ou indeferimento do pedido, se haveria recurso em caso de indeferimento etc., de modo que se abre evidente margem para discricionariedades e barragens burocráticas que desincentivariam o casal ou indivíduo a promover o requerimento pela realização em gestante com quem tenha além de quarto grau consanguíneo.

Felizmente, os Conselhos Regionais de Medicina, em regra, emitem pareceres favoráveis à realização do procedimento em mulheres que não são da restrita linha de parentesco, a exemplo do Parecer nº 2.540/2016 emitido pelo CRM/PR, em que o Conselheiro Roberto Issamu Yosida defere o pleito de realização de procedimento em uma amiga do casal pleiteante ressaltando que é de responsabilidade do médico que realizará o procedimento a comprovação de que não há ninguém na linha de parentesco que possa gestar, as salutares condições médicas e psíquicas das partes e a garantia de que a gestação não será realizada com caráter lucrativo ou comercial.

Dessa forma, a obrigatoriedade de que a gestante seja relacionada em até quarto grau a um dos membros do casal ou indivíduo que provoca o procedimento, mesmo que o CFM estabeleça possibilidade de excetuação dessa regra, desafia o livre planejamento familiar, que, interpretado amplamente, não admitiria tal limitação, restando a obrigatoriedade como uma coerção daquelas vedadas pelo art. 226, § 7º, da CRFB/88 e pelo art. 1.565, § 2º, do CCB/02. Mesmo que o posicionamento atual do CFM e dos CRMs seja, hodiernamente, de predominante permissão para gestação por mulheres de fora da restrita linha familiar, a falta de especificação dos critérios e condições em respeito às quais será feito esse julgamento são significativa brecha discricionária que gera insegurança nos pleiteantes, sendo de melhor proveito se fossem claras e determinadas.

Em sequência, quanto à determinação de que a gestação não pode ser feita com intuito lucrativo ou comercial , há grande controvérsia.

Exige profunda reflexão a questão da possibilidade de se realizar gestação por substituição em alguma modalidade onerosa, posto que, ao fazê-lo, correr-se-ia o risco de monetizar ou colocar um preço na gestação, na criança a ser gestada e até mesmo na relação entre pais e filhos, o que, em fatalista análise, poderia gerar até esvaziamento dos laços familiares e da afetividade própria da família contemporânea. Poder-se-ia discorrer sobre o caso de países como a Índia, em que a gestação por substituição foi por muito permitida em caráter oneroso, tornando-se até meio de subsistência de algumas famílias , no entanto, a questão é de fato complexa, motivo pelo qual merece estudo próprio, aprofundado e oportuno.

O que interessa, nesse ponto, é que, ao estabelecer que a gestação não pode ser feita com intuito lucrativo ou comercial, a Resolução 2.168/17 determina que a gestante se submeta ao procedimento altruisticamente, o que dificilmente se esperaria de alguém que não fosse tão próximo ou íntimo do casal ou daquele que deu azo ao procedimento. Por causa disso, entre as relativamente escassas gestações por substituição já realizadas no Brasil, foram noticiados vários casos de gestações levadas a termo por avós ou parentes próximos , pois se tratam de pessoas que, por nutrirem fortes sentimentos de amor e afeto em relação aos aspirantes pais, aceitam os ônus da gestação por altruísmo.

E o altruísmo é, de fato, necessário, posto que, durante a gravidez, a mulher passa por diversas alterações físicas e hormonais, tais quais náuseas, constipação intestinal, fadiga, sialorreia, dispneia, lombalgia, alterações mamárias, hormonais etc. que fazem com que esse seja um momento de dificuldade que demanda verdadeira generosidade da gestante para que se submeta a ele gratuitamente.

Aliado a isso, a gestante, não raramente, desenvolve, já na gravidez, sentimentos de afeto pela criança, o que torna a separação no parto um verdadeiro trauma.

Diante dessa dificuldade e violência da separação, o CFM viu a necessidade de definir que, para que o médico possa realizar o procedimento, deva ser assinado um termo de consentimento livre e esclarecido pelo casal ou indivíduo que provoca o procedimento e pela a gestante, contemplando os riscos, os aspectos legais da filiação etc.

Em estudo sobre o tema, Carolina Altoé Velasco explica que "o consentimento se apresenta no discurso moral e legal como uma espécie de justificação: onde há consentimento não poderia haver reclamação. Há a descrição do consentimento como uma justificação procedimental, não substantiva, ou seja, não oferece razões para justificar um ato em si, mas fornece a justificação para o comportamento de um indivíduo em relação a outro. Consequentemente, o consentimento se faz necessário à disposição" (VELASCO, 2018).

Ora, é por isso que o consentimento é requisito à realização da gestação por substituição: trata-se de uma justificação procedimental que tem o fito de evitar problemas futuros relacionados à filiação ou complicações médicas decorrentes da gravidez. Por mais que venha a se opor futuramente, a gestante não poderá alegar que não estava ciente dos termos do procedimento e que, portanto, não concorda com eles visando a reivindicar maternidade da criança ou algum tipo de indenização frente a danos sofridos em razão da gravidez.

Nesse mesmo sentido, o Provimento 63/2017 do CNJ estabelece que, na hipótese da realização do procedimento, não constará do registro o nome da parturiente na declaração de nascido vivo, devendo ser apresentado termo de compromisso firmado pela gestante, esclarecendo a filiação.

Tudo isso para que se evitem problemas posteriores quanto à filiação da criança e que não restem quaisquer dúvidas sobre esta.

Essa determinação de necessária assinatura de termo de consentimento livre e esclarecido visa a proteger o direito ao livre planejamento familiar, posto que garante que a filiação estabelecida quando do início do procedimento não se altere, figurando o indivíduo ou casal aspirantes a pais como aqueles dotados de direitos e deveres próprios da maternidade e paternidade.

Cumpre, por fim, comentar brevemente sobre a exigência de que exista alguma condição genética ou clínica que impossibilite ou contraindique a gestação ao casal ou ao indivíduo para que seja permitida a realização da gestação por substituição.

Ora, apesar de, de fato, a demanda pela realização de procedimentos laboratoriais de Reprodução Assistida tenha sido historicamente de pessoas com algum tipo de impedimento biológico à gravidez, hodiernamente, novos fenômenos sociais fazem com que o procedimento seja útil também a pessoas que não são acometidas de nenhuma condição clínica que lhes impossibilite ou contraindique a gravidez.

Trata-se de, por exemplo, mulheres que, por motivos de trabalho ou qualquer outro que seja, não querem engravidar, mas querem ter filhos biológicos.

Em uma interpretação ampla do direito ao livre planejamento familiar, deveria ser-lhes garantida a possibilidade de recorrer à gestação por substituição mesmo que não acometidas por nenhuma mazela biológica, afinal, o equilíbrio entre trabalho, filhos e outros elementos da vida do indivíduo também é parte essencial de seu planejamento familiar, restando essa imposição como uma coerção daquelas vedadas pelo art. 226, § 7º, da CRFB/88 e pelo art. 1.565, § 2º, do CCB/02.

CONCLUSÃO

São inúmeras as situações sociais em razão das quais um casal ou indivíduo pode ter o interesse de recorrer a técnicas de Reprodução Assistida para fins de ter filhos biológicos para além da infertilidade ou esterilidade. É por isso que se tem visto cada vez mais pessoas realizarem a chamada gestação por substituição, inclusive famosos como Kim Kardashian, Paulo Gustavo , Cristiano Ronaldo etc.

Apesar disso, a tratativa jurídica sobre o procedimento é escassa no Brasil, podendo ser citadas, relevantemente, a Resolução 2.168/2017 do CFM e o Provimento 63/2017 do CNJ.

A Resolução do CFM é a que tem tido força regulatória quanto à gestação por substituição, posto que, no intuito de guiar a atividade médica na sua realização, tem estabelecido os limites e condições em respeito às quais o procedimento pode ser realizado.

Diante disso, o presente artigo tratou brevemente de algumas das condições elencadas pela referida resolução – a saber, a obrigatoriedade de que a gestante seja relacionada a algum dos membros do casal ou indivíduo que dá azo ao procedimento em até quarto grau de parentesco, vedação à comercialização da gestação ou realização com qualquer intuito lucrativo, a imprescindível assinatura de um termo de consentimento livre e esclarecido pelo casal e pela gestante contemplando os riscos e os aspectos legais da filiação etc., a necessária existência de alguma condição genética ou clínica que impossibilite ou contraindique a gestação ao casal ou ao indivíduo –, traçando considerações quanto a seus efeitos sobre o livre planejamento familiar, bem como sobre sua harmonia ou não a este importante direito fundamental.

Concluiu-se que, apesar das boas intenções e evidente importância prática que o estabelecido na referida Resolução carregue, nem todo o fixado se sustenta quando submetido ao crivo do livre planejamento familiar, o qual, interpretado ampla e extensivamente, não admite qualquer coerção por força do art. 226, § 7º, da CRFB/88 e do art. 1.565, § 2º, do CCB/02, os quais carregam o mais balizado espírito da Ordem Constitucional pós-1988, em que se reconhece que a família é não somente um grupo social qualquer, mas um meio em que, permeado pela afetividade e liberdade, o indivíduo pode se desenvolver plena e salutarmente.

Por fim, sem a pretensão de esgotar o tema, vê-se que, em cenário em que se pretendesse regular permissivamente a prática da gestação por substituição, algumas das delimitações hodiernas sobre o procedimento teriam que ser revistas para que se adequassem aos princípios constitucionais da liberdade e, decorrente dele, do livre planejamento familiar, o que (não se olvida) necessita de aprofundados e responsáveis estudo e reflexão prévios.

REFERÊNCIAS

CONSELHO FEDERAL DE MEDICINA. Resolução nº 2.168/2017. Dispõe sobre normas éticas para a utilização das técnicas de reprodução assistida. Publicada no DOU de 10/11/2017, Seção I, p. 73. Disponível em: https://sistemas.cfm.org.br/normas/visualizar/resolucoes/BR/2017/2168. Acesso em jun 2019.

CONSELHO NACIONAL DE JUSTIÇA. Provimento nº 63/2017. Institui modelos únicos de certidão de nascimento, de casamento e de óbito, a serem adotadas pelos ofícios de registro civil das pessoas naturais, e dispõe sobre o reconhecimento voluntário e a averbação da paternidade e maternidade socioafetiva no Livro "A" e sobre o registro de nascimento e emissão da respectiva certidão dos filhos havidos por reprodução assistida. Publicada no DOU de 14/11/2017. Disponível em http://www.cnj.jus.br/busca-atos-adm?documento=3380. Acesso em jun 2019.

DIAS, Maria Berenice. Manual de Direito das Famílias. 12ª ed. rev. ampl. atual. São Paulo: Revista dos Tribunais, 2017.

LÔBO, Paulo Luiz Netto. Famílias. 2º ed. São Paulo: Saraiva, 2009.

MEDGRUPO – Ciclo 2: M.E.D. Obstetrícia – Volume 4: Avaliação Inicial da Gestação. Mederi Editora de Especialidades Médicas, 2018.

POLITANO, Ricardo. Aspectos jurídicos da "barriga solidária" (gestação por substituição): um necessário diálogo entre Direito, Medicina e Psicologia. In: Migalhas, 29 jun 2017. Disponível em: < https://www.migalhas.com.br/dePeso/16,MI261190,91041-Aspectos+juridicos+da+barriga+solidaria+gestacao+por+substituicao+um>. Acesso em: jun 2019.

QUARANTA, Roberta Madeira. O direito fundamental ao planejamento familiar. In: Âmbito Jurídico, Rio Grande, XIII, n. 74, mar 2010. Disponível em: <http://www.ambito-juridico.com.br/site/index.php?n_link=revista_artigos_leitura&artigo_id=7429>. Acesso em jun 2019.

RIZZARDO, Arnaldo. Direito de Família. Rio de Janeiro: Forense, 2006.

RODRIGUES, Patrícia Matos Amatto. A nova concepção de família no ordenamento jurídico brasileiro. In: Âmbito Jurídico, Rio Grande, XII, n. 69, out 2009. Disponível em: <http://www.ambitojuridico.com.br/site/index.php?n_link=revista_artigos_leitura&artigo_id=6792>. Acesso em jun 2019.

VELASCO, Carolina Altoé. O valor do consentimento como autorregulação: notas iniciais sobre o consentimento informado na gestação por substituição. Revista Diorito, v. 2., n.1, Jan/Jun 2018.

www.ingramcontent.com/pod-product-compliance
Lightning Source LLC
Chambersburg PA
CBHW072027230526
45466CB00020B/986